思想史
Intellectual History
專號：清中晚期學術思想

11

2022 年 8 月

目錄

【特稿】

嘉道咸思想界的若干觀察

王汎森

台灣大學歷史學系學士、碩士，美國普林斯頓大學博士。
2004年當選中研院院士，現爲中央研究院歷史語言研究所特
聘研究員。王汎森教授研究的範圍以十五世紀已降到近代中
國的思想、文化史爲主。著有《章太炎的思想》、《古史辨
運動的興起》、*Fu Ssu-nien: A Life in Chinese History and
Politics*（《傅斯年：中國近代歷史與政治中的個體生命》）、
《中國近代思想與學術的系譜》、《晚明清初思想十論》、《近
代中國的史家與史學》、《權力的毛細管作用：清代的思
想、學術與心態》、《執拗的低音：一些歷史思考方式的反
思》、《思想是生活的一種方式》等學術專書。

嘉道咸思想界的若干觀察

王汎森

摘要

　　本文指出，嘉慶道光咸豐時期的思潮，一面圍繞著政治變革與道德風俗重整的主題，一面包含各種不同層次互相競合的思想。現有的思想史研究，在時段的設計上往往在寫完考證學之後，接著便談洋務運動、西洋事物之傳入，而忽略了夾在這兩個大論述之間，還有將近半世紀的思想歷史；而由於多數依據各別人物與各別思潮進行個案研究，都難以全盤地把握這思想的「複調」。從後來歷史的發展回過頭去看，研究者多數注意此時期思想上趨新的傾向，以及接觸西方知識的部分。這種視角，卻忽略所謂新的思想還是鑲嵌在舊的架構裡面。考證學從未中斷過，但思想界也重新洗牌，漸漸由先前考證學壟斷的局面，漸成多元競爭之局面，強勢論述與弱勢論述之間時有更迭。縱然各背景的學者都有處於「衰世」的感覺，但人們仍未把中西放在一個梯子上比較，也沒有後來追逐「文明」那種努力的方向感。整個時代仍浸淫於道德、忠義可以解決困局的氛圍之中。但忠義或節概的文化往往是兩面刃，其發動不必然操在統治者手裡，有時與政府的利益產生對抗、甚至成爲政府的最大批評者，而可能成爲政府的反對面。雖然這種「離心力」的現象，以及其他新趨勢，在道咸時代並未真正明顯地出現，不過它的影響已經潛存在內。

關鍵詞：嘉道咸時期，風俗重整，考證學，衰世，忠義文化

---

* 十五、六年前我一度發憤想寫成「嘉道咸思想界」，並已完成了若干草稿。本文是以我個人在中央研究院近代史研究所舉辦的「清代中晚期學術思想史」國際學術研討會（2020年11月12-13日）幾千字專題演講紀錄爲基礎，加入我當年的舊稿擴大而成。由於時間及篇幅的限制，註腳只是粗枝大葉，許多討論也不能深入，言語之間或有粗率之處等，將來一併補正，請讀者鑒諒。我在「清代中晚期學術思想史」國際學術研討會演講的記錄稿，由丘文豪博士負責整理。此外，我對這個時期的研究受到張灝教授著作的啓發，謹此表達謝忱。

　　本文所討論的是嘉道咸以降的思潮，但因為斷限上的困難，所以有時候多少會向上、下延伸。大體而言，嘉道咸思潮有兩大主題，一是政治上的變革，一是道德、風俗等之重整，前者是以政治為政治，後者是以道德為政治（或道德就是政治），[1]而它們都與清代中晚期的失序與動亂有關。此後「同光」以及「光宣」又是另外的格局。

　　想對道咸時代思想界的狀況作一個簡略的描述並不容易，嘉慶後期到道光、咸豐年間，也就是十九世紀前半葉的思想、學術、文化，正好夾在考據學與洋務運動之間，一般思想史往往在寫完考證學之後，接著便談洋務運動、西洋事物之傳入，而往往忽略了夾在這兩個大論述之間，還有將近半世紀的思想歷史。對1810年到1860年這五十年之間的發展我們所知較少，儘管大家多會談到龔自珍（1792-1841）與魏源（1794-1857），但在龔、魏之外，仍有複雜的思想元素（我將另文討論龔自珍與魏源）。此外，中西的歷史與思想在這五十年間的發展也有很大的不同，西方發生了很大的變化，如《資本論》、《物種源起》等重要著作都在此時形成。再者，王國維（1877-1927）說「道咸以降之學新」，[2]梁啟超（1873-1929）在《中國歷史研究法》中也認為道咸以後所有學問都改變了，梁氏不僅是在清代思想演變的脈絡下立說，還指出中國歷史古往今來的整體思想在這個時候有了轉變。[3]因此，我認為應該深入探討嘉道咸的「新」與「變」，以

1　Chiu Wei-Chun（丘為君），"Morality as Politics: The Restoration of Ch'eng-Chu Neo-Confucianism in Late Imperial China"（Ph.D. Dissertation, Ohio University, 1992).

2　王國維，〈沈乙庵先生七十壽序〉，《觀堂集林》，收入謝維揚、房鑫亮主編，《王國維全集》第8卷（杭州：浙江教育出版社，2009），卷19，頁618。

3　梁啟超，《中國歷史研究法補編》（臺北：臺灣商務印書館，1976），頁50。

及其中的意義。

在進入正題之前，我必須強調幾點。第一，嘉道咸時期是一個波濤洶湧、各種現象雜出的時代，所以本文所述，只是一些舉例性的現象。而且嘉道咸這一段時間本身即有若干變化，本文只是做一個籠統的概括，並未對變化的部分做細緻的處理。譬如洋物與洋務，雖然早已存在，但是愈到後來，其實際影響與人們對它的感受愈來愈強烈。[4]第二，這是一個「複調」的時代，各種學問間存有張力與層次之別。第三，我們不能誤以為這個時期考證學已失去活力，[5]事實上，許多考證學集大成的著作，如《通藝錄》、《經義述聞》、《禮經釋例》、《經籍纂詁》都完成於這個時期（尤其是嘉慶年間），一直到滿清覆亡，考證學從未中斷過。但是從嘉慶後期開始。思想界重新洗牌，漸漸由先前考證學壟斷的局面，轉變成多元競爭之局面，強勢論述與弱勢論述之間時有更迭。

一、時代背景：兩種不同的時間軸線

討論嘉道咸時期的思想，必須建立在區分歷史事件與社會結構的前提上，這兩個因素，一個是事件的，一個是結構的，兩者屬於不同的時間軸線。第一，在中央方面，經過乾隆長達六十年的統治之後，帝國內部產生了諸多問題。中央的腐化以和珅（1750-1799）為代表，對地方失去控制，而地方的貪污也日漸嚴重。當時中外人士的觀

4　關於這個問題牽涉很廣，將來當進一步討論。本文並未能對變化的部分做細緻的處理。

5　其實一直到民國時期，反對傳統文化高峰，許多人仍在從事考證之學，顧頡剛讀書筆記中便反映了這個現象，只是它不再成為最主流的那一個層次。

察咸認爲十九世紀是大量貪污舞弊的開始，加上乾隆後期到道咸時期的動亂，塑造了當時學問的基本樣貌。晚清士人多將乾隆後期的衰敗歸咎於和珅，清朝中期以後批判和珅的筆記、小說、戲曲等通俗文學簡直車載斗量。但是除了歸咎和珅之外，病根似乎更爲廣泛。張集馨（1800-1878）的《道咸宦海見聞錄》一開始似乎還透過各種管道希望對各地普遍地貪污腐化、風氣敗壞情況近乎常規化的現象有所改正，但是後來似乎只停留在個人的不滿與怨懟。乾隆晚期以來的亂局使得當時士人感受到天下不再太平。如乾嘉之際白蓮教復熾，大小動亂蔓延各省，與其相關之天理教更於嘉慶十八年（1813）攻入紫禁城。道光十年（1830）以降，清朝與英國因貿易問題屢有矛盾，於道光二十年（1840）爆發鴉片戰爭後，中西之間從此衝突不斷。緊接而來的是，道光三十年（1850）太平天國展開一系列軍事活動，引發全國性的戰亂。6這些事件皆伴隨著清朝直至其覆亡。

第二，在明顯的動亂外還有更深層的結構性問題。自龔自珍以來，包括畢紫笏（生卒年不詳）等人，他們不僅討論當時現實的內外動亂與官場腐敗等問題，更注意到種種社會問題背後的結構性因素。龔自珍的〈明良論〉與畢紫笏的《衡論》等著作，都點出人口、土地與商業社會的結構性問題，這些都不能簡單歸罪於和珅，還應該考慮更基礎的結構性因素。而結構性問題又與和珅帶來的官場腐敗、白蓮教亂，以及鴉片戰爭緊緊交織，使得問題更爲嚴峻，迫使士人意識到衰世到來，天下即將大亂，不得不重新反省學術的社會功能。這使得

---

6 然而，把一切歸咎於和珅，使得人們安於簡單的歷史歸因，甚至產生了一種「自欺」，故意簡化了對實際狀況的了解。我注意到和珅的罪惡是不斷「層疊造成」的現象，其中到底多少是和珅做的，乾隆皇帝又掌控多少，都值得進一步深入研究。

清朝中後期的學問性格大爲不同。如在鴉片戰爭以前，李兆洛（1769-
1841）的《暨陽答問》、法式善（1753-1813）的《陶廬雜錄》與梅曾
亮（1786-1856）的〈民論〉，都意識到天下即將大亂的問題。另外，
洪亮吉（1746-1809）也早就預言了清代人口問題，龔自珍在1810年
代前後的文章，也指出土地兼併而百姓流離失所的現象，因此他思考
如何用農業、宗法制度重新穩定局面。太平天國時期，汪士鐸（1802-
1889）更提出溺殺女嬰的主張。[7]可見當時人口問題嚴重，人地比例太
過懸殊。此外，伴隨人口膨脹而來的社會動盪及其他數不清的問題，
各地方也形成大量非政府的組織性力量。

　　乾隆誇稱「十全武功」，但歷年用兵的耗費，國庫嚴重虧空，而
軍事系統中，正規軍八旗與綠營急遽腐化、崩潰。嘉慶元年至嘉慶十
年（1796-1805）川楚教亂即是在內地最重大的一次挑戰。此外人口
的急遽膨脹造成大量的移民，其中有許多移往政府組織、軍事力量薄
弱的邊區或三不管地帶，靠著移民自己所建立的武裝力量維持秩序，
這些地方往往成爲叛亂的溫床，[8]川楚教亂以及後來太平天國都出現於
這些地區。川楚教亂產生在四川、湖北等省交界之處，所謂「老林深
菁」，大量開墾移民之「棚民」所在之處，顯示政府建制力量的薄
弱。這場動亂持續九年，侵擾十幾省，最後主要靠三省地方兵平定，
中央將軍事託付給地方團練，在在顯示政府正規武力之脆弱。此後清
代之動亂亦多循此模式平定，它所帶來的挑戰太大。許多人爲這場動
亂所刺激，覺得天下即將大亂，並開始摸索新的學問方向。

7　參看王汎森，〈汪悔翁與《乙丙日記》——兼論清季歷史的潛流〉，《中國
　　近代思想與學術的系譜》（臺北：聯經出版公司，2003），頁61-94。
8　參見 Susan Naquin and Evelyn S. Rawski, *Chinese Society in the Eighteenth
　　Century*（New Haven: Yale University Press, 1987），pp. 138-216.

　　由於社會複雜化、城市化程度增加、出現形形色色的新現象，但政府組織卻未能跟上現實，正式的官僚機構並未相應地擴充，也無大規模的制度創新，反而大量倚賴臨時的、非正式的、中介式的組織及人員，[9]國家與社會之間呈現分裂狀態。當時許多人都指出，地方官——尤其是縣一級的官員——沒有實權，層層堆疊上去的官員太多，層層牽制，但實際辦理地方事務的官少，用魯一同（1805-1863）的話來說，就是「治事之官少，治官之官多」，[10]加重地方官權或是地方官久其任的呼聲不斷出現。

　　人口急遽增加之程度，或許在今天的人口史學之間仍有爭論，但是當時人非常痛切地感受到這個現象。洪亮吉《意言》中對人口危機的看法，以及後來汪士鐸在日記中也痛切地表達了對人口激增的不安。人口壓力造成嚴重的人地失衡。

　　據研究，在1800年階段中國的人地比例約略等於1980年代的美國，這個現象產生了諸多困擾，遊民日眾，形成重大的社會問題，龔自珍在〈農宗〉、〈農宗答問〉等一些文章中浩嘆大量人口脫離土地，脫離他所謂的「農本」，轉而從事工、商末業，甚至是游食於其他不正當的工作，造成地方秩序的潰決。[11]原有宗族社會中的尊卑秩

9　Philip A. Kuhn, "The Development of Local Government," in John K. Fairbank and Albert Feuerwerker eds., *The Cambridge History of China,* vol.13（New York: Cambridge University Press,1986）, pp. 329-360.

10　參看魯一同，〈胥吏論〉五篇，《通甫類藁》，收入《續修四庫全書》編纂委員會編（後略編者），《續修四庫全書》第1532冊（上海：上海古籍出版社，1995），卷1，頁11a-20a。

11　龔自珍，〈農宗〉、〈農宗答問第一〉、〈農宗答問第二〉、〈農宗答問第三〉、〈農宗答問第四〉、〈農宗答問第五〉，收入氏著，王佩諍校，《龔自珍全集》（上海：上海古籍出版社，1975），頁48-55。

序被商業、財富所腐蝕，使得龔自珍及許多人都憤慨於「貧富相耀，宗族渙散」的現象。12

　　與同時期的西方相比，上述結構性的問題顯得相當突出。如果要進行這種比較性的研究，則應對於這個階段的中國思想界有所了解。此外，這是西方事物湧入中國之前奏，我們應恰當地理解西方事物進來之前中國本土的狀況，當時中國思想界主流究竟以何種態度面對新事物的湧入，也主要取決於當時主流思想的基調及對新事物的態度。

二、「衰世」的感覺

　　在經歷過長時間的承平與富足之盛後，明確地提出「衰世」的到來具有里程碑式意義，化原來不知不覺為有知有覺，把原來生活中所目睹及自己所經歷的困難化為更高一個層次的覺省，並將之問題化，可以說是嘉慶後期以來一個新的發展。

　　這方面的言論很多。龔自珍的〈明良論〉、〈平均篇〉、〈乙丙之際箸議〉等一系列文章，以陰慘的文調，生動地刻劃出「衰世」，在當時及後來引起許許多多人的共鳴。龔氏的文字極富象徵性，時代像風中忽明忽暗的燈，沒有靈魂而又鬆脆無比的傀儡，風一吹即將散去13「起視其世，亂亦竟不遠矣」、14「人畜悲痛，鬼神思變置」，15若不

---

12 胡韞玉，《清包慎伯先生世臣年譜》（臺北：臺灣商務印書館，1986），頁2。
13 龔自珍，〈與人箋五〉，收入氏著，王佩諍校，《龔自珍全集》，頁339。
14 龔自珍，〈乙丙之際箸議第九〉，收入氏著，王佩諍校，《龔自珍全集》，頁7。
15 龔自珍，〈平均篇〉，收入氏著，王佩諍校，《龔自珍全集》，頁78。

儘速改革，則「山中之民」即將起來取而代之。[16] 李兆洛的《暨陽答問》（此書在《皇朝經世文編》之後），也充滿這類的話。[17] 梅曾亮在〈民論〉中批評時局，暗示將有動亂。後來《清史列傳》中梅傳的作者追述說，「是時天下方全盛，亂端未兆，其後粵賊起，陷江南，卒如其言」。[18]《水窗春囈》中提及陳廣敷（1805-1858）到處對人說「天下將大亂」。[19] 又如道光十七年李兆洛一行人至揚州拜訪姚瑩（1785-1852）時說：「凡乾隆時號為名勝，靡不荒敗，真欲作〈蕪城賦〉矣」，[20] 對風景區的觀察比較生動地描寫了衰世之象。

　　所謂「衰世」起因為何？有歸因於官吏之貪殘者，張際亮（1799-1843）〈答黃樹齋鴻臚書〉說到當時官吏之貪暴：「此等凶慘之狀，不知天日何在，雷霆何在，鬼神又何在？」[21] 有歸之於貪污者，當時人觀察到十九世紀初葉是中國大量舞弊貪污之始，且與大量滿員有關，道光皇帝亦無能為力，[22] 沈垚（1798-1840）《落帆樓文集》中尺牘三卷所描述道光時期士大夫之腐敗即另一確證。[23] 有認為言路閉

---

16 龔自珍，〈尊隱〉，收入氏著，王佩諍校，《龔自珍全集》，頁87。
17 蔣彤錄，《暨陽答問》，收入上海書店出版社編，《叢書集成續編》第88冊（上海：上海書店出版社，1994），頁619-630。
18 國史館編，《清史列傳》第10冊（臺北：明文書局，1985），卷73，頁29a。
19 歐陽兆熊著，〈陳廣敷蹤跡〉，收入歐陽兆熊、金安清著，謝興堯點校，《水窗春囈》（北京：中華書局，1984），卷上，頁2。
20 施立業，《姚瑩年譜》（合肥：黃山書社，2004），頁150-151。
21 張際亮，〈答黃樹齋鴻臚書〉，《張亨甫文集》（國立臺灣大學圖書館藏刊本，版本不詳），卷3，頁25a。
22 陳恭祿著，陳良棟整理，《中國近代史資料概述》（北京：中華書局，1982），頁225。
23 沈垚，《落帆樓文集》，收入《續修四庫全書》第1525冊，卷8到10，頁456-497。

塞、上下之情不通者，如魏源主廢諫官，以人人當諫官，人人皆得盡
其言，瞽史、百工、庶人等皆得進言。[24]有歸於兼併、財富嚴重不均
者，如龔自珍〈平均篇〉、〈農宗〉中所言，或如〈西域置行省議〉
中說「四民之首，奔走下賤」，[25]或如龔自珍動輒提到「士農工商」四
民失序，遊民日多的問題。也有反省官方造成的忌諱，人們不敢表達
真正的意見，且無廉恥之心。龔自珍說：「積百年之力，以震盪摧鋤
天下之廉恥」，雖未明言是文字獄所造成，但所指涉相當清楚。[26]有歸
之於人口與物產之間的嚴重失衡者，[27]姚瑩即認為當時之社會危機是
因「方今天下，生齒極繁，游食日眾，物產凋敝，風俗猾偷，向所稱
富庶之邦皆疲困不可支」。[28]有歸因於流民者，流民大量流向各省交
界，或統治力量薄弱的山區，《三省山內風土雜識》講棚民、流民之
間，宗族，禮教等紐帶關係已不大存在，乃流民致亂之由。[29]有歸罪
於整體社會風氣敗壞者，關於這一點，沈垚有一段屢屢被引述的名
言：「今日風氣，備有元成時之阿諛，大中時之輕薄，明昌、貞祐時
之苟且……有一於此，即不可終日，今乃合成一時之風俗，一世之人
心。」[30]

---

24 魏源，《默觚下‧治篇十二》，《魏源集》（北京：中華書局，1976），上
　冊，頁68。

25 龔自珍，〈西域置行省議〉，收入氏著，王佩諍校，《龔自珍全集》，頁
　106。

26 龔自珍，〈古史鉤沈論一〉，收入氏著，王佩諍校，《龔自珍全集》，頁20。

27 龔自珍，〈西域置行省議〉，收入氏著，王佩諍校，《龔自珍全集》，頁
　106。

28 施立業，《姚瑩年譜》，頁112。

29 嚴如煜，《三省山內風土雜識》，收入新文豐出版公司編輯部編，《叢書集
　成新編》第94冊（臺北：新文豐出版公司，1986），頁55-64。

30 沈垚，〈與張淵甫〉，《落帆樓文集》，收入《續修四庫全書》第1525冊，

　　更爲重要的是許多人將「衰世」的總根源歸因於學術，如孫鼎臣(1819-1859)《芻論》等書將後來洪楊之亂直接了當歸因於漢學考證。[31] 當然也有人有不同想法，汪士鐸在太平天國動亂時則將一切大亂歸因於道學。

　　內在精神世界，或道德風俗，無人照管的結果，其流弊是如洪亮吉於嘉慶六年（1801）所說的，大多數人向佛教尋求精神道德之慰藉、引導。清代考證學最盛時，蘇州一帶佛學復興，恐怕也與道德精神領域無人照管有關。另外，即是《太上感應篇》，或官府之《聖諭廣訓》，或是轉向新興宗教，如李晴峰（1808-1885）等之大成教。[32] 方東樹（1772-1851）《漢學商兌》的批評可以作爲一個簡單總結：「漢學諸人，言言有據，字字有考，只向紙上與古人爭訓詁形聲，傳註駁雜，援據群籍，證佐數百千條，反之身己心行，推之民人家國，了無益處。徒使人狂惑失守，不得所用。」[33] 引文中的「反之身己心行，推之民人家國，了無益處」三語，最具代表性。當時從各方攻擊

卷8，頁12b。

31 孫鼎臣，〈論治一〉，《芻論》（中央研究院傅斯年圖書館藏咸豐十年武昌節署刊本），卷1，頁4a-5a。按，曾國藩對此說有所保留，參看曾國藩，〈孫芝房侍講芻論序〉，收入氏著，王澧華校點，《曾國藩詩文集》（上海：上海古籍出版社，2005），頁301。

32 方東樹曾有註解《太上感應篇》，並著《考正感應篇暢隱》，詳敘其對此書的感受。鄭福照輯，《方儀衛先生年譜》，附於方東樹，《儀衛軒文集》（中央研究院歷史語言研究所傅斯年圖書館藏同治七年刻本），卷末，頁5a-5b。又李晴峰事，見徐珂，〈大成教〉，《清稗類鈔》第15冊（臺北：臺灣商務印書館，1966），宗教類，頁60-63。參考王汎森，〈道咸年間民間性儒家學派──太谷學派的研究〉，《中國近代思想與學術的系譜》，頁39-59。

33 方東樹，《漢學商兌》（臺北：臺灣商務印書館，1978），卷中之上，頁39。

乾嘉之學的人，數目甚多，並不限於上述幾家。

　　上述這種震盪是到處都感受得到的，所以我們不只應注意比較有名的思想家、學者的表現，更重要的是各地的地方讀書人多領略到震動，起而做各式各樣的工作，直接或間接維繫社會秩序，或提倡一種「正學」以教導人們，或導正政風及社會風氣。而其特色就在多樣性，可以是刻一部朱子的某種選集或朱子學派某人的文章，如陸隴其（1630-1692）；也可以是刻教化之書、善書，尤其是重印前人與此有關之書等，或是把儒家書籍善書化。人們似乎感到知識沒有力量，要變成宗教才有力量，而變成宗教就不再是知識，這種變化正體現在此時一些文化活動（書寫、編纂、格言書）上。《里乘》等筆記小說之善書化，即是一種表現。何以必須要善書化？因為宗教信仰才有力量。不只筆記小說如此，其餘許多文類亦如此。這種變化都是為了要儘快有力地聯繫上現實，產生實際社會作用。[34]

　　此時內外局勢如此衰頹，所以士大夫試著調動一切可用的思想資源來應付新的局面，當時學界興起了各式各樣的學術派別，它們有一個共同的趨向，即都希望自己的學問是足以「明道救世」的「有用之學」，「明道救世」成為當時相當常見的口號，只是什麼是「有用之學」則各有不同的主張。[35]

---

[34] 如張舜徽《清人文集別錄》中的彭翃、龍啟瑞、張瑛、張裕釗、馮煦、李江等。參見張舜徽，《清人文集別錄》下冊（北京：中華書局，1963），頁445-447、505-506、535、528-529、608-609、562-563。

[35] 包世臣曾經說自己年輕時被母親說是「違眾為有用之學」，見胡韞玉，《清包慎伯先生世臣年譜》，頁30。中國士大夫總認為自己的學問最終是在某種程度上是「有用」於治平天下，不過此時的「有用之學」顯然與先前不同，所以才有「違眾」之事。關於「有用之學」的性質與範圍，下文還會談到。

　　當時的人調動一切可用的思想資源企圖解決現實政治、社會的困局，但是可以調動的是什麼？在十九世紀前半葉，對西方的新思想資源的吸取還非常有限，在《海國圖志》、《瀛寰志略》、《海國四說》等書中，對當時西方的輿地政情等方面已有相當了解，但是從當時思想人物的著作中，還不容易看出已將西方思想資源轉化成爲系統的養分，更多的還是從傳統學術中去活化有用的資源。其中有些早已「化石」化，如公羊今文經學即是一例；有些是已被禁抑多時的文獻；有些是原處於時代邊緣的，如部分先秦子學。有些先前在相當程度上被鄙棄的學問，但在「明道救世」、「當世之用」的要求之下被重新調動起來，賦予現實的角色。

　　學問的變化在於打開門戶之見，重新洗牌。嘉道以來講通漢宋之人極多，學界研究亦多，此處不贅，但光是漢宋融合，就可以看出許多新的派分。有以漢學爲主體，有「推漢合宋仍尊考據」，有「推漢合宋以談經濟」；有以宋爲主體，作上述的融合變化的。即以經世而論，有「理學經世派」，主張義理與經世合一，以經世之學濟義理之窮，這一派批官僚，批風俗人心，綱領比較清楚，往往是在《大學》格（物）→致（知）→誠（意）→正（心）→修（身）→齊（家）→治（國）→平（天下）的架構下發揮；有「考證經世派」，或主通經致用，或以考證方法與研究天文輿地等實測方面的問題，但往往缺乏大綱領。此外還有「今文經世派」，講微言大義，變法改制；或「子學經世派」，這可以分成兩種，一種是自造比較成學說的政論，另一則是以復刊先秦子書或明末清初之政論書。當然還有純經世派，如包世臣（1775-1855）、李兆洛以來的傳統。

　　道咸以後，學問、人才的標準，皆呈現一種脫離原來中心的離心現象。中下層人才升用的管道堵塞，使得一群人脫離原來的渠道轉向

私人幕僚或其他較多元的路上走。1830年代活躍的一批人似乎在氣氛上有很大的挫折感及憤鬱感,他們有說不出的失意(通常是科場或官場失意),常常透過私人渠道尋找關係,以求表現,如魏源欲隨楊芳(1770-1846)出關。國家在內、外事務上的挫折,所造成的失望與動盪,需要找到發洩口,在攻擊批評時政的風氣下造成一種離心力,而這種新風氣不必然由中朝大官發動,而是由被邊緣化的自由活動資源來發動。

士大夫的風氣也有所轉變,首先是處士橫議。[36]在政治壓力如此巨大的清代,這種局面是先前所未見的。清代文字獄中,真正涉及種族思想的只有一小部分,用魯迅(1881-1936)的話說,大部分是拍錯馬屁。但是愈到清代中期,更大的部分是批評時政,有些其實只是對府縣級的批評,但若是批評的方式出格,最後由皇帝親身處理,都可能釀成身家大禍。

管同(1780-1831)說:「國家承平百七十年矣,長吏之於民,不富不教,而聽其饑寒,使之冤抑,……天下幸無事,畏愞隱忍,無敢先動,一旦有變,則樂禍而或乘以起,而議者皆曰,必無是事。彼無他,恐觸忌諱而已。」[37]如果對照清代中期種種文字獄事件看,管同的「忌諱」真是寫實。在那種氣氛之下,清議、論政,或成論政團體,

---

36 「自來處士橫議,不獨戰國為然,道光十五六年後,都門以詩文提倡者陳石士、程春海、姚伯昂三侍郎;諫垣中則徐廉峰、黃樹齋、朱伯韓、蘇賡堂、陳頌南;翰林則何子貞、吳子序;中書則梅伯言、宗滌樓;公車中則孔宥涵、潘四農、臧牧庵、江龍門、張亨甫,一時文章議論,掉鞅京洛,宰執亦畏其鋒。」金安清著,〈禁煙疏〉,收入歐陽兆熊、金安清著,謝興堯點校,《水窗春囈》,卷下,頁80。

37 管同,〈上方制軍論平賊事宜書〉,《因寄軒文初集》,收入《續修四庫全書》第1504冊,卷6,頁5b。

變得非常危險。而道咸之後新的結社稍興，論政風氣亦漸起，由乾隆中晚期的各種消寒會，到嘉慶後期之宣南詩社，到道光年間以祭拜顧炎武（1613-1682）形成的顧祠會。此外，道光年間也有針對社會風氣而發的，如倭仁（1804-1871）之「喫糠會」，[38]梁章鉅（1775-1849）之「挑菜會」等，[39]這些會大抵有一個由文藝聚會，到摻入一些現實關懷，再到有一個明顯宗旨的結社之發展過程。[40]

　　道咸的輿論表達畢竟與「避席畏聞文字獄，著書都爲稻粱謀」的時代大不相同，[41]寫作各種專論，到處宣揚的人漸漸多了起來。像龔自珍一系列令人瞠目結舌之政論，或是湯鵬（1801-1844）寫完《浮邱子》後，到處拉人到家裡讀他的書稿，這些意氣縱縱的舉動都是先前不可能見到的。「京師處士橫議」，而北京陶然亭、小萬柳堂、崇效寺、慈仁寺等地正是處士橫議、發表輿論之處所。

　　此時，詩詞小說戲曲中的主題有強烈的政治化傾向，同時也表述了強烈的不滿與挫折感。新興的「氣節功名之士」得到社會聲望的方式，與前代獲得聲望之方式不同。此時讓他們在京師及其他地區獲得聲望的，不一定是靠考證的作品而是關心現實的詩文。寄經世之學於詩，寄經世之學於文，以詩文回應現實、關涉現實，每較考證作品更

---

38 徐珂，〈八旗學派〉，《清稗類鈔》第28冊，性理類，頁21。李細珠，《晚清保守思想的原型——倭仁研究》（北京：社會科學文獻出版社，2000），頁211。
39 見梁章鉅，〈人日疊韻詩〉，《浪跡叢談》，收入氏著，陳鐵民點校，《浪跡叢談・續談・三談》（北京：中華書局，1981），卷11，頁201。
40 參考彭明主編，《近代中國的思想歷程（1840-1949）》（北京：中國人民大學出版社，1999），及有關宣南詩社的論文，如謝正光，〈宣南詩社〉，《大陸雜誌》，36：4（臺北，1968），頁23-30。
41 龔自珍，〈詠史〉，收入氏著，王佩諍校，《龔自珍全集》，頁471。

爲直接、迅速地獲得人們的共鳴。考證學原來鄙薄文章，不把文章視
爲第一義的情形有所改變，我們看到許多這時活躍的人才，不再屬於
儒林傳，而是出自文苑傳中的人物。學問及人才的標準，都脫離了原
先經學博覽的矩範，而每每強調「氣節功名」等新價值。這時也可以
看到學術上大區域的興衰。在北京、江南蘇州、揚州等地區漢學考證
的核心地區之外（而且這些核心區也有衰落之勢），如四川、廣東、
湖南、福建等新地區興起，成爲新的核心地區。空間的不同也帶來學
問的差異，新興地區的學問風氣的確是不完全囿於漢學考證的矩範。

　　人才不出於原先的規矩程範中，而是出於別的管道的現象，可以
由道光時代阮元（1764-1849）及程恩澤（1785-1837）兩位座主式人
物下面所聚集人才之不同看出。阮元是考證學大師，底下人物以經學
考證爲主；雖然程恩澤的學問及位望皆不如阮元，可是他興趣多元，
不以經學爲範限，雜及天文、象緯、輿地、兵事、農田、水利等與現
實較爲密切之學。後來在道咸年間比較活躍之人才，每與程恩澤較
近，即因他們關心脫出經學考證之外的新學問，如道光中朝士之秀，
魏源、徐松（1781-1848）、張穆（1805-1849）、俞正燮（1775-
1840）、周濟（1781-1839）、龔自珍、姚瑩、何秋濤（1824-1862）、
沈垚、劉逢祿（1776-1829）、何紹基(1799-1873)、湯鵬等，[42] 足見人
才之標準與群體皆與考證學獨盛時代大爲不同，而且道咸以下的學問
各具面目。如前所述，它們大多是在「明道救世」、「當世之用」這
兩面大纛之下所興起的新趨向上作各種努力。

　　在進入正題之前要先強調，道咸時代考證學的力量仍然很大，但

---

42 楚金（瞿宣穎），〈道光學術〉，收入周康燮主編，《中國近三百年學術思
　想論集》（香港：崇文書店，1971），頁341-354。

即使考證學這樣的老牌學問,我們也可以看出顏色有些變化,譬如「新考證學」,即在經學的前提下,從事「史學的經學」、「經世的經學」、「理學的經學」等。而且戴震(1724-1777)以下所樹立的新人性論及社會觀在當時有其活力,繼承闡釋者並未停止。

在「明道救世」、「當世之用」的宗旨之下,原有的學問往往產生微妙的分子變化,或著上一層新的顏色,也有若干新學問浮現。這裡所謂的「新」是相對意義下的「新」,它們往往有很長的源流,但是在這時特別壯大或成為人們所矚目的對象。所以考證學雖然是這個時期的主流,但是這個主流旁邊出現許多與它競合的學問,有時聲勢還要凌駕其上。此外,除了大家已經熟悉的反漢學及漢宋之爭外(因為討論這個問題著作非常多,所以此處不贅),還有許多此時方才受到大家注目的新興學問,分別是今文經學興起、先秦諸子學興起、宋明理學的復興、道德教化運動、忠義文化的崛起、西北史地之學、經世致用之學、佛學及西學等等。

事實上,這些新興的學問是波濤洶湧的。以諸子學、史學的興起為例,原先以經學為基礎所吸附的子學、史學,乃至於其他學問,並不是沒有獨立的地位,但是比較而言,仍是經學式史學,經學式子學。這裡所謂「經學式學問」的意思可以有許多層次,一切作為證經、闡經之用,或是以經學考證的方法與範疇研究之,[43]或是以「經」為中心標竿,一切其他學問圍繞著它轉,不一而足;道咸學問之特質

---

43 內藤湖南指出清代考證學最有助於修補明史,考訂明史之學所運用的完全是經學的研究方式,不同的是研究經學者不可以駁聖人,而研究史學者可以駁先代史家,參見內藤湖南,《支那史學史》,收入氏著,神田喜一郎、內藤乾吉編集,《內藤湖南全集》第11卷(東京:筑摩書房,1969),頁334-335。

是，一方面有仍然維持舊方式的，同時也出現各種學問以自己本身爲中心的發展。以諸子學研究爲例，過去的研究已顯示，因爲諸子文獻年代古老，最先主要是依附在經學考證的需求，後來軼出而就子書自身研求其義理等問題的風氣亦崛起。上述各點皆顯現出一種在當令的漢學考證之外，思考各種現實問題的傾向。[44]

三、擺脫經學樊籬的學問觀

　　前面提到「明道救世」的運動，其實可以大略分爲兩波。第一波是乾隆晚期到嘉慶初年，第二波是嘉道咸同時代。關於第一波新動向，我會在另一篇文章中比較詳細地說明，此處謹以章學誠（1738-1801）與汪中（1745-1794）所流露出的新端倪爲例。章學誠《文史通義》強調的道、學、政合一，展現與考證學不同的思考。另外，姚鼐（1732-1815）義理、考據、詞章的分立，則將最流行的考據視爲「道」的一部分。[45]

　　章學誠指出儒家不等於道，孔子不傳經也不傳道，周公才傳道，道的涵蓋面更爲廣大。汪中也認爲中國古代官師合一，學術與思想合一的整體才是道，六經只是其中一個重要的部分，因此要回復到原本更整體的道。此外，汪中討論古代的學制，也提出跟當時考據學家對古代傳統不太一樣的看法。章、汪二人從史學觀察經學的角度，清末民初的張爾田（1874-1945）《史微》也延續這波思潮，重新思考與定義「道」，以及孔子與「道」、儒家六經與「道」的關係。

　　近人認爲章學誠之學，使人實知古學之「眞境」。章氏「六經皆

---

44 不過上述各種新學問動向，目前都有不少專書討論，故此處暫不贅。
45 戴震較早提出此說，但姚鼐的主張更爲明火執仗，更引起世人注目。

史」的意思是指經、史爲先王政典、官司掌故。他揭示了古學的源頭，在這個最源頭的世界，只有古來前言往行的記錄（「史」），並沒有經學之名，也沒有史學之名，乃至於先秦諸子之名都是後起的。在古學的源頭的時代，一切知識是相通的，破除經、史、子之隔。46顧頡剛認爲章學誠開啓了「平議」一派，一方面是將政治、風俗、學術合而爲一地進行學理上的批評，另一方面是將經史子集之間的牆垣打破。而「言公」說明知識在古代是公眾之物，所以沒有私家著述之事，知識都是與現實作爲密切關聯，所以也沒有純粹作學問是一種人（如清代考證學者），身體力行的是另一種人，「政」、「學」、「道」三者是合一的。47這種拔高到經學、史學、子學、文學等一切學問之上看古代學問之眞境的精神，相對於考證學是一個眼光的大解放。道咸以來，種種對學問眞境回到基礎點的反思，與此精神是相通的。

　　在經學的格局之外思考社會國家的秩序，也可以上溯至乾隆後期陸燿（1723-1785）的《切問齋文鈔》。陸氏顯然在質疑「通經致用」之原則，他在乾隆四十年（1775）爲《文鈔》所寫的〈自敍〉中說：「故以今人之文，言古人之所已言，與其所不必言，不若以今人之所欲言，與其必當言者，以著之文。……又況事固有與古相違，而於道適合者。」48以上的話足以醫信古之毛病。而「求古」即是考證之理念，他鼓吹跳出「古」之外來思考社會國家的問題，亦即跳出考證來

46 顧頡剛，〈中國近來學術思想界的變遷觀〉，《中國哲學》第11輯（北京：人民出版社，1984），頁305-307。
47 龔自珍，〈乙丙之際著議第六〉，收入氏著，王佩諍校，《龔自珍全集》，頁4。
48 陸燿，〈《切問齋文抄》序〉，《切問齋集》，收入《四庫未收書輯刊》編纂委員會編（後略編者），《四庫未收書輯刊》第10輯第19冊（北京：北京出版社，1997），卷6，頁10a-b。

思考的意思。

　　在考證學之外，學問的另一種發展是重新定義「經學」（如陳澧〔1810-1882〕之〈與王峻之書〉）、[49]「漢學」（如龔自珍之〈與江子屏牋〉），或重新定義「著書」（鄭獻甫，1801-1872）、「學問」之意義。不過我也必須強調，這是一種非常隱微的發展，而且不能誤以為跳出考證之外思考事情，即表示放棄經學考證，這是兩回事。

四、「合一」的學問觀

　　在考證學之外來思考「學」的性質是什麼？「士」的性質是什麼？

　　清代以來，學問世界有兩個主要的發展，一個是分科之學，「分科」二字當時已常用，或是用現代的術語即「專業化」，傅斯年（1896-1950）便認為清代考證學已逐漸發展出專業化的傾向。另外一個發展是要求合一，統合道、學、政為一，統合道德、學問、政治為一，統合經史子、古代所有學問為一。簡而言之，表現一種「合一」的傾向，[50]以清末民初張爾田的《史微》為高峰。《史微》中認為古代是經、史、子合一之學，各家各派之學，都是用來對付一種特殊事端的學問。「合一」的學問觀也應該追溯到章學誠。章氏的思想極複雜，不過與本題有關的是，他主張「官師合一」、「道學政合一」。在他那裡學問是合一的，是扣緊當代的。他認為「學」不是「似」而是

---

49 陳澧，〈與王峻之書〉，《東塾集》，收入《續修四庫全書》第1537冊，卷4，頁30a。
50 此處用「合一」而不用混合。英文論著書寫到此時期總是用 "eclectic"，這個字有雜學之意。

「效」，故〈原學〉中說：「學也者，效法之謂也」，並對學與誦讀，學與考證學、學與事、學與經世風氣、學與義理有清楚的分疏。

在道光年間，龔自珍的基本態度與章學誠「道學政合一」的思維近似，故一直有人認為龔氏上承章氏之學，雖然龔氏文集中從未出現章氏的名字，不過我們也可以推測這是時代風氣，龔氏〈尊史〉、〈乙丙之際箸議〉、〈明良論〉等文章都表現了要把分開的合而為一的態度。

魏源也認為，經術、政事、文章要合一，他痛責將「治經之儒」與「明道之儒」、「政事之儒」，判分為二途。[51] 魏源不滿僅局限於唯鳥獸蟲魚是尚的漢學考證，而主張今文經學、宋明理學、經世之學之混合。他在今文經學中看到一種新的學問風格。在〈劉禮部遺書序〉中說：「由典章制度以進于西漢微言大義，貫經術、政事、文章于一，此魯一變至道也。」[52] 這種「合一」觀的組成因素各有不同，在當時有宋學傾向的思想家表現得相當清楚。

本來桐城派的巨擘姚鼐在漢學考證獨占風氣之時，早已極為不滿，在〈復汪孟慈書〉中說：「今世天下相率為漢學者，搜求瑣屑，徵引猥雜，無研尋義理之味，多矜高自滿之氣，愚鄙竊不以為安」，[53] 在〈述菴文鈔序〉中提出學問以兼長為貴，主張「義理……考證……詞章……三者苟善用之，則皆足以相濟」。[54] 在「考據」之外加

---

51 龔書鐸，〈道光間文化述論〉，《中國近代文化探索》（北京：北京師範大學出版社，1988），頁102。

52 魏源，〈劉禮部遺書序〉，《魏源集》上冊，頁242。

53 姚鼐，〈復汪孟慈書〉，收入氏著，劉季高標校，《惜抱軒詩文集》（上海：上海古籍出版社，1992），後集卷3，頁295。

54 姚鼐，〈述菴文鈔序〉，收入氏著，劉季高標校，《惜抱軒詩文集》，文集卷4，頁61。

入「義理」、「詞章」，主張三者兼長善用，成為重要的典範。不過姚
鼐處於考證學高峰之時，一切唯學問是尚，尚未加入經濟、治術，也
未清楚加入道德一項，後來的桐城派或宋學派在標舉「合一」式學問
觀時，則往往清楚加入道德、經濟、治術這些範疇，這方面的言論很
多，譬如姚瑩主張學行與治術合一。[55]他們都想再往上找到一個更高
的綜合點，而「道」往往被提出來，所以往往表現為一種「新道
學」，如魯一同以「道」將文章、性、道合而為一。[56]這個「道」當然
是在經學考據之上的一種新學。

「道學政合一」之學問觀與一種對「士」與「儒」的新定義是分
不開的，這方面的討論的意涵往往是激烈的，[57]即在考證學以學問為
讀書考據，學者為讀書人的局面下，如何重新定義學問、道德、政治
之關係。在這方面我不想多舉，僅以龔自珍在嘉慶年間所寫的幾篇文
章為例，他都強烈地定義「士」「儒」不是自成一群、終日讀書考據
的學者，「士」是學問家也是行動家，是要關懷現世，要與農工商密
切關聯的人，所以「士」或「儒」是兼「道、學、政」而有之的人。

---

55 施立業，《姚瑩年譜》，頁121。

56 魯一同，〈與高伯平論學案小識書〉，《通甫類藁》，收入《續修四庫全書》
　　第1532冊，卷3，頁17b。

57 如龔自珍在王引之墓表中說：「吾治經，於大道不敢承，獨好小學」，見
　　龔自珍，〈工部尚書高郵王文簡公墓表銘〉，收入氏著，王佩諍校，《龔自
　　珍全集》，頁147。夏炘（1795-1846）曾斥錢大昕（1728-1804）：「炫博矜
　　奇，以多為富，讀史不鏡得失，謹詳某本作某」，批評考證學者刻意將學
　　問與為人二分。見夏炘，〈乾隆以後諸君學術論〉，《夏仲子集》（中央研
　　究院傅斯年圖書館藏咸豐五年刻本），卷1，頁10a。惠士奇（1671-1741）
　　紅豆山房手書楹聯中說：「六經尊服鄭，百行法程朱。」見江藩，《國朝宋
　　學淵源記》，收入氏著，鍾哲整理，《國朝漢學師承記》（北京：中華書
　　局，1983），卷上，頁154。

「合一」式的學問觀也表現在史書中的安排。清代本朝的〈儒林傳〉是從嘉慶末期阮元的《國史儒林傳擬稿》開始的，在其中將「儒林」與「道學」合而為一，也就是學問與德行要合一，在當時是一件大事，相對於江藩（1761-1831）把《漢學師承記》、《宋學淵源記》分開成兩書來寫，阮元代表一種新的「合一」觀點。道咸年間新出的一大批人物，則又不大一樣，他們是從〈文苑傳〉出來，往往主張一切學問合而為一，似乎只有這樣的人才及學問觀才能合於這一個動盪的時代。

當然，學問合一觀的另一種表現即是「會通」之學，這是道咸時最常被提到的一點。最常見的是會通漢宋學之說。不過，這裡面仍應仔細分疏，我們可以概括地說，此時原來的漢、宋等學問名目都已經有了微妙變化，在原來的學問基礎上已經孵化了許多新的品種：尊漢而兼宋、尊漢而兼經世，或尊漢、經世、文章。尊宋而兼漢者，如劉開（1784-1824）在〈學論中〉說「尊師程朱」，同時又「兼取漢儒而不欲偏廢」。[58]在宋、漢、文章、經世各種項目之間加總變換，不一而足，表達了每人就自己分限所及的一種「合一」的學問觀。以尊漢兼經世為例，其實即以考證為基礎，推之於各種新舊學問以求有用，故此等人往往一方面有考證學著作，一方面又通輿地、象緯、兵農、水利之學。

「道學政合一」式的新學問觀之崛興，是士大夫之學與經師之學的重要區分，士大夫之學漸為人們所尊羨。但它也有一種潛在的危機，即一種隱藏性的解除武裝，使得學問不能成為批判政治的依據。

---

58 劉開，〈學論中〉，《劉孟塗集》，收入《續修四庫全書》第1510冊，文集卷2，頁3b，頁329。

五、由文學到政治

　　文學世界的起伏變化與時代思潮、政治氣候的變化往往有微妙的互動關係，而且一種變化的發動，往往與文學風潮不能無關，一如法國大革命之情形。故文學世界如何連動思想及政治世界的變化，值得特別注意。嘉道以來，在文學世界有兩種發展，可以以鴉片戰爭作一個粗略的劃分（二者當然不能截然劃分，而是有相當的連續性）。

　　在考證學盛時，主要由於對宋明理學的憎惡，使得宋代文學往往也牽連在內，惠棟（1697-1758）說「宋儒之禍甚於秦灰」，[59]方東樹也說經過這些考證學者，尤其是發展出新人性論以取代宋明理學的人性論者的輪番激烈批評後，幾乎使「有宋不得爲代，程朱不得爲人」。[60]雖然上面的說法是極端的例子，不足以概括全部，但在這種時代氛圍之下，提出宋詩或唐宋文章並加以強調，便是一個不可忽視的新動向。宋詩運動始於乾隆中期，翁方綱（1733-1818）、何紹基等皆是代表人物，相對於漢學，他們的活動越來越具有對照性的意味，在道咸年間爲一股代表新訴求的力量。這股力量與後來廣義的宋學派、桐城學派，乃至於重新定義什麼是學問及學問與時代局勢的關係，都是不可分的。何紹基等宋詩派人物發起興建顧炎武祠，在顧氏生日及春秋三祭，並張揚一種結合經學、經濟、宋學、文章、氣節等合而爲一的學問觀。

　　我們不能輕忽文學風氣與政治動員的關係，它們雖然表面看來分屬不同領域，但在人們日常的實際生活中是交互依存。而且各式各樣

59　李集輯，李富孫等續輯，《鶴徵錄》，收入《四庫未收書輯刊》第2輯第23
　　冊，卷3，頁12b。
60　方東樹，《漢學商兌》，卷下，頁147。

的歷史文獻也被動員起來，不一而足。以小說為例，當時流行的小說讚美粗豪、宣講忠義，平定叛逆，《水滸傳》續編的俞萬春（1794-1849）《蕩寇志》最常被引用來說明此時文學忠義化的情形。如果我們瀏覽一下道咸以後的戲曲，也可以發現當時的戲曲有一顯著的政治化、忠義化現象，即所處理的問題大多與政治有關，而其中的意涵，又大多是以忠義來緩解目前的難題、危機。

　　至於文章、詩詞等方面的文字，亦都表現這一個特點。在一個人們自述為泄泄沓沓的時代，「道德情感」的激發不再是靠講理說教式的辦法能夠奏功的，能激動人心的文學作品反而更有用處。這與考證學盛行時不重文學的態度不同，潘德輿（1785-1839）以為：「一人之文，觀一人之氣；一世之文，觀一世之氣。假使一世之文，至於嬋纖仄，悉無直氣，則其士大夫可知，而其世亦可知也」；魯一同論及潘氏時，亦認為「挽迴世運莫切於文章，文章之根本在忠厚，源在經術，其用在有剛直之氣，以起人心之痼疾，而振作一時之頑懦鄙薄，以復於古。」[61]故道咸時代的文章、詩中往往要表達一種激越、亢直、節概、忠義之情，以與四平八穩平正通達的詩文相對抗，這些新特色充滿政治性。

　　先是嘉慶年間黃仲則（1749-1783）詩的流行，然後道咸年間張際亮詩的流行，即代表人們所嚮往的是另一種標準，而他們的詩也顛覆了原來的世界。張際亮輕視乾隆以來之詩壇名家沈德潛（1673-1769）、朱筠（1729-1781）、袁枚（1716-1797）、趙翼（1727-

---

61 見潘德輿，〈答魯通甫書〉，《養一齋集》，卷22，收入氏著，朱德慈輯校，《潘德輿全集》第1冊（北京：人民文學出版社，2015），頁456；魯一同，〈安徽候補知縣鄉賢潘先生行狀〉，收入潘德輿著，朱德慈輯校，《潘德輿全集》第5冊，頁2503。

1814)、蔣士銓（1725-1785）、翁方綱、張問陶（1764-1814），即是
對四平八穩詩之不滿。詩即是輿論，在鴉片戰爭後，圍繞著戰爭本身
的各種事件：林則徐（1785-1850）之貶黜，戰敗的關天培（1781-
1841）等人、琦善（1790-1854）及投降派，所寫的大量詩篇皆以前
述兩種方式表現，大幅度改變了當時人的文學情感世界，並由詩之變
化帶動政治行為方式之評價。

　　大抵當時文學與其他學問一樣，都有一種希望自拔於流俗官僚之
上的強烈願望，鴉片戰爭之前及之後的表現亦有所不同，可以說戰爭
之後更為強烈，呈現的是激氣、節義、綱常風教、感慨、堅貞、剛
直、敢言、敢批評、植節立操，甚至是刻意渲染怨憤鬱結、挫折感，
這些都是他們拔高於當時流俗的情緒世界之表示。

六、新「感覺結構」及忠義文化

　　前面提到文學世界對思想及政治世界之交互依存及聯動關係，一
方面是針對官場宣揚惡劣腐敗的風氣，而大多官僚習於聽諾，不敢有
所指陳，同時隨著內部的動亂及鴉片戰爭的失敗，更加激烈化。

　　忠義文化的興起成為這個時期一個重要的現象，這產生了新的
「感覺結構」（structurel of feeling）。潘德輿強調「士貴一意孤行」，[62]
這是在平穩時代中不容易出現的說法，即改變文學中原來平正的風
格，表現深刻挫折感或憤激之氣的，成為士人世界中許多人所激賞的
新典型。乾隆後期的黃仲則，他的詩在當時及之後獲得廣大的迴響；
鴉片戰爭之後，像張際亮的詩，也是表現一種既挫折又憤激的氣質，

---

62 潘德輿，《養一齋日記》，收入氏著，朱德慈整理，《潘德輿家書與日記》
　（外四種）（南京：鳳凰出版社，2015），頁91。

而得到時人的贊賞。這種挫折激憤之氣，使個人的遭際與國家命運結為一體，有針對整個時代的不滿，也有針對個人遭際的不滿，兩者結合在一起。藉著重大的挫敗事件，如姚瑩在臺灣抗擊英國船艦而殺近二百名俘兵，這個事件的真相值得爭論，更符合實情的可能是英船被颱風吹到臺灣北部沿海，但在當時人認知中，則主觀地認為姚瑩是打敗英軍的英雄，卻被召入內地且遭懲罰，引起的重大不滿及挫折，而張際亮一路護持並發表詩篇，引起廣大迴響。

　　此時不再滿足於平穩格套化的道德，而是鼓舞忠義，激發國家熱情，時常出現「激」、「氣」與「志節」等，一般談道德時比較不會出現的特質。麥金泰爾（Alasdair MacIntyre）曾討論過愛國主義與道德的關係。他認為，愛國主義所鼓勵的特質只忠於某一特定群體，「血氣」、「偏激」是戰爭時的不擇手段，與平常的道德標準也有所矛盾衝突。[63] 嘉道咸的忠義文化打破了道德的平衡點，「一意孤行」、激、氣與節義等孤行獨往的特質，成為正面的道德字眼，形成一種新的感覺結構。

　　人們在尋找一種新的興奮劑、強心針，但往往不是為了改變原來的道德格套，而是想用興奮劑來打動人心，激勵人們更嚴謹地牢守舊的道德格套。興奮劑是「激」、「氣」、「感慨」、「追詠」、「堅貞」、「崖岸」、「剛直」、「風節」、「厲操」、「綱常風教」、「耐苦」、「怨憤」、「鬱節」，這些情緒的發揚、激發、鼓動，往往有兩方面的意義。一方面，當時所最看重的忠義、節義、氣節、綱常風教等，是非常平常的道德條目。另一方面，這些道德條目是針對特定人物或事件

63 Alasdair MacIntyre, "Is Patriotism a Virtue?" in Department of Philosophy, ed., *The Lindley Lecture*（Lawrence: University of Kansas, 1984）, pp. 1-20.

而發，如攻擊中英鴉片戰爭中的主和派，或對太平天國清剿不力的官員，同時也是針對整個時代風氣而發。人們已經發現是文學，而不是哲學或講論式的道德說教，才足以把握、調動、激化這種道德情感。

在形形色色的文獻中，歷史上能表彰忠義精神的文獻的大量被纂輯或重印，是一個相當顯著的特色，這一批倡導忠義的人士對各個時代的相關材料都感興趣，而其結果之一，也是最重大的，是使得清代以雷霆萬鈞之力壓抑禁燬的許許多多早已消失或隱入人們所不注意角落的明末清初文獻，再度被以各種方式重印，重新陳述。關於這一點，我過去許多年來都持續關注，且有專門文章討論，此處只能略道其故。64

我所稱呼的「晚明遺獻的復活」當然不能全以文化忠義化這一點來解釋，65 另外一個最顯著的因素是嘉慶末、道光以來，因為內外交亂，無暇顧及，故類似乾隆時以政治箝制文化界的企圖與力量都削弱了，使得忌諱的強度減弱，故敢於將禁書漸漸重新刊印（雖然其中每每在忌諱處有所刪節）。除此之外，乾隆四十二年（1777）的《勝朝殉節諸臣錄》及上諭，使得一些禁書可以在乾隆褒獎節義的大纛下找到一道護符，以各種方式再度出現。不過無可否認，最大宗遺獻復活的背後動機是為了震發出對朝廷的忠義情感，以維持分崩離析的帝國。

清末民國時代的人們習慣於一種以辛亥革命為出發點的倒溯式觀

---

64 參看王汎森，〈道、咸以降思想界的新現象──禁書復出及其意義〉，《權力的毛細管現象：清代的思想、學術與心態》（修訂版）（臺北：聯經出版公司，2014），頁605-645。

65 梁啟超在《中國近三百年學術史》有「殘明遺獻思想之復活」一說。梁啟超，《中國近三百年學術思想史》（上海：中華書局，1936），頁29。

點，似乎在任何人身上只要看到他四處發掘、出版殘明遺獻，或是加以題跋贊許，就認爲對方蘊含不滿清廷的思想（如周作人〔1885-1968〕）。但是道光咸豐年間大量重現的殘明遺獻可以分爲兩類，一類是暴露清軍入關之後的殘暴行徑，一路是顯示明清之忠義的，前者如《荊駝逸史》，後者如《朝坤正氣集》，這兩者的目的在道咸年間還相當不同，以後者爲壓倒性的多。這些壓倒性的文獻之再出土，不是爲了反清，而是爲了支撐清朝政治。雖然我們不可否認這道藥方帶有危險性，在某些時候是補劑，換成另一個時代可能成爲毒劑，故以這樣激盪原先帶有危險性動能的方式來激揚忠義、維持統治，是一把兩面刃。

　　歷史故事與文學作品一樣，比教訓勸導更能打動人心，故大量血淋淋的歷史記載被發掘刊印出來，遺獻的復活是當時人透過它們與時代對話，把用得上的都調動出來。而且有將明末清初與道咸時代同一化的傾向，如在梅曾亮的文集中，有一篇文章將中英鴉片戰爭中殉國之人與晚明殉國之人同祀，並說他們的忠義是一樣的，這是非常值得注意的一種比較方式。[66]

　　姚瑩的作爲可以稍爲深入討論。姚氏一生到處想激揚忠義，他於道光年間作〈史忠正墨跡跋尾〉等，皆以寄託其忠義、不平、不滿、憤怒之氣。[67]他重修史可法（1602-1645）墓及祠宇，就是想透過史可

---

66 梅曾亮，〈正氣閣記〉，收入氏著，彭國忠、胡曉明校點，《柏梘山房詩文集》（上海：上海古籍出版社，2005），頁254。

67 姚瑩，〈史忠正墨跡跋尾〉，《中復堂全集・東溟文集》，收入沈雲龍主編，《近代中國史料叢刊續編》第6輯第51冊（臺北：文海出版社，1974），卷2，頁23b-24a。

法告訴世人「天下所不足者氣節耳」。[68]他大力幫助顧沅（1799-1851）
編輯《乾坤正氣集》這部集忠烈之士遺集之大成的書，一樣是想藉這
些活生生的歷史故事激盪人們的忠義之氣。《乾坤正氣集》中不乏頗
涉忌諱之記載，值得注意的是，出版經費的主要贊助者潘錫恩（1785-
1866）並沒有因此而被懲罰或降調，之後還升到大學士，可以看出在
當時的氣氛中，這些血淋淋的事跡是有益於時局的補藥。

　　人們是從實際典範，而很少從道德哲學中學到東西，從以下材料
可以看出重刊或搜輯遺獻以爲人勸之實況。

　　鄧顯鶴（1777-1851）是較早在湖南搜輯明清鼎革之際湖南殉節
者，做《傳略》二卷，復搜刻編校幾種遺集，他同時也在家鄉建會城
前後五忠祠，及寶慶府前後五忠祠，他的目的是「欲舉貞臣烈士爲邦
人勸」。[69]又如徐鼐（1810-1862）在太平天國攻城之際擔任領導守城
的工作，他自道自己以講述明清鼎革之際節烈之士的事蹟，來激勵守
城兵士們的士氣。[70]由此可以清楚看出調動最令人感泣的歷史故事是
一利器，而當時並不管後來從另一種角度看來這些故事可以有其他的
意涵。

　　道咸人物也在尋找搜集、宣揚當世的忠義典範，像戴鈞衡（1814-
1855），《清史列傳》中說他：「其始尚才華，繼好倫理及事之有關實
用者。後遭喪亂，益喜爲感時論事，表彰忠義節烈之文。」[71]我們應特

---

68 蔣彤編，《李申耆（兆洛）年譜》，收入沈雲龍主編，《近代中國史料叢
　刊》第40輯第392冊（臺北：文海出版社，1969），頁175。

69 〈鄧顯鶴傳〉，國史館編，《清史列傳》第10冊，卷73，頁16b。

70 徐鼐，〈《小腆紀年附考》自敘〉，《未灰齋詩文集》（成都：巴蜀書社，
　2009），頁184-185。

71 國史館編，《清史列傳》第10冊，卷73，頁11a。

別注意「後遭喪亂」這個轉接詞。吳翌鳳（1742-1819）是「生平不喜空談心性及二氏之學，又謂考據之文易於傷氣。所輯《國朝文徵》四十卷，自順治至嘉慶二百餘年，凡忠孝節義有關風化或遺文佚事可備掌故者登之。」[72] 據我目前搜羅所得，殘明遺獻在道咸以後重現的數量相當之多，它們重現的原因很多，不純是爲了激勸忠義的緣故，不過檢視那些書的重刊序、跋，可以看出以之爲養料來激勸忠義是一個不可忽視的要因。

　　圍繞著上述問題，調動了一批「道德情緒」方面的資源。首先是魯一同所說：宜「激」其「氣」，「以震動一切之耳目」的辦法。「氣」字成爲此時之關鍵詞，龔自珍在〈古史鉤沈論一〉中早就宣稱希望有「有氣」之臣，尤其是在鴉片戰爭之後。茲引魯一同的幾段話，他認爲以明代弊政之多竟可以持續達二、三百年，即是因「士氣伸」，故說：「善治天下者，務伸其氣於振厲激發之中，而杜其旁出於陰佞之門。」他又說：「今天下多不激之氣，積而爲不化之習，在位者貪不去之身，陳說者務爲不駁之論，學者建不樹之幟，師儒築不高之牆」，以致變爲「容容自安」、「風烈不紀」的局面。[73] 魯一同於道光年間，鴉片戰爭之前，以「激氣」爲救時的強心針的話甚多，它反映出道德的型式已經失去活力，必須要靠「激氣」這樣的偏方才足以激勵人心，爲支持局勢而努力。

　　此時常常希望營造一個新的道德情緒的世界，常被提到的有「忠愛」或「忠義」。管同在《因寄軒文初集》中說：「有詔媚而無忠

---

72 國史館編，《清史列傳》第 10 冊，卷 73，頁 26b。
73 魯一同，〈覆潘四農書〉，《通甫類藁》，收入《續修四庫全書》第 1532 冊，卷 1，頁 2a-5a。

愛」。[74]不過此時之忠義與清初不同,清初是忠於明朝的遺民逸士,道咸是忠於滿清帝王。

七、一群新的經世專家

從嘉慶後期逐漸出現了一批以經世致用之學為專業的顧問、專家,他們從事與現實世務最直接有關的學問,因為這些學問與經學考證距離如此之遠,所以先前並不被看重,甚至為時人所鄙夷。前面提到,包世臣母親說他是「自少違眾為有用之學」,可是因為時代環境的機緣,這些一開始並不被重視,甚至「違眾」的專業知識,開始到處為人所看重,包世臣、李兆洛的學問及生命歷程充分代表這種新學風。

包世臣因為從青年時期即已用心講求有用的專業知識,後來成為各方官員遇事請教、延聘的專家,連遠在福建的官員都聽到他的名聲。他的顧問範圍包括軍事、法律、治理黃河、漕運(主要是海運)、鹽政、災荒、水利,並引起大員們的密切注意,[75]兩位相國攜帶其〈籌河芻言〉到北京遍示顯貴。[76]包世臣一度晤賀長齡(1785-1848),賀氏再三請教救時之策。兩淮鹽政新主持人到任時便馳書問應該如何措置;[77]連往南方查辦鴉片事宜之大臣,都要專程前往包氏

---

74 管同,〈擬言風俗書〉,《因寄軒文初集》,收入《續修四庫全書》第1504冊,卷4,頁3a。

75 如包氏答朱珪問云:「現今之勢,不強民而令,不擾民而強,莫如練鄉兵。」見胡韞玉,《清包慎伯先生世臣年譜》,頁8。

76 胡韞玉,《清包慎伯先生世臣年譜》,頁31。

77 胡韞玉,《清包慎伯先生世臣年譜》,頁45。

的住處詢問相關機宜。[78]

　　又如李兆洛的例子，當打仗需要使用火器，而大家都對此非常陌生之時，李兆洛從前明的禁書中重新發掘火器的材料，並以之教導急需之將領。軍事用兵需輿地之學，而長期以來在考證學偏重在古代地理的重建的學風之下，李兆洛大力發展現代輿地之學。他也刊刻多部當初被查禁的經世與忠義書籍。這些都是「眼前無路想回頭」的例證。

　　我們處於幾百年之後，很難想像當時考證學獨占鰲頭時，經世之學是如何「違俗」，而且處處遭人蔑視或譏諷。但是天下動亂，刺激使得許多人發生了改變，這類人常是不得意於功名者，但並不限於此。過去即使功名不得志之人也未必會選擇新的生命路徑，這個時刻許多人的生命軌跡產生了變異，而且形成一種新的同質性相當高之career pattern，左宗棠（1812-1885）、包世臣、李兆洛等皆如此。

　　這個時候經世方面逐漸成為主流，相關的研究非常之多，[79]但它們都內容豐富，且「千篇一律」，使得我在這裡摘述它們變得非常困難，所以我在這裡盡量從略。經世不只是無數大大小小的現實工作，它其實也牽動知識世界之大變化，而且其調動性無孔不入，原先因觸犯忌諱而久久不出之書重新問世，許多明末清初的書又重新出現或重新獲得重視，如賀貽孫（1605-1688）《激書》、胡承諾（1607-1681）《繹志》、顧炎武的《日知錄》、黃宗羲（1610-1695）《明夷待訪錄》、王夫之（1619-1692）的船山遺書整刊。

　　前面提到調動各種資源，其中包含《孝經》、先秦諸子等，不一

78 胡韞玉，《清包慎伯先生世臣年譜》，頁51。
79 請參見中央研究院近代史研究所編，《近世中國經世思想研討會論文集》（臺北：中央研究院近代史研究所，1984）。

而足。以子書爲例，即有欲以墨子之道矯正當時儒者之柔，汪中〈墨
子序〉中已略發其意，晚清孫詒讓（1848-1908）則撰《墨子閒詁》
爲倡，希望養成風氣以補救委靡。爲「有用之學」必須調動一切可用
的學問資源以爲用，在考證學長期支配之下，這些學問資源有些已經
被邊緣化，甚至被遺忘在歷史角落，有的還是曾經列入清代禁書的範
圍之中。如包世臣，一方面是廣泛吸收先秦子學，各種兵書，一方面
是精密閱讀顧炎武的《日知錄》。

　　嘉道咸考證學產生變化，要求現實之用，因此常常與理學、經世
之學等其他學問混合，產生新型的考證學，西北史地之學也是其中一
種。到了道咸年間西北史地之學「當世之用」的一面超過原來考證學
談論西北史地的舊轍。當初錢大昕（1728-1804）關心的是古代西北
的考證，但到徐松與何秋濤時，他們關心的是當世之西北，張穆甚至
在北京提倡過西北的生活。可見「明道救世」與「當世之用」壓過純
粹考證的興趣。80

　　清代百分之八十的西北史地的著作皆作於道光以後，所以以道光
以後爲西北史地之興起，應不逾分。引起這一個學術浪潮的有幾點原
因：第一，在考證學盛時，宋遼金史的研究本即不可忽視，其中像錢
大昕的《元祕史》的工作即甚重要，其元史稿雖未成，不過西北史地
研究的大體方針已定下來。第二，清代開拓西北，從征準噶爾爲始，
乾隆征回疆，版圖大增，人種增多，被放逐的臣子往往藉機研究，爲
研究西北史地提供很好的機會。但是第三點恐怕是最重要的，即新闢
土宇所衍生的流俗、水利、地界、邊防等現實問題，尤其準噶爾之亂

---

80 晚清很多人受到這派學風的影響，如沈曾植（1850-1922）便或多或少都
　　承繼這傳統。

所引起的善後問題，才是道光以下西北史地大興之主因。

在方法論上研究西北史地有兩大脈，一是錢大昕式的以元明以來史料爲主的探究，一是合古書、官文書考索，又親歷其地實地考索方式，這兩種方法論在道光以下合而爲一，此下如張穆、何秋濤皆是實踐者。

松筠（1754-1835）、祁韻士（1751-1815），是提倡研究西北史地的領袖人物。松筠是被貶謫新疆，而徐松、祁韻士之《蒙古王公表傳》、《伊犁總統事略》（後由徐松完成《新疆誌略》），關心伊犁、新疆方面，很重要原因是因爲伊犁當時地位之重要。祁韻士的《皇朝藩部要略》是塞外歷史的最初名著，有助於對藩部的統治。西北史地經祁韻士而張穆漸成系統，張穆與徐松成爲當時北京西北史地的學問中心。張穆死後，其《蒙古遊牧記》由福建何秋濤代爲整理。何氏是早逝的學者，他的主要貢獻《北徼彙編》後經皇帝賜名爲《朔方備乘》，但此書不存，只有《北徼彙編》一部分殘稿存在。

值得注意的是當時在北京，以徐松、張穆爲核心，匯集了一個專門談論西北史地的圈子，龔自珍、沈垚等皆是這個圈子中活躍的人物，這個圈子同時也是談變革、談經世的活躍人物，他們中間有一部分人成爲道光二十三年建顧炎武祠，並每年春、秋、生日三祭的發起人。徐松「自塞外歸，文名益盛」，足見當時人們論斷人物之標準趨於新奇有實用，與先前之以經術爲唯一標準不同矣。[81]

西北史地有一個由考證的興趣到經世興趣的變化，如張穆《魏延昌地形志》是爲西北水利而作；《蒙古遊牧記》是蒙古各旗編年史，

---

81 楚金（瞿宣穎），〈道光學術〉，收入周康燮主編，《中國近三百年學術思想論集》，頁346。

是為了貫通古今以明邊防。至於何秋濤之《北徼彙編》則是為與俄國
邊界之爭而作。龔自珍自擬蒙古諸表，皆重視當今，他因為關心西北
史地，提出〈西域置行省議〉，主張西域建省，並對許多實際問題有
詳細的謀劃，而光緒十年（1884）之後，新疆建省，果如其議。[82]當
時的「經濟之學」是一個範圍很廣的問題，而當時人們對所謂「經
濟」有相當細緻的區分，到底「以學為經濟」還是「以經濟為學」，
兩者是有所區別的，而當時許多正統士大夫贊成前者而激烈地反對後
者。

八、淨化通俗文化

　　我們不可忽略在嘉道咸年間官方及民間學者對通俗文化的一波強
勢作為。此時期通俗文化界也呈現兩種分裂的發展，一方面是狹邪小
說之流行，如《品花寶鑑》、《青樓夢》、《花月痕》，另一方面是忠
義小說，如《兒女英雄傳》、《施公案》、《蕩寇志》。官方與民間學
者——尤其受理學薰陶的學者中，出現了一批主張嚴格查禁、淨化當
時戲曲小說，以維持道德標準之呼聲。王利器（1912-1998）在《元
明清三代禁毀小說戲曲史料》中所收資料有一大部分是屬於這個時期
的，[83]官員中如丁日昌（1823-1882）、涂宗瀛（1812-1894）批判新習

---

82 本節中有關西北史地全部參考內藤湖南著，馬彪譯，《中國史學史》（上
　海：上海古籍出版社，2008），頁311-329。郭麗萍，《絕域與絕學：清代
　中葉西北史地學研究》（北京：生活・讀書・新知三聯書店，2007），此
　書從學者個人際遇、學術交遊、師友傳承等方面入手，對西北史地學做了
　最新討論，可參看。
83 參見王利器，《元明清三代禁毀小說戲曲史料》（上海：上海古籍出版
　社，1981），頁53-78。

俗，提倡道學、禁娼。[84]民間學者如余治（1809-1874），少從李兆洛學，一生狃於綱常名教，認為教化兩大敵，一為淫書，二為淫戲，主張彈詞評話宜一體禁飭。[85]

　　明清以來「風俗論」的一個奇特現象，幾乎從明代正嘉或隆萬以來，總是不斷地有人認為風俗不如以前，但是究竟實情如何，很難有一個標準加以判定。不過晚明以來風俗衰退的恐慌症與道咸的風俗論似乎有所不同。第一，晚明以來的風俗論與社會政治之間不如道咸時代明顯形成一個邏輯緊密的體系，而且以之為核心。第二，晚明以來之風俗衰退恐慌症所針對的人以奢侈、逾制之類為多，但道咸的風俗論所針對的現象不同，故醫方亦不同，其中有許多偏向「內省論」。第三，晚明以來之政論中，「風俗」固然占一定地位，但是不像道咸思想中「風俗」論占如此核心的地位。第四，認為風俗是可以由一、二人，或一、二在上位之人而整個加以改變的。

　　「風俗論」成為道德政治學之一面，儒家士人始終注意風俗，「化民成俗」是不變的理想，不過其間分量仍有輕重之分，提出的方式及內容亦有不同。道咸思想界最重要的現象之一，便是「風俗」成為一個最核心的論題，而且以此為焦點，廣泛地與政治道德等各個方面聯繫起來。[86]「風俗論」突出成為一個特殊的題目與桐城學派有關，管同在嘉慶十九年即已目睹官場風俗問題而寫〈擬言風俗書〉，說

---

84 李長莉、閔傑、羅檢秋著，劉志琴主編，《近代中國社會文化變遷錄》第1卷（杭州：浙江人民出版社，1998），頁48、86、266、270。

85 余治，〈教化兩大敵論〉，《尊小學齋文集》，收入《清代詩文集彙編》編纂委員會（後略編者），《清代詩文集彙編》第633冊（上海：上海古籍出版社，2010），卷1，頁3b-6a。

86 陸燿《切問齋文鈔》中亦以風俗方面文章最多。

「朝廷近年大臣無權而率以畏懦，台諫不爭而習爲緘默，……清議之持，無聞於下，而務科第、營貨財，節義經綸之事，漠然無與於其身」，他的結論是「天下之安危繫乎風俗」。[87]姚鼐關於人才風俗、教化政術方面的討論甚多，因此確立了一個方向，姚門四大弟子在道光年間影響甚大，而皆重風俗。[88]故在姚鼐之後，風俗論成爲桐城派之重要方向，但道咸風俗論是從四面八方而來的，不限於桐城派，不過桐城派及宋學派把它擺在特殊核心的位置。

　　道咸「風俗論」之所以有上述特質主要是因爲道光官場、士習及百姓風俗之靡敗，尤其是官場。其情形恐怕是非常非常之嚴重，故刺激出極端的風俗論來。這方面的言論太多，不能多引。此處謹引管同、沈垚的幾則話。

　　管同在〈與朱幹臣書〉中說：「世事之頹，由於吏治；吏治之壞，根於士風；士風之衰，起於不知教化。」[89]又於〈說士上〉說：「歷觀史傳以來士習之衰，未有甚於今日者也。」[90]於〈擬言風俗書〉中說：「俗美則世治且安，俗頹則世危且亂。」[91]沈垚也說：「天下之治亂，繫乎風俗，……是故治天下者，以整厲風俗爲先務。」[92]他在〈與

---

87 管同，〈擬言風俗書〉，《因寄軒文初集》，收入《續修四庫全書》第1504
　　冊，卷4，頁1b、2b。

88 錢基博，〈清代文學綱要〉、〈讀清人集別錄〉，收入氏著，《中國文學史》
　　下冊（北京：中華書局，1993），頁941-942、986-1001。

89 管同，〈與朱幹臣書〉，《因寄軒文初集》，收入《續修四庫全書》第1504
　　冊，卷6，頁13a。

90 管同，〈說士上〉，《因寄軒文二集》，收入《續修四庫全書》第1504冊，
　　卷1，頁7b。

91 管同，〈擬言風俗書〉，《因寄軒文初集》，收入《續修四庫全書》第1504
　　冊，卷4，頁1a。

92 沈垚，〈史論風俗篇〉，《落帆樓文集》，收入《續修四庫全書》第1525

張淵甫〉的書信中說：「今日風氣，備有元成時之阿諛，大中時之輕薄，明昌、貞祐時之苟且，海宇清晏而風俗如此，實有書契以來所未見。……有一於此，即不可終日，今乃合成一時之風俗，一世之人心，嗚呼，斯豈細故也。」93阿諛、輕薄、苟且，是在太平之世產生問題。〈與吳半峰〉中說：「看到風俗人心，可懼之至。……都下無一事不以利成者，亦無一人以眞心相與者，如此風俗，實有書契來所未見。」94官吏習於諛、諂、媚、柔、浮華、庸庸碌碌。沈垚兩次用「實有書契以來所未見」形容，足見當時風俗墮落情形之嚴重，故他認為「天下之治亂，繫乎風俗」。95

　　我們試著歸納前面所提到的問題，得到一個重點，即所批判對象主要是官場、吏治，所突出的弊病是「諛」、「諂」、「媚」、「柔佞浮華」、「庸庸碌碌」、「畏　」、「緘默」、「貪利」、「無眞性」、「阿諛」、「輕薄」、「苟且」、「無性情節概」，「廉恥道喪」、「不黑不白」、「好為姿媚」。96由以上種種各方之人指陳的風俗廢毀可以看出一些共通性，它與晚明人憂心的僭越奢侈不同，是指人的品格，不是消費方面的，它也導致後來的種種新風俗說。

　　姚瑩向為風俗論者，他常把風俗的衰敗與考證學興、四庫館開、

　　冊，卷4，頁2b-3a。
93 沈垚，〈與張淵甫〉，《落帆樓文集》，收入《續修四庫全書》第1525冊，卷8，頁12b。
94 沈垚，〈與吳半峰〉，《落帆樓文集》，收入《續修四庫全書》第1525冊，卷10，頁4a。
95 沈垚，〈史論風俗篇〉，《落帆樓文集》，收入《續修四庫全書》第1525冊，卷4，頁2b。
96 沈垚，〈史論風俗篇〉，《落帆樓文集》，收入《續修四庫全書》第1525冊，卷4，頁2b。

無復潛心理學聯繫在一起。在姚瑩〈覆黃又園書〉中便如此論述，
說：「是以風俗人心日壞，不知禮義廉恥爲何事，至于外夷交侵，輒
皆望風而靡」，[97] 又將它與鴉片戰爭的失敗聯在一起。曾國藩（1811-
1872）在〈與劉孟容〉中說：「厭閱一種寬厚論說，模稜氣象，養成
不黑不白、不痛不癢之世界」，[98] 而孫衣言《遜學齋文鈔》卷十一說：
「嘉道以來，士大夫好爲姿媚」，[99] 也是在講當時世人柔媚的風氣。

　　不過我們也應注意到，當時有德、才兩條思路，一派是以風俗、
人心爲中心的政治思想，一派是以政事改革爲中心的政治思想；一派
認爲要從「本源」處做起，把吏治等一連串問題加以解決，另一派則
認爲要從實際政務改革，沒有由「心」向外推拓的這個體系。1850
年，新登基的咸豐帝廣求政論，耆英上書認爲應該重能力，倭仁上書
認爲應該注意修身，結果倭仁被採而耆英被拒，足見當時兩派競爭之
狀況。[100]

　　由上述可知，學術→風俗→人心（人才）→吏治→國家，這個五
連環的架構是以「風俗」爲中心，其思維樣式基本上仍是《大學》八
步的，以「世道人心」之升降爲時代之主題，而「人心」即「政
治」，故此時的「風俗論」與「心」並不是孤立的內心論。

---

97 姚瑩，〈覆黃又園書〉，《中復堂全集・東溟文外集》，收入沈雲龍主編，
　　《近代中國史料叢刊續編》第6輯第52冊，卷1，頁34b。

98 曾國藩，〈與劉孟容〉，收入氏著，李鴻球編，《曾文正公全集》第三冊
　　（臺北：世界書局，1965），「書牘」，頁17。

99 孫衣言，〈劉文清公手書杜詩冊題後二首〉，《遜學齋文鈔》，收入《續修
　　四庫全書》第1544冊，卷11，頁3a。按，孫氏此處所論是以書法風格的
　　轉變觀世變。

100 從張集馨的《道咸宦海見聞錄》（北京：中華書局，1981）記載中，亦可
　　見兩派之競爭。

　　它有以下幾個特色：一、禮儀必須內心化才有力量，自我的心靈與社會秩序是同一物。二、此時，關於「心」並不重追究心性之根本，而是著重其如何維持社會秩序，人的心性是內外合一的，故性道與兵農禮樂是合一的，因此可以由此推拓到經世之物，而得到內外結合。最重要的是在每一件事情上，包括禮樂兵農等事物，皆能體現一種道德的自覺。三、這個「心」作爲一塊基石，將衝突的社會價值縮合在一起，以適應激烈的世變。四、這個風俗論收縮到「心」來，不太談禮與法，並不承認自我利益（self-interest）的前提，甚至也幾乎沒有「社會」的思維，而基本上認爲幾個模範式的道德先知，可以引起全面風俗的變化，曾國藩說「風俗之厚薄奚自乎？自乎一二人之心之所嚮而已」，[101] 就是例證。這恐怕是針對道光宦海風氣而發，當時在曹振鏞（1755-1835）、穆彰阿（1782-1856）影響下，形成所謂莫說精忠，一味圓融，以近剛爲戒的官場風氣。因爲曹、穆一、二在上之人影響可以如此之大，所以人們認爲一、二人確實也可以扭轉整個時代的風氣。

　　我個人認爲晚清的「風俗論」至少形成兩個影響，第一、官僚世界形成兩層，一層是上層以軟媚求存，一層是比較年輕一代的中下層官員，主張要忠義、亢直、激揚，有稜有角。因著這兩種風格之不同，形成模糊的兩個世界。第二，風俗論的獨特關注內容，及它的五連環架構，使得道咸的思想、文學、政治中充滿著以忠義、節概、激昂……組成的特殊情緒，進而也左右了其他許多方面。

---

101 曾國藩，〈原才〉，收入氏著，王澧華校點，《曾國藩詩文集》，文集卷2，頁196。

九、宋學復興與新的人格塑造運動

　　宋學復興，尤其是其新人格塑造的運動，帶動了一波非常活絡的
出版事業。宋儒以下到晚明清初的書被大量重新編輯、刊刻，其中包
括大量的重印、改編、入門書、手頭日用書、格言書的出版，宋明理
學檢身與修身的書籍大量刊刻，或是蒐集文章並加上新的序言重新刊
刻，這些工作有不少是出自地方小讀書人之手。事實上我們到目前為
止對這一波的出版活動還沒有比較周全的了解。

　　此時所大量刊印的程朱及闡發程朱之學的書，如張履祥（1611-
1674）的文集、李二曲（李顒，1627-1705）的《學髓》；帶有學術史
性質的，如莫晉（1761-1826）印《明儒學案》等書及何桂珍（1817-
1855）編《續理學正宗》。[102]何紹基的父親何凌漢（1772-1840）在浙
江以《宋元學案》發問，而導致該書之重刊。在同時代人中，如方東
樹、倭仁等人的著作亦反映回返宋學之氣氛。帶有格言條教性質的
書，如彭兆蓀（1769-1821）的《懺摩錄》、方宗誠（1818-1888）的
《俟命錄》、邵懿辰（1810-1861）的《忱行錄》在當時都相當流行。
另外相當值得注意的是一種省身實用手冊之流行，晚明清初三種書乃
一時俱興：劉宗周（1578-1645）的《人譜》，陳瑚（1613-1675）的
《聖學入門書》，郁法的《省身錄》。

　　當時新興起一批言論家，他們的議論所針對的是三種情況：一、

---

[102]莫晉，〈重刻明儒學案序〉，《來雨軒存稿》，收入《北京師範大學圖書館
藏稀見清人別集叢刊》第14冊（桂林：廣西師範大學出版社，2007），卷
3，頁27-28；何桂珍編，《續理學正宗・後序》，收入新文豐出版公司編
輯部編，《叢書集成續編》第43冊（臺北：新文豐出版公司，1989），頁
1-2。

因循畏葸的吏治、泄沓之習，這一點前面已經說過了。二、認為道咸是一個內亂外患的時代，清廷的正式武力已不足以平亂，靠的是民間組成的武力，這也說明了原有正式結構以及原有的運作方式已經失去活力。因為靠的是非正式的力量，所以也需要新的激勵人們奮起勇往的道德情緒。三、在平亂及抗英的過程中，有兩批人不斷地被指摘為「漢奸」或「奸民」，而且數量上及重要性到了誇張的地步，尤其在鴉片戰爭中似乎戰爭的失敗大多由於「奸民」或「漢奸」所致。這兩批被稱為「奸民」或「漢奸」的人，有一些是指當時所謂姑息軟弱主張調停的中央官員，當時許多人詩文中暗暗諷刺他們，不過更大數量的應是在內亂中並未站在朝廷這一邊，或在兩邊反覆取利的普通老百姓，以及在英軍入侵時，沿海省分中幫助英軍補給偵測等工作的「漢奸」。

　　當然還有一個最大的部分，是廣大社會的混亂失序及風俗頹敗。以節氣、忠愛刺激良知，塑造新型的官員，並將分崩離析之局再度粘合起來。前面我們已經提到，道咸宋學家極力想創造一種可能性，自拔於流俗之上，因此他們除了提倡許多反流俗的新價值，或身體力行實踐一種新的生活態度，並帶入一種新風氣作為世人的楷模（如吳廷棟（1793-1873））。同時也繼承前人的成果，極力推展一種以省身簿冊系統反省診測自己的人格狀態的運動，這個運動的主旨就是訓練一個可以自拔於墮落流俗的人，鍛鍊自己成為能實踐名教理想的人。

　　熊十力（1884-1968）《十力語要》說：「若只視（理學）為有關修養之格言，則對牛鼓簧。」[103]道咸之人格塑造運動不能說只將理學

---

103 熊十力，〈答某生〉，《十力語要》（臺北：廣文書局，1985），卷3，頁381。

視爲修身之格言，但是因爲這是一個期待有方便入手處以便能普及眾人的運動，所以確實有將之格言化、入門化之現象。然而，正如熊十力所言，清朝沒有眞正的宋學，是格言式的宋學。內藤湖南（1866-1934）也指出，清朝的宋學不是原來的宋學，而是清朝的宋學。嘉道咸復興的理學爲了面對天下失序、風俗窳壞與人格敗壞，而展開新的人格塑造運動，基本上是新道德運動下的宋學。

觀察此時之新修身運動，我們會發現他們並未有太大創新，而多是回到過去的資源中去尋找可用的材料。除了大量重刊宋明及清初的理學書籍，宋元、明儒兩《學案》等書之外，檢身簿籍大量出版，人們以傳道般的熱情重印晚明清初的幾種簿籍，如劉宗周《人譜》，李顒的《悔過自新說》，[104] 顧大章（1567-1625）的《省身格》，朱用純（1627-1698）的《毋欺錄》，陳瑚的《聖學入門書》。《陸清獻公日記》、《黃忠節公甲申日記》，及帶有強烈功過感應勸善色彩的書亦然，其中有的書已經湮晦百年。譬如顧湘刊《毋欺錄》，潘道根的跋中就說是「百年湮晦之書」，它們的重新被發掘並重刊，往往有同鄉的地緣關係，而且也有因爲受到它們的影響而自己編創新簿籍的。[105] 當時實踐推展《人譜》的人非常多，以致影響到清季有一股劉宗周《人譜》的興起之勢，可以說明末清初勢力最大的幾種都復活了。[106]

---

104 李顒，〈悔過自新說〉，收入氏著，陳俊民點校，《二曲集》（北京：中華書局，1996），卷1，頁1-13。

105 潘道根，〈跋〉，收入顧湘輯，《小石山房叢書・毋欺錄》，收入《原刻景印叢書精華》第2冊（臺北：藝文印書館，1972），頁30b。

106 錢儀吉實踐刊印《人譜》，蔡元培老師王子莊的書齋號爲「仰戢山房」，皆表示此傾向。

　　我們在前一段中提到，此時也出現了一些新書籍，如姚瑩的〈檢身綱目說〉，[107]唐鑑（1778-1861）的《省身日錄》，蘇源生（1808-1870）的《省身錄》，彭兆蓀的《懺摩錄》，孔廣牧的《省疚錄》，王檢心（1804-1869）的《闇修記》等，它們的形式與晚明清初的省身簿冊有清楚延承之跡，但是也透露出不少新的訊息。

　　不過，我們也可以看出上述諸種書基本上分成兩類，一類是像《人譜》以個人為主，以慎獨為宗；另一類範圍較寬，有的以《大學》八步「格、致、誠、正、修、齊、治、平」（《聖學入門》）為目，或是分「子、臣、弟、友、事、物、身、心」（《省身格》）為目。道咸年間人們似乎一方面極看重《人譜》，但又不能完全滿意，認為太重個人，缺少社會國家的部分，條目不夠，所以出現了以《人譜》與《省身錄》合刊的版本，一方面是個人（《人譜》），同時擴及社會國家（《省身錄》）。

　　另外，從姚瑩的「檢身綱目」，我們也可以看出時代性。以姚瑩〈檢身綱目說〉為例，他所列舉的十罪中，第一大罪是「不忠」，其下分成十個條目，分別是「竊柄」、「貪貨」、「殘下」、「慢上」、「曠官」、「希旨」、「怙寵」、「蔽賢」、「樹黨」、「妄冀非分」。可以說都是政治性的，而且都是針對當時官場之習所發的，這是明末清初相似書冊所少見。又如第五大罪是「不義」，十個條目是「侵弱」、「陵賤」、「傲物」、「爭奪」、「貪冒」、「負恩」、「壞成功」、「沒善」、「揚惡」、「顛倒是非」。其他幾大罪中亦然，他雖提到個人心志念慮隱微發動處的省察，但是整個大方向是一種由家庭漸次擴大到社會

107姚瑩，〈檢身綱目說〉，《中復堂全集・東溟文集》，收入沈雲龍主編，《近代中國史料叢刊續編》第6輯第51冊，卷1，頁20a-22b。

的，偏向秩序性的省察與記錄。

　　由上述可見，此時的士人進行道德修整運動，要求過有系統的內心生活，道咸同年間修身日記非常多，大抵都表達這個特色。在現實上，這個檢身運動最成功的例子當然就是道光二十一年，在北京以唐鑑、倭仁、曾國藩等人組成的修身團體。在這個團體中，他們以聖賢自期，力行懲忿窒慾之學，以自拔於流俗之上，他們保持完整的日記，以作為系統記錄自己的行為念慮，並備師友的檢查與批評。[108] 這個團體中出了曾國藩。

　　宋學復興的另一路是「轉理學為經世」。他們對政治之本質的思維與想像基本上是以建立道德秩序、統一法度為主，基本上是農業時代的，均平的、均富的、非法律、政治或制度本位的、忠信優於人才的，純儉離於商業社會之價值的，利私皆是次一等的，任何與之有直接關聯的活動也是負面的。風俗即政治，道德美俗即良好政治，學術、風俗道德、人心、人才、世運是五個連環。他們認為，心體之顯發，即在治國平天下之實務，認為人們有內世界與外世界，致力將兩個世界綰合在一起。

　　這與當時官風之壞不無關係，在曾國藩的〈復賀長齡〉書中說：「竊以為天地之所以不息，國之所以立，賢人之德業之所以可大、可久，皆誠為之也。……今之學者，言考據則持為騁辯之柄，講經濟則據為獵名之津，言之者不怍，信之者貴耳，轉相欺謾，不以為恥。至於仕途積習，益尚虛文，奸弊所在，蹈之而不怪，知之而不言，彼此塗飾，聊以自保，泄泄成風，阿同駭異。故每私發狂議，謂今日而言

治術，則莫若綜核名實；今日而言學術，則莫若取篤實踐履之
士。」[109]吳廷棟在〈復沈舜卿先生書〉中說：「來書所示官場之弊，謂
士大夫無恥如此，安得不江河日下，實深中今日人心風俗之弊，其積
重難返，莫如今日爲甚……故欲挽回盡人之無恥，必先視乎一、二人
之有恥……達而在上，權足以有爲，則挽回以政教；窮而在下，權不
足以有爲，則挽回以學術，即伏處一隅，足不出里閭，但使聲氣之應
求，能成就一、二人，即此一、二人亦各有所成就，將必有聞風而興
起者。」[110]管同〈說士上〉說：「歷觀史傳以來，士習之衰，未有甚
於今日者也。」[111]又說：「天下之安危繫乎風俗，而正風俗者必興教
化，……天子者，公卿之表率也；公卿者，士民之標式也。以天子而
下化公卿，以公卿而下化士庶。有志之士固奮激而必興，無志之徒亦
隨時而易於爲善。不出數年，而天下之風俗不變者，未之有也。」[112]

　　故此時以理學爲主，提倡「守道救時」，提倡從風俗、學問、人
才入手爲政治之要領，各領域不約而同興起。唐鑑《學案小識》序中
說：「禮樂兵農，典章名物，政事文章，法制度數，何莫非儒者之事
哉？」但接著又說：「然當以若大經綸蓄之懷抱，不當以膡餘糟粕誇
爲富強。」[113]則一方面認爲是性分中所有事，一方面排斥當時的經世

---

109 曾國藩，〈復賀長齡〉，《曾國藩全集・書信一》，頁3-4。

110 吳廷棟，〈復沈舜卿書〉，《拙修集》（中央研究院傅斯年圖書館藏同治十
　　年六安求我齋刊本），卷8，頁7a-b。

111 管同，〈說士上〉，《因寄軒文二集》，收入《續修四庫全書》第1504冊，
　　卷1，頁7a。

112 管同，〈擬言風俗書〉，《因寄軒文初集》，收入《續修四庫全書》第1504
　　冊，卷4，頁2b-3b。

113 唐鑑，〈《學案小識》序〉，《唐確慎公集》（臺北：臺灣中華書局，
　　1972），卷1，頁4。

實務派爲「糟餘糟粕」。又說：「是必有順天應人，長治久安，大經濟大功業以運用於兩間，豈帷推天文、考輿服、講求樂律而已哉！」又說：「治國平天下之事，豈在外哉？」[114]李棠階（1798-1865）說：「必無閉戶明德之理，能使斯民飢而不害，實惠之所及，即心體之所流露。」[115]倭仁不主外面的經世，以格君心、改換自己收斂自心爲經世。魏源批評說：「使其口心性，躬禮義，動言萬物一體，而民瘼之不求，吏治之不習，國計邊防之不問，……舉平日胞與民物之空談，至此無一事可效諸民物，天下亦安用此無用之王道哉？」[116]

他們也認爲是非要清楚，如唐鑑說：「辨是與非，埽新奇而歸蕩平，去歧趨而入堂奧。」[117]還認爲「心」是一切政治行爲發動處，因爲心是一切之根源，故對當時政治社會人心、卑污貪私，悖禮犯忌，皆以煎消私心利心來對治。而且內外兩面要合一，考據學遺「內」的一面，「復性」的政治意義，在於「復性」是一個內面與外面的內經世、外經世的連接點。一方面是將儒家之名教倫理規定爲大自然秩序之一部分，不能變動（君臣之間亦如此）；另一方面是外在的一切現實題目，不管是徭役兵賦，都是人的性分中所有的一部分，也必須依循儒家名教倫理之原則去施作。例如湯鵬《浮邱子》所表述的，一切皆須根極道德，又如魏源說：「王道至纖至悉，井牧、徭役、兵賦，皆性命之精微流行其間。」[118]

---

114 唐鑑，〈《學案小識》序〉，《唐確慎公集》，卷1，頁4。
115 李棠階，〈復祝習齋書〉，《李文清公遺書》，收入《清代詩文集彙編》第598冊，卷2，頁12a-b。
116 魏源，《默觚下・治篇一》，《魏源集》上冊，頁36。
117 唐鑑，〈《學案小識》序〉，《唐確慎公集》，卷1，頁4。
118 魏源，《默觚下・治篇一》，《魏源集》上冊，頁36。

　　當時的人認爲政治是由各個人單子式地構成，每個人成爲道德修養完善之人，則有美俗，有美俗即有良好政治，政治是由每個人內心一步一步推擴出去所構成的同心圓。在以「心」爲推擴之中心點的理論架構中，有兩派說法。一派以皇帝的「心」具有最關鍵性的模範式作用，所以倭仁作爲皇帝的經筵講官，只講誠正，其他一概不說，認爲「君心」爲一切之根本，向外擴散，形成「風俗」。「聖君」即好社會之根源。不過另外也有人偏重由下而上式的第二派。

　　唐鑑以下的宋學家，對《大學》的八步架構非常重視，可以說是他們思考由個人到整個天下國家的完整架構，在這個架構下，每個人的努力，尤其是誠意正心的人格修養功夫才有可能最終與天下太平綰合起來。故《大學衍義》這樣的書是非常熱門的。李棠階、以及賀長齡的〈《皇朝經世文編》序〉，也是以八步來考量的。

　　宋學不必然與政治有關，但此時的宋學家極爲關心現實，故他們引伸的理論與政治之間有許多連接點。「道德」即「政治」，這是宋學家力求其學說與現實關聯之表現，而且從理論上提供一個綱領、架構，一切事皆應爲合乎「理」之安排，一切行爲皆有道德之覺醒。

十、「史」及大勢變遷論

　　這個問題有幾個面向，首先，在考證學盛時，史學研究當然也相當活躍，但嘉道咸史學確實出現了一些先前沒有的特色。一、先前治史學以證經或補輯、考訂舊史爲主要工作，在這方面成果輝煌，王鳴盛（1722-1797）、錢大昕尤爲代表人物。但嘉道咸以後，史學工作不再以經學「附庸」的方式存在，這個意識上的轉變非常微妙，也非常重要。二、包含明史在內的近世史及當代史的研究成果逐漸出現。

三、以西北史地為主的研究蔚起。四、道光以後，掌故、野史、筆記之興起。

　　但更為重要的是史學與經學並駕齊驅之重要涵義，「史」代表變遷，代表重視每一個時代的「今」，故史的意識脫離經學而並立，代表「古」的意識不能獨斷，「今」的意識抬頭至少與之並立。史的意識重變遷，重當時，重經世。道咸以後掌故、經濟之學、沿革地理之學轉為發達，兩者其實皆以沿革變遷來尋求解決當世之務的案據。魏源〈武進李申耆先生傳〉說：「自乾隆中葉後，海內士大夫興漢學，而大江南北尤盛。蘇州惠氏、江氏，常州臧氏、孫氏，嘉定錢氏，金壇段氏，高郵王氏，徽州戴氏、程氏，爭治詁訓音聲，瓜剖釽析，視國初崑山、常熟二顧及四明黃南雷、萬季野、全謝山諸公，即皆擯為史學非經學，或謂宋學非漢學，錮天下聰明知慧使盡出于無用之一途。武進李申耆先生生于其鄉，獨治《通鑑》、《通典》、《通考》之學，疏通知遠，不囿小近，不趨聲氣。」[119]由此可見當時有人不滿學風被經學考證所壟斷，使天下「盡出於無用之途」，而史學被逼到邊緣。李兆洛為求現實之用，而治三通之學，在當時不能不算是一個異數。

　　另外一個值得注意的發展是明史及當代史研究。這一個領域原來是禁區，之所以逐漸成風氣，一方面與政治意識之漸漸鬆弛有關，在政治忌諱高張的時代，論史不敢論及明史，考史不敢考及明史。[120]在道咸年間，政治箝制力呈鬆弛之勢，故論史、考史漸及於明史。另一個重要原因是治亂興衰借鑒之需求，明史研究由禁區成為清承明制，

119魏源，〈武進李申耆先生傳〉，《魏源集》上冊，頁358-359。
120馬勇編，《章太炎講演集》（石家莊：河北人民出版社，2004），頁100。

所以了解清代政制的源頭往往要溯及明代。

　　當代史研究以清代軍事史、財政史為主，譬如魏源特重現實上兵、財二政的衰弱，故有《明代食兵二政錄》（按，未成書，僅存序），有《聖武記》記清朝在兵制、財政上漸次衰弱之跡。此外因為嘉道以來的動亂，故當代軍事史也有如嚴如熤（1759-1826）之《三省邊防備覽》、《苗防備覽》、《洋防輯要》等書。[121] 重要提倡者龔自珍、魏源皆潛心研究清朝掌故學，在內閣讀檔案，熟掌故則通清朝政治之來龍去脈，對於當前應興應改之事才能提出建言。道咸以後經濟實用的掌故漸出，如王慶雲（1798-1826）的《石渠餘記》，後來光緒年間陳康祺（1840-?）《郎潛紀聞》等是。[122]

　　接著是一種對現實事物的「大勢變遷觀」，這種意識是相對於「經」的意識——一種回到理想過去尋找未來的意識。究事物變遷沿革以找出解決現實問題的方針，三通之學，《通鑑》、《通典》、《通志》之盛行（如李申耆），沿革地理之盛行，乃至清代掌故之學的盛行，都是這種立場的表現。由「史」的意識帶起「今」、「現實」的立論。

　　接著我想提一對概念，即「經學式的思維」與「史學式的思維」，前者偏向古代的、理想的、定點的，後者偏向發展的、變化的、時勢的、當今的，這一對概念並不一定適合用來形容道咸以前與道咸以後的思維之不同，不過仍有若干參照價值。道咸思想偏向後者，有一種對事物採取大勢變遷的態度，這不見得是全新的現象，[123]但在這時比較清楚且強烈地表達出來。

---

[121] 陸寶千，《清代思想史》（臺北：廣文書局，1983），頁277-322。
[122] 內藤湖南，《支那史學史》，頁254。
[123] 參見內藤湖南講趙翼的部分，內藤湖南，《支那史學史》，頁338-340。

　　這種大勢變遷觀很重要的一部分是被時代環境的要求逼出來的，因為「今」的新勢態的強烈要求，使得根植於「古」的理想不能應付，但是也不能誤以為這時人們已完全是「今」而非「古」，或是像五四時期李大釗（1889-1927）歌頌「今」而罪棄「古」的想法。如果細觀他們整體的語氣脈絡，「古」仍是非常重要的，但他們更重視「變」。

　　此時「變」有兩層意義，一是變遷的事物觀，一是變革。龔自珍、魏源在當時都鼓吹制度變革，用魏源的話說是「變古愈盡，便民愈甚」。[124]另外一層意義即是事物的發展是勢與變，取代事物的一個靜止點為理想的想法。魏源說：「氣化無一息不變者也，其不變者道而已，勢則日變而不可復者也。……執古以繩今，是為誣今；執今以律古，是為誣古。誣今不可以為治，誣古不可以語學。」[125]從這段話可以看出一方面是「勢」、「變」，但另一方面「道」、「古」的基盤並未動搖。「變」的另一個面相是公羊「三世」說的再提出。

　　蒙文通（1894-1968）《中國史學史》中有「道咸學術與史學再興」之目，[126]錢穆（1895-1990）也說：「道咸以下，則新機運已開。一面漸漸以史學代經學，一面又漸漸注意於歐美人之新世界。」[127]此處皆強調「史」，主要是指歷史著作，但也不限於指歷史著作。在歷史著作方面確實有所變化，由乾嘉的考證舊史，訂補舊史為主流的風

---

[124]魏源，《默觚下·治篇五》，《魏源集》上冊，頁48。
[125]魏源，《默觚下·治篇五》，《魏源集》上冊，頁48。
[126]蒙文通，《中國史學史》（上海：上海人民出版社，2006），「目錄」，頁2。
[127]錢穆，《文化與教育·新時代與新學術》，《錢賓四先生全集》第41冊（臺北：聯經出版公司，1995），頁99。

氣，而變異其方向及於明代及清朝當代的歷史。一方面是像早先的趙翼（1727-1814），由一個一個人到整個時代的變遷，反對綱目體式，講氣運、大勢的變遷之說。[128]另一個層次是以「史」來說明一種對古今治亂興衰變化的掌握的態度。凡有關改革現實主張的，幾乎無一不牽涉到歷史問題，故道咸的史學與改革現實有關。如龔自珍〈尊史〉中所強調，歷考古今治亂成敗及本朝沿革以推於實用，是這方面主張的一個例子。

十一、重新發現傳統

　　小說家吳爾芙（Virginia Woolf, 1882-1941）曾言「記憶是放錯鳥巢的蛋」，錯放鳥巢而孵化出來的蛋會產生意想不到的影響。儘管當時重新塑造傳統，但卻不全是虛構（invention），士人重新詮釋與塑造傳統，表現在刻書、重新塑造偉人人物系譜、各種紀念會，包括顧炎武的崇拜問題，以及孔廟入祀等方面。另一方面，此時推崇的人物跟乾嘉考據學很不一樣。這時推崇清初顧炎武、陸隴其、陸世儀（1611-1672）與張履祥等，他們以「明道救世」爲特色，並且突出顧炎武、陸世儀等人的廣博學問，包括天文、地理、農業、水利等，都跟現實有相當的關係。這批與宋學有關的人物重新被認可，不像此前江藩甚至不引宋儒註解，導致方東樹在《漢學商兌》中抗議考證學盛行「使有宋不得爲代」。

　　以前那種以閻若璩（1636-1704）、惠棟等人爲典範的局面，轉爲多元。此後全神堂中的人物及位次進入多元競逐的情況，新「全神

---

128 內藤湖南，《支那史學史》，頁 338-340。

堂」逐漸出現。各種家派皆有其典範型人物,關於這一點我在其他文章中已略有道及。[129]大抵可以分成兩批,一批是帶有經濟氣味的,另一批則是帶有道德重整意味。

　　以顧炎武《日知錄》等書爲例,因爲所談問題與當時人所關心的現實問題相符,所以不管他所提出的見解能否爲道咸人物所接受,在當時讀其書有一種臨場感,道咸文籍中動輒「顧處士」如何如何。譬如道咸年間風俗是一個大問題,則顧氏《日知錄》中之風俗論亦得到共鳴,又如當時科舉問題叢生,士風敗壞,譚獻(1832-1901)《復堂日記》中說:「誦顧寧人〈生員論〉,可爲痛哭。」[130]

　　張履(1792-1851)《積石文稿》中提到其友人以顧氏及閻若璩爲一生楷模,但張履認爲顧氏才是古今第一。胡承諾是另一個例子,胡承諾與顧炎武有所不同,顧氏在清代始終受到士人的重視(雖然官方未必如此),但胡承諾與其《繹志》非常隱微,而在道咸時期因爲政治經濟之需要乃被重新發掘出版。李兆洛是最關鍵人物,他推崇《繹志》在《日知錄》之上,認爲顧亭林的〈郡縣論〉尤爲巨謬,而後來的譚獻甚至大贊《繹志》爲「視亭林更大,視潛齋更實,視梨洲更確,視習齋更文」。[131]陸世儀的《思辨錄》則因自天文、地理、禮樂、農桑、井田、學校、封建、郡縣,以至於河渠、貢賦、戰陣、刑法、鄉飲酒、祭祀等,無不有見解,而受到重視。[132]甚至連賀貽孫的

---

[129] 請見王汎森,〈清代儒者的全神堂──《國史儒林傳》與道光年間顧祠祭的成立〉,《中央研究院歷史語言研究所集刊》,79:1(臺北,2008),頁63-93。

[130] 譚獻著,范旭侖、牟曉朋整理,《譚獻日記》(北京:中華書局,2014),頁248。

[131] 譚獻著,范旭侖、牟曉朋整理,《譚獻日記》,頁34。

[132] 唐受祺,〈序〉,收入陸世儀,《陸桴亭先生遺書》(中央研究院傅斯年圖

《激書》，包世臣亦推崇爲宋人《伯牙琴》一流而予以重視。[133]

我們可以看到一批晚明清初人物及著作被重新翻出來，胡承諾及他的《繹志》，顧炎武及其《日知錄》（後來則包括其《天下郡國利病書》、《肇域志》等）。而且隨著時代的發展，這一張名單愈加愈長，到後來又新增了唐甄（1630-1704）及其《潛書》，黃宗羲及其《明夷待訪錄》。另一方面帶有道德重整意味的，如明末清初較爲偏向宋學的人物，像張履祥、陸世儀、陸隴其、孫奇逢（1585-1675），以至後來如張伯行（1651-1725），而其營造新全神堂的高峰則爲道光咸豐年間，陸續將張、陸、孫等人送進孔廟，由這些人在道光咸豐年間紛紛被送入孔廟，可以看出時代的需要是什麼了。

大抵道光間有一批人物，如陶澍（1779-1839）、林則徐、賀長齡、李兆洛、包世臣、龔自珍、魏源、周濟、姚瑩、張際亮、潘德輿、湯鵬、黃爵滋（1793-1853）、沈垚、張穆、何秋濤、朱琦（1803-1861）、陳慶墉（1795-1858）、何紹基、邵懿辰等，這批人物並不廢考證學的工作，但是他們的關心卻別有所在。楚金（瞿宣穎，1894-1973）說：「乾嘉中學者，多出中原江浙數省，道光以後，則兩湖閩廣推而至黔南荒陬之地，亦聞風蔚起。」[134]時代、人物不同，崇拜的對象不同，故劉宗周、湯斌（1672-1687）、黃道周（1585-1646）、呂坤（1536-1618）、孫奇逢、曹端（1376-1434）、呂柟（1479-1542）、張履祥、陸世儀、張伯行、陸續入祀孔廟，正好反映了一代之風。

書館藏光緒25年刊本），卷首，頁3b。

133 譚獻著，范旭侖、牟曉朋整理，《譚獻日記》，頁245。整部日記中，讚揚《激書》、《繹志》之處甚多，不及一一備錄。

134 楚金（瞿宣穎），〈道光學術〉，收入周康燮主編，《中國近三百年學術思想論集》，頁343。

　　重新發現傳統也表示在各種紀念會及各種不同方式的崇拜行爲，甚至也牽涉到國家祀典的起伏。這方面的事例很多，我自己仍在撰寫的「清代生日祭」、「顧祠會」等文皆是。而在本次討論會中，楊正顯與林勝彩的文章也都屬於這個範疇。[135]

代結論：道咸思想之限制與不穩定性

　　在文章一開始我便提到，應該將嘉道咸時期的思想視爲一種「複調」，是各種思潮相互競爭的藍圖（competing visions），有的要求收束，有的要求解放，有的要求變革，有的要求將螺絲鎖得更緊，這些動向之間，儘管都以「明道救世」、「當世之用」爲底色，但它們之間充滿張力，基本上是競爭的，是「複調的」。

　　譬如當時一方面有人想恢復名教秩序，一方面又有一派認爲應該提倡符合現實人生的道德標準，衝垮名教束縛。乾嘉時期，考證學家從樸學的基礎上產生新的道德思想，戴震、凌廷堪（1757-1809）、焦循（1763-1820）、阮元以來的「欲當即理」，也就是胡適（1891-1962）所謂「新道德哲學」。[136]這個時期它有不少追隨者，像俞正燮在許多地方發揮這一路的解放思想，譬如〈妒非女人惡德論〉，講性教育的〈積精篇〉等。而他的好友中便有不少人反對張穆在給許印林（許瀚，1797-1866）的一封信中說：「略刪去〈積精〉〈男色〉十數

135請參看楊正顯，〈清中葉陽明學的復返——「王劉會」的成立與活動〉、林勝彩，〈從隱逸遺民到理學眞儒——張履祥從祀孔廟的歷程和意義〉，楊文即將刊於《中央研究院近代史研究所集刊》（2022年9月），林文現已刊登於本期《思想史》，頁79-132。

136而陳澧（1810-1882）也在《漢儒通義》中，列出漢儒所標擧的種種道德主張。

篇耳……此又理初生時所必不肯刪去之文也。相愛以道，當不爲有識
所訶」，[137]即是一例。由此可見即使同志之中也有截然矛盾的主張。

　　嘉道咸以降諸子學興起，牽涉甚多，此處不贅，[138]其中有兩個逐
漸出現的契機。第一，子學逐漸脫離「經學式子學」，而爲「子學式
子學」。第二，即孔子與儒家地位之相對化，孔亦一大夫，墨亦一大
夫，他們所承擔的道之價值不應如此懸殊，子書中的義理應該也有一
顧之價值，圍繞著子書價值的正反兩面的爭論漸出，譬如魏源《老子
本義》中主張道家的無爲可以治易天下，譚獻《復堂日記》極爲欣賞
荀子之義理，無非是因其禮法思想可以扶救混亂的社會。[139]到清末，
章太炎甚至以荀子爲孔子之後第一人，但是也有許多排荀的文章。其
實不管正、反雙方，都有助於子學討論之興起。第三，子學之復興亦
每每具有現實之關聯，有提出以申韓孫吳以補儒家徒講仁義之不足
者，如咸豐初年汪梅村之《乙丙日記》，也有人在子書中看到解決現
實困境之藥方者。汪中特倡墨子，他除了不滿墨子以儒家標舉三年之
喪爲悖道外，對墨子主張博愛救世，以《詩經》之「凡民有喪，匍匐
救之」之仁人稱許墨子思想，羅振玉（1866-1940）說這是因汪氏
「生長孤寒，其撰〈先妣靈表〉（〈先母鄒孺人靈表〉一引者按）備述
少年孤苦，值饑歲，母氏九死流離，三族無見恤者。」[140]

137張穆，〈張石州先生手跡〉，《殷齋書札詩稿》，收入陳紅彥、謝冬榮、薩
　　仁高娃主編，《清代詩文集珍本叢刊》第484冊（北京：國家圖書館，
　　2017），頁300。
138參考王汎森，《章太炎的思想：兼論其對儒學傳統的衝擊》（臺北：時報
　　文化出版公司，1985），第二章，〈晚清諸子學的興起〉，頁26-33。
139譚獻著，范旭侖、牟曉朋整理，《譚獻日記》，頁199-200。
140羅振玉，〈本朝學術源流概略〉，《羅雪堂先生全集初編》第6冊（臺北：
　　大通書局，1986），頁2690-2691。

　　儒家的舊家族系統已經不靈了，這是當時許多人共有的觀察，與其拘守儒家之倫理，不如轉向墨子的「博愛救世」。汪氏的個人境遇也是時代的境遇，可見其特提墨子經世意義，到了晚清，孫詒讓作《墨子閒詁》時，常想浮海而去，尋找一個地方建立理想國，行墨子之道，那是更激烈的想法了。但諸子學崛興之時，也有今文學興起，這一派學問一方面突出了公羊「三世」（據亂→升平→太平）等許多今人看來帶有啓蒙意味的思想，可是同時也有將儒學神秘化、荒誕化的傾向。如果從思想的大圖景看來，諸子學與今文學兩者之間頗有出入。

　　另外，前述包世臣主張富與利，但作爲桐城古文派代表的梅曾亮，則提出完全相反的看法，他認爲「利」正是最大的禍根。當時很多政論都要排除商業，提倡恢復農業社會。從此可見，嘉道咸並沒有一個單純的時代思潮，「明道救世」所提出的觀念往往如兩輛對開的火車般，充滿著矛盾。

　　總而言之，我認爲當時各種學問之間，以及各種學問內部充滿互相競爭的觀點。因此，若是依據個別人物與個別思潮進行個案研究，將會混淆當時思想存在著「不同層次」及「互相競合」的現象。[141]

　　瞿宣穎在他的〈道光學術〉中盛道道咸思想之博大，認爲是魁桀秀士奮其心志以應付動亂之局的大成果。[142]其言固然不虛，不過從後來歷史的發展回過頭去看，也可看出它所產生的限制。家門前的一條河，可以看成是與外面世界交通的阻礙，也可看成是航向各地的通

---

[141]我在《思想是生活的一種方式》已經討論過思想的層次問題。詳情細內容請見王汎森，《思想是生活的一種方式》（臺北：聯經出版公司，2017）。

[142]楚金（瞿宣穎），〈道光學術〉，收入周康燮主編，《中國近三百年學術思想論集》，頁342。

路，可能性與限制性往往是一體的兩面，端看人們用何種眼光看它。此時中西尚未在一個梯子上，人們沒有後來追逐「文明」那種努力的方向感。

道咸思想界人物中，有一路成爲同治年間保守派：倭仁、李棠階、吳廷棟在同治年間居於高位，故同治年間的官場爲宋學派之天下。宋學派所重視的是人心、綱常、風教，是屬於將螺絲鎖緊的一邊，而且其種種作爲多係針對當時官場習氣而發，譬如倭仁等人身體力行，拒絕任何規費賄賂。[143] 他們多少認爲能否安於窮困是成爲一個士人人格的準則與標誌，是否能堅守住舊有的道德標準也是重要表徵，因此一方面反對言利，另一方面以能否守住舊標準爲愛國等種種特色。黃濬（1891-1927）《花隨人聖盦摭憶》提到倭仁與祁寯藻（1793-1866）皆忌諱曾國藩時說：「蓋當時講宋學者，一不喜更張，二不用新進，三凡稍有才氣聲光者皆黜之。」[144] 不喜言「利」、言新事物，但在近代中外商業開拓過程中，中外商人之間利害相關，而正人君子往往將互助視爲「狼狽爲奸」。[145] 所以大多數宋學者拒絕強調商業之重要或與洋人通商（其實龔自珍等也一樣是重農賊商論者）。

在拒絕新事物方面，1866年同文館事件中，以倭仁代表當時許許多多人的言論，認爲可以在科舉之外再設一科，但絕不同意與正途人員混合爲一，[146] 即是一個例子。特別值得注意的是，這在當時是多

---

143 李細珠，《晚清保守思想的原型——倭仁研究》，頁125-130、212。
144 黃濬，《花隨人聖盦摭憶》（香港：龍門書店，1965），頁138。
145 蔣廷黻，《中國近代史大綱》，《中國近代史研究》（臺北：里仁書局，1982），頁271-276。
146 劉廣京，〈變法的挫折——同治六年同文館爭議〉，《經世思想與新興企業》（臺北：聯經出版公司，1990），頁403-418。

數正途士大夫之言論方向，它們構成了廣大的輿論界，有一部分成爲晚清政治上舉足輕重的「清流」，而它們繼承了以宋學爲底色的態度，對後來日漸不能抗禦的新事物及洋務，抱持消極拒絕的態度，而且往往是具動能性的思想家、加上科舉正途士人，147它形成了一個廣大的世界，其實才是後來思想界之底色。

蔣廷黻（1895-1965）在檢討了林則徐與鴉片戰爭之後，眼光非常銳利地說，林則徐因爲選擇隱瞞他所見到的洋人進步的實象，故後來還可以作雲貴總督。148我認爲還可以進一步推測，即當時中國主要思想色彩的文化理想是舊有的，是不願知道這個眞相，或者也選擇拒絕理會這個眞相，所以林則徐選擇不說，而且即使說了也不起作用，不一定全是林則徐一人爲了宦途所做的隱瞞或其他單元式的解釋所能說明的。

不只是對「洋」式「新事物」，對於當時人只講求經濟實務也可能從道德學問的角度加以批判，例如唐鑑即是如此，這種態度一直延續下去，而皆有信從者。此處引一位當時不知名的小讀書人劉孚京（1855-1898）爲劉庠（1824-1901）《儉德堂讀書隨筆》所作的〈序〉爲例。他發揚其伯父批評「經濟」之學的話語：「然未及百年，而天下多故，諸所張皇，皆古所未有」，「義理」、「詞章」、「攷證」之徒及「高名耆篤之士，莫有足以應變者，甚者敗辱」；149是以「經濟」之學於焉而出，「既高其名列於四科，後進干祿之士彌以相曜，遂兼

147 見辜鴻銘（1857-1928）的《清流傳：中國牛津運動逸事》（香港：牛津大學出版社，1994）。
148 蔣廷黻，《中國近代史大綱》，《中國近代史研究》，頁243。
149 劉孚京，〈原序〉，劉庠，《儉德堂讀書隨筆》，收入徐德明、吳平主編，《清代學術筆記叢刊》第59冊（北京：學苑出版社，2005），總頁395。

鄙眾學,而惟爲經濟之言,以更張爲任事,以權算爲賢能,以守經爲迂儒,以能言虜事爲宏達。道荒術陋,學士泯泯,未識所嚮久矣。」[150]但是他認爲「經濟」是有「學」之後自然而生的,而不是在「義理」、「攷證」、「詞章」之外別有一種學問叫「經濟」:「今設經濟以爲名,招天下而從之,是使不學之人,懷躁妄之心,而行嘗試之術也。」[151]

舊格局沒有多少新思想元素,基本上仍不能脫出《大學》中八步的架構,即「格物→致知→誠意→正心→修身→齊家→治國→平天下」的架構,尤其是帶有宋學味道者更爲明顯。唐鑑、倭仁有機會成爲天子近臣,反覆強調格君心之重要,認爲君心一正則天下皆正,以致後來引起咸豐皇帝的不滿,認爲所言雖然正大,但陳義過高,對內外交迫的局勢無實際助益,即其一例。

大體而言,道咸思想比較大的成分,仍是在舊框架中思索,人才、人心才是最重要的關懷。如果說《鴉片戰爭時期思想史資料選輯》中的文章有代表性,那麼其中出現最多的便是人才、人心、忠義等,至於洋槍洋砲或洋人物質方面之先進,似乎是戰爭中不用考慮的因素,極少被提到。[152]

值得注意的是,此時的文化主調所形成的對現實事務的理解與歸

---

[150]劉孚京,〈原序〉,劉庠,《儉德堂讀書隨筆》,收入徐德明、吳平主編,《清代學術筆記叢刊》第59冊,總頁395-396。
[151]劉孚京,〈原序〉,劉庠,《儉德堂讀書隨筆》,收入徐德明、吳平主編,《清代學術筆記叢刊》第59冊,總頁396。
[152]Mary Wright在 *The Last Stand of Chinese Conservatism: The T'ung-chin Restoration, 1862-1874*(Stanford, Calif.: Stanford University Press, 1957)一書中也觀察到,當時人重視社會、風氣、人才,而不重先進物質及技術,頁60、68。

因，一直到清代最後幾十年仍有很大的影響力。一方面是透過各種努力強固了清朝的基礎，但是因為其辦法帶有「內捲」（involution）的意味，把拘泥於現狀，誤認為對國家的忠誠，使得近代西方比較重視的商業、機器、軍力、物質等在晚清並不居於核心的地位。人們碰到現實困境時，反覆提到的多是忠義、忠愛、人心、勇氣、道德、紀律等。

1840年代，西方的各種知識尚未大舉湧入，多輾轉從南洋等地傳入，當時尚未注意吸收西方新的思想元素。姚瑩說他自己在嘉慶年間即已開始注意了解西方，這種情形畢竟是少數。153

我們今天因為受進化論式思維影響而不自知，總認為當時之所謂「先進」思想家，如包世臣、龔自珍，必然是要邁向學習吸收我們今天所認為相對「進步」的東西，這種現象當然也所在多有，但事實上當時尚有一種「回頭尋求資源」或「眼前無路想回頭」式的思維，如包世臣在《齊民四術》中便提出以鑿船、154 火箭抵禦英軍等。155 當時

153此時洋物（包括鴉片）早已大量進入中國，早就有人說過，道光年間，凡物之極貴重皆謂之洋。尤其是五口通商之後，對西方的認識已大不同。討論西洋的書，如梁廷枏《海國四說》、徐繼畬《瀛寰志略》、魏源《海國圖志》等，不一而足。但是在思想上尚不能積極討論、接納，主張禁洋物的聲音此起彼落。我們在此時士人的言論與學問中竟然看不出什麼重要的中西方之分。當時有的主張「西學源出中國」，不過蔣湘南也有〈西法非中土所傳論〉（見蔣湘南的《七經樓文鈔》卷4），足見針對這個問題，意見是分裂的。1860年以後，「重西學，制洋器」則漸成為一個積極的口號。

154包世臣，《齊民四術‧答傅臥雲書》，收入氏著，李星、劉長桂點校，《包世臣全集》（合肥：黃山書社，1997），卷11，頁496-497。

155包世臣，《齊民四術‧致陳軍門階平書》，收入氏著，李星、劉長桂點校，《包世臣全集》，卷11，頁499。更詳細的禦英辦法，請參看包世臣，《齊民四術‧殲夷議》，同上著，卷11，頁500-502。

許多人關心的是如何恢復一種新式的宗法問題，如龔自珍、周濟，或是如何再回到安穩的農業社會，而尚未覺察到整個邏輯已經變了，所以在1860年代以後，正面關心的商、利、財、富、貨、議院等等問題在這個時候尚未引起足夠注意。但是這個世界的運作邏輯已變，而思想格局也要變的情形更清楚了，國家富強之途不在八步的格局之中，而是別有所在。

有一個有趣的例子可以佐證這種變化，在魏源的《皇朝經世文編》及張鵬飛的《皇朝經世文編補》這兩部著作中，禮教方面的問題仍相當有分量，可是到了《皇朝經世文三編》，主編者陳忠倚認為「禮教諸門無補於富強之術，擯而不錄」，所收文章大要以力圖富強為指歸，[156]即是一例。禮教人心不再是經世之務，一部分是因為在外力的威逼之下，政治、制度、社會經濟的內容不得不變，浸假而道咸人物所倡那一套，已如恭親王所說的陳義雖高，言論正大，但無補於時局，印證了陳寅恪（1890-1969）所說的：「自道光之季，迄乎今日，社會經濟之制度，以外族之侵迫，致劇疾之變遷，綱紀之說，無所憑依，不待外來學說之掊擊，而已銷沉淪喪於不知覺之間。雖有人焉，強聒而力持，亦終歸於不可救療之局。」[157]

高杉晉作（1839-1867）在《遊清五錄》，記載了他在上海與一個讀書人的筆談，當高杉問到朱子的格物窮理與西洋人的科技是否相同時，書生反覆答的是西方乃「為利為益」，「不能研究航海、炮術，則是因為誠心誠意的功夫尚未到家。」[158]在另一個場合中，日比野輝

156陳恭祿，《中國近代史資料概述》，頁282。
157陳寅恪，〈王觀堂先生挽詞〉，《陳寅恪先生全集》下冊（臺北：九思出版社，1977），頁1441。
158高杉晉作的〈游清五錄〉中說：「朱文公所說的格物窮理，是指聖人之齊

寬與另一人討論兵事，對方回答他說：「然我大清國崇尙勇義，不以
兵器爲主，然唯勇以戰。若用洋夷的武器，自然化俗，拋棄英勇，至
唯器械武器爲主矣，故不用。」[159] 他所看到的1860年代，是充滿禁
書、忌諱的社會，是忠義、勇氣勝過一切的時代，是士大夫文化中廢
除武事，爭先恐後於浮淺的考證之學，對現實經世熱忱並不濃烈的時
代，故《海國圖志》這樣的奇書絕版已久，整個時代仍浸淫於道德、
忠義可以解決困局的氛圍之中。

　　對於清代統治者而言，文化的忠義化或節概化等現象，往往是兩
面刃，即它用最大的力道撞擊人心的深層面，激發了一種新的力量來
幫助政府應付內外的局面，但是這種力量是偏向的，不一定是四平八
穩式、以維持秩序爲前提。它所撞擊出來的、回頭深掘的方式及內
容，皆受時代特殊境遇的制約，故雖然都毫無疑問是儒學所固有的，
但不一定是普遍的，往往在承平時代所不提或軼出框架之外。它的發
動不必然操在統治者手裡，它的發展方向也不一定在政府手裡。而且
因爲發動者往往執著於是非對錯，有時與政府的利益產生對抗、甚至
成爲政府的最大批評者，而可能成爲政府的反對面。

　　本文所說的各種「離心力」現象，在道咸時代並未眞正到破裂的

家修身，推進一層，不外乎誠這一字，貴在實踐，避免不均衡。至於西洋
人所講的……但近於術數，不免中間還隔著一層」、「爲利爲益天地隔
絕，這不待言論而明。然而治天下齊一家，內到誠心誠意，外到航海、炮
術、器械等，……不能研究航海、炮術，則是因爲誠心敬意的工夫尚未到
家。所以拿用於謀利的器械爲義所用，則乃取捨折衷之道」、「眞心誠意
是修身齊家治國平天下之根本……航海、炮術等只不過是格物的一個方
面。」收入日比野輝寬、高杉晉作等著，陶振孝等譯，《1862年上海日記》
（北京：中華書局，2012），頁182-183。
159 日比野輝寬，〈贅肬錄〉，收入日比野輝寬、高杉晉作等著，陶振孝等
　　譯，《1862年上海日記》，頁91。

地步，不過它的影響是潛存著。此時種族問題相當隱秘而複雜，非常難以了解，最重要原因是長期忌諱之下，人們並不敢正面談論這方面的問題，不過藉助於當時朝鮮使者的《燕行錄》，我們可以從使者們與北方官員或百姓的談話記錄中看出種族意識仍然相當嚴重。[160]

　　不過此時在原有的華夷關係之外，又有一個新夷狄加入，即西方帝國主義，這個新夷狄之加入使得舊有的華夷分別，被另一個更大的、由外面鋪蓋而來的「洋＝夷」所覆蓋（overshadow）。所以從此期在各種《燕行錄》中我們一方面可以看到對舊華夷意識的注意力萎縮，新華夷意識吸引了人們的目光，另外至少在漢人身上發生一種奇妙的意識轉變，即在一個龐大由外而來的挑戰之下，反而轉變爲無論滿漢有何差異，在這個新對抗之下兩者應該結爲一體，「中國」、「我國」在這個時候悄悄地取得一些新的內容，人們覺得我們都是「我群」（we group），而且因爲鴉片戰爭，「漢奸」一詞大量出現在各種文字之中，人們有意無意之間把敗戰的責任歸到沿海的「漢奸」，「漢奸」也幫忙鞏固了這種新的「我群」意識。

　　不過因爲洋人這個「新夷狄」的加入，也使得華夷成爲一道三角習題，一些滿人怕漢人與洋人合作反清，所以加深了對漢人的疑懼，根據研究，在京口之役，守將海齡（?-1842）幾乎得了漢奸恐慌症，而漢人亦深深自畏。[161]此時出現滿漢觀念下的兩種「漢奸」存在，饒

160關於這個問題，在我有關《燕行錄》的未刊稿〈燕行錄中所見清代敏感、忌諱之現象〉中有所討論。

161Mark Elliot, "Ethnicity in the Qing Eight Banners," in Crossley Kyle Pamela, Kyle H. Siu and Donald S. Sutton eds., *Empire at the Margins: Culture, Ethnicity, and Frontier in Early Modern China*（Berkeley: University of California Press, 2006）, pp. 27-57. 同時也參考他的 *The Manchu Way: The Eight Banners and Ethnic Identity in Late Imperial China*（Stanford: Stanford

富深意;「忠義」是一致的,忠義於朝廷,但是「漢奸」卻有兩種,它是否有何進一步意涵,尚待探究。此外,新夷狄的出現是否像「銅山崩而洛鐘應」,因共振而擴大出一種更深微的滿漢華夷情緒,只是因外敵當前而一時未表現出來,只要這道三角習題始終未解,把兩兩作想像的配對(譬如「寧予外人,不予家奴」、「以江蘇換長白山地」),也有可能因而激發出新的種族意識。

最後還有幾個值得進一步思考的問題:一、有沒有內發性變革的問題,「衝擊—回應」的模式是否仍有用?二、當時社會經濟已有新的發展,如城市、商業,而思想格局仍是想回到更舊的理想,形成一種斷裂的局面,故終有一種潛在的需要(potential need)嗎?三、道咸有「變」的思想,但尚有一大部分不但不主張大舉變革,還要採取回頭深掘的方式,所產生的影響,不可輕視。

University Press, 2001). 在清中葉官書檔案中,漢奸通常指與「生苗」、「生黎」、「夷匪」、「生番」、「野番」、「逆夷」等所謂的「化外」民族交往、違法滋事、在外作亂的漢人;後來中西在沿海發生激烈碰撞,沿海漢奸問題因之格外突出。第二次鴉片戰爭後,列強進一步取得了在華通商、遊歷、傳教等權利,《天津條約》規定得最為詳細,以前被清廷厲行禁止的一些漢奸行為在條約中得到明確保護,漢奸的內涵和外延再次發生明顯變化。可參考吳密,〈「漢奸」考辯〉,《清史研究》,2011:4(北京,2011),頁107-116。

徵引書目

一、傳統文獻

（清）方東樹，《漢學商兌》，臺北：臺灣商務印書館，1978。

（清）包世臣著，李星、劉長桂點校，《包世臣全集》，合肥：黃山書社，1997。

（清）江藩著，鍾哲整理，《國朝漢學師承記》，北京：中華書局，1983。

（清）何桂珍編，《續理學正宗》，收入新文豐出版公司編輯部編，《叢書集成續編》，臺北：新文豐出版公司，1989，第43冊。

（清）余治，《尊小學齋文集》，收入《清代詩文集彙編》編纂委員會編，《清代詩文集彙編》，上海：上海古籍出版社，2010，第633冊。

（清）吳廷棟，《拙修集》，臺北中央研究院傅斯年圖書館藏，同治十年六安求我齋刊本。

（清）李棠階，《李文清公遺書》，收入《清代詩文集彙編》編纂委員會編，《清代詩文集彙編》，上海：上海古籍出版社，2010，第598冊。

（清）李集輯，李富孫等續輯，《鶴徵錄》，收入《四庫未收書輯刊》編纂委員會編，《四庫未收書輯刊》，北京：北京出版社，1997，第2輯第23冊。

（清）李顒，《二曲集》，北京：中華書局，1996。

（清）沈垚，《落帆樓文集》，收入《續修四庫全書》編纂委員會編，《續修四庫全書》，上海：上海古籍出版社，1995，第1525冊。

（清）姚瑩，《中復堂全集・東溟文外集》，收入沈雲龍主編，《近代中國史料叢刊續編》，臺北：文海出版社，1974，第6輯第52冊。

（清）姚瑩，《中復堂全集・東溟文集》，收入沈雲龍主編，《近代中國史料叢刊續編》，臺北：文海出版社，1974，第6輯第51冊。

（清）姚鼐著，劉季高標校，《惜抱軒詩文集》，上海：上海古籍出版社，1992。

（清）唐鑑，《唐確慎公集》，臺北：臺灣中華書局，1972。

（清）夏炘，《夏仲子集》，臺北中央研究院傅斯年圖書館藏，咸豐五年刻本。

（清）孫衣言，《遜學齋文鈔》，收入《續修四庫全書》編纂委員會編，《續修四庫全書》，上海：上海古籍出版社，1995，第1544冊。

（清）孫鼎臣，《芻論》，臺北中央研究院傅斯年圖書館藏，咸豐十年武昌節署刊本。

（清）徐鼒，《未灰齋詩文集》，成都：巴蜀書社，2009。

（清）國史館編，《清史列傳》，臺北：明文書局，1985。

（清）張集馨，《道咸宦海見聞錄》，北京：中華書局，1981。

（清）張際亮，《張亨甫文集》，臺北國立臺灣大學圖書館藏刊本，版本不詳。

（清）張穆，《殷齋書札詩稿》，收入陳紅彥、謝冬榮、薩仁高娃主編，《清代詩文集珍本叢刊》，北京：國家圖書館，2017，第484冊。

（清）梅曾亮著，彭國忠、胡曉明校點，《柏梘山房詩文集》，上海：上海古籍出版社，2005。

（清）莫晉，《來雨軒存稿》，收入《北京師範大學圖書館藏稀見清人別集叢刊》，桂林：廣西師範大學出版社，2007，第14冊。

（清）陳澧，《東塾集》，收入《續修四庫全書》編纂委員會編，《續修四庫全書》，上海：上海古籍出版社，1995，第1537冊。

（清）陸世儀，《陸桴亭先生遺書》，臺北中央研究院傅斯年圖書館藏，光緒二十五年刊本，卷首。

（清）陸燿，《切問齋集》，收入《四庫未收書輯刊》，北京：北京出版社，1997，第10輯第19冊。

（清）曾國藩，《曾國藩全集》，長沙：嶽麓書社，1988。

（清）曾國藩著，王澧華校點，《曾國藩詩文集》，上海：上海古籍出版社，2005。

（清）曾國藩著，李鴻球編，《曾文正公全集》，臺北：世界書局，1965。

（清）管同，《因寄軒文初集》，收入《續修四庫全書》編纂委員會編，《續修四庫全書》，上海：上海古籍出版社，1995，第1504冊。

（清）劉庠，《儉德堂讀書隨筆》，收入徐德明、吳平主編，《清代學術筆記叢刊》，北京：學苑出版社，2005，第59冊。

（清）劉開，《劉孟塗集》，收入《續修四庫全書》編纂委員會編，《續修四庫全書》，上海：上海古籍出版社，1995，第1510冊。

（清）歐陽兆熊、金安清著，謝興堯點校，《水窗春囈》，北京：中華書局，1984。

（清）潘德輿，《養一齋日記》，收入氏著，朱德慈整理，《潘德輿家書與日記》（外四種），南京：鳳凰出版社，2015。

（清）潘德輿，《養一齋集》，收入氏著，朱德慈輯校，《潘德輿全集》，北京：人民文學出版社，2015。

（清）潘德輿著，朱德慈輯校，《潘德輿全集》，北京：人民文學出版社，2015，第5冊，頁2502-2505。

（清）蔣彤編，《李申耆（兆洛）年譜》，收入沈雲龍主編，《近代中國史料叢刊》，臺北：文海出版社，1969，第40輯第392冊。

（清）蔣彤錄，《暨陽答問》，收入上海書店出版社編，《叢書集成續編》，上海：上海書店出版社，1994，第88冊。

（清）鄭福照輯，《方儀衛先生年譜》，收入方東樹，《儀衛軒文集》，臺北中央研究院歷史語言研究所傅斯年圖書館藏，同治七年刻本，卷末。

（清）魯一同，《通甫類藁》，收入《續修四庫全書》編纂委員會編，《續修四庫全書》，上海：上海古籍出版社，1995，第1532冊。

（清）魏源，《魏源集》，北京：中華書局，1976。

（清）譚獻著，范旭侖、牟曉朋整理，《譚獻日記》，北京：中華書局，2014。

（清）嚴如煜，《三省山內風土雜識》，收入新文豐出版公司編輯部編，《叢書集成新編》，臺北：新文豐出版公司，1986，第94冊。

（清）顧湘輯，《小石山房叢書・毋欺錄》，收入《原刻景印叢書精華》，臺北：藝文印書館，1972，第2冊。

（清）龔自珍著，王佩諍校，《龔自珍全集》，上海：上海古籍出版社，1975。

（日）日比野輝寬、高杉晉作等著，陶振孝等譯，《1862年上海日記》，北京：中華書局，2012。

二、近人論著

中央研究院近代史研究所編，《近世中國經世思想研討會論文集》，臺北：中央研究院近代史研究所，1984。

內藤湖南，《支那史學史》，收入氏著，神田喜一郎、內藤乾吉編集，《內藤湖南全集》，東京：筑摩書房，1969，第十一卷。

內藤湖南著，馬彪譯，《中國史學史》，上海：上海古籍出版社，2008。

王汎森，〈清代儒者的全神堂——《國史儒林傳》與道光年間顧祠祭的成立〉，《中央研究院歷史語言研究所集刊》，79：1（臺北，2008），頁63-93。

王汎森，《中國近代思想與學術的系譜》，臺北：聯經出版公司，2003。

王汎森，《思想是生活的一種方式》，臺北：聯經出版公司，2017。

王汎森，《章太炎的思想：兼論其對儒學傳統的衝擊》，臺北：時報文化出版公司，1985。

王汎森，《權力的毛細管現象：清代的思想、學術與心態》（修訂版），臺北：聯經出版公司，2014。

王利器，《元明清三代禁毀小說戲曲史料》，上海：上海古籍出版社，1981。

王國維，《觀堂集林》，收入謝維揚、房鑫亮主編，《王國維全集》，第8卷，杭州：浙江教育出版社，2009。

吳密，〈「漢奸」考辯〉，《清史研究》，2011：4（北京，2011），頁107-116。

李長莉、閔傑、羅檢秋著，劉志琴主編，《近代中國社會文化變遷錄》，杭州：浙江人民出版社，1998，卷一。

李細珠，《晚清保守思想的原型——倭仁研究》，北京：社會科學文獻出版社，2000。

林勝彩，〈從隱逸遺民到理學真儒——張履祥從祀孔廟的歷程和意義〉，見本期《思想史》頁 79-132。

施立業，《姚瑩年譜》，合肥：黃山書社，2004。

胡韞玉，《清包慎伯先生世臣年譜》，臺北：臺灣商務印書館，1986。

徐珂，《清稗類鈔》，臺北：臺灣商務印書館，1966，第 15 冊宗教類、第 28 冊性理類。

馬勇編，《章太炎講演集》，石家莊：河北人民出版社，2004。

張舜徽，《清人文集別錄》，北京：中華書局，1963。

梁啓超，《中國近三百年學術思想史》，上海：中華書局，1936。

梁啓超，《中國歷史研究法補編》，臺北：臺灣商務印書館，1976。

梁章鉅著，陳鐵民點校，《浪跡叢談・續談・三談》，北京：中華書局，1981。

郭麗萍，《絕域與絕學：清代中葉西北史地學研究》，北京：生活・讀書・新知三聯書店，2007。

陳恭祿著，陳良棟整理，《中國近代史資料概述》，北京：中華書局，1982。

陳寅恪，《陳寅恪先生全集》，臺北：九思出版社，1977。

陸寶千，《清代思想史》，臺北：廣文書局，1983。

彭明主編，《近代中國的思想歷程（1840-1949）》，北京：中國人民大學出版社，1999。

辜鴻銘，《清流傳：中國牛津運動逸事》，香港：牛津大學出版社，1994。

黃濬，《花隨人聖盦摭憶》，香港：龍門書店，1965。

楊正顯，〈清中葉陽明學的復返——「王劉會」的成立與活動〉，即將刊於《中央研究院近代史研究所集刊》（2022 年 9 月）。

楚金（瞿宣穎），〈道光學術〉，收入周康燮主編，《中國近三百年學術思想論集》，香港：崇文書店，1971，頁 341-354。

熊十力，《十力語要》，臺北：廣文書局，1985。

蒙文通，《中國史學史》，上海：上海人民出版社，2006。

劉廣京，《經世思想與新興企業》，臺北：聯經出版公司，1990。

蔣廷黻，《中國近代史大綱》，收入氏著，《中國近代史研究》，臺北：里仁書局，1982。

錢基博，《中國文學史》，北京：中華書局，1993。

錢穆，《文化與教育》，收入氏著，《錢賓四先生全集》，臺北：聯經出版公

司，1995，第41冊。

謝正光，〈宣南詩社〉，《大陸雜誌》，36：4（臺北，1968），頁23-30。

羅振玉，《羅雪堂先生全集初編》，臺北：大通書局，1986，第6冊。

顧頡剛，〈中國近來學術思想界的變遷觀〉，《中國哲學》第11輯，北京：人民出版社，1984，頁302-331。

龔書鐸，《中國近代文化探索》，北京：北京師範大學出版社，1988。

Chiu, Wei-Chun（丘為君）. "Morality as Politics: The Restoration of Ch'eng-Chu Neo-Confucianism in Late Imperial China." Ph. D. Dissertation, Ohio University, 1992.

Elliot, Mark. *The Manchu Way: The Eight Banners and Ethnic Identity in Late Imperial China.* Stanford: Stanford University Press, 2001.

──── . "Ethnicity in the Qing Eight Banners." In Crossley Kyle Pamela, Kyle H. Siu and Donald S. Sutton eds., *Empire at the Margins: Culture, Ethnicity, and Frontier in Early Modern China.* Berkeley: University of California Press, 2006, pp. 27-57.

Kuhn, Philip A. "The Development of Local Government." In John K. Fairbank and Albert Feuerwerker, eds., *The Cambridge History of China,* vol.13. New York: Cambridge University Press, 1986, pp. 329-360.

MacIntyre, Alasdair. "Is Patriotism a Virtue?." In Department of Philosophy, ed., *The Lindley Lecture.* Lawrence: University of Kansas, 1984, pp. 1-20.

Wright, Mary. *The Last Stand of Chinese Conservatism: The T'ung-chin Restoration, 1862-1874.* Stanford, Calif.: Stanford University Press, 1957.

Some Observations of the Intellectual World during the Jiaqing-Daoguang-Xianfeng Period

Wang Fan-sen

Abstract

This article explores contesting intellectual trends in early nineteenth century China—during the reigns of the Jiaqing, Daoguang, and Xianfeng Emperors. Sharing a common concern about political reform and cultural reconstruction, ideas and scholarship in this period nevertheless developed along different, and sometimes conflicting, directions. Such "polytonality" of intellectual trends has yet to be fully captured in historical research, which has been limited by the approach of case studies, and a periodization scheme that leaps over the period between ascendance of evidential research and the westernizing Self-Strengthening Movement. Seen in hindsight, researchers have often focused on tendencies towards new format and content of knowledge, especially that introduced from the West, ignoring their embeddedness in existing intellectual frameworks. In the early nineteenth century, evidential research and classical scholarship remained prominent in the intellectual field, but new lines of scholarship began to emerge and compete with each other. A sense of crisis pervaded but had not yet evolved into anxiety about China-West competition under a universal standard of civilization. Traditional values of virtue and loyalty persisted as the solution to the emerging crises, but they also opened possibilities that might threaten the status quo. These centrifugal forces, though remaining obscure at the time, nevertheless cultivated potential toward fundamental change.

Keywords: The Jiaqing-Daoguang-Xianfeng period, cultural reconstruction, evidential research, sense of crisis, cultural of loyalty

【論文】

從隱逸遺民到理學真儒
──張履祥學術思想傳播的歷程

林勝彩

高雄中山大學中國文學系博士,現任醒吾科技大學商業設計系助理教授。主要研究領域為明清學術思想史。點校整理《劉子節要(附憚日初集)》(中央研究院中國文哲研究所,2015),江永《善餘堂文集》(中央研究院中國文哲研究所,2013),並在《文與哲》、《醒吾學報》等期刊發表學術論文。

從隱逸遺民到理學真儒——張履祥學術思想傳播的歷程

林勝彩

摘要

在近現代有關清代思想史的研究論述中，皆將清初學者張履祥（字考夫，號楊園，1611-1674）視爲提倡程朱理學的重要代表人物，認爲其在明末清初由陽明學轉向朱子學的思潮中，據有關鍵地位。然而，回顧張履祥如何從浙西一介隱逸遺民成爲從祀孔廟的理學真儒，其學術思想傳播的歷程及轉變因素爲何？此種變化背後可能的影響因素又是什麼？頗值得探討。

本文聚焦在張履祥如何從清初的政治文化遺民，最終成爲從祀孔廟的理學大儒的歷程，試圖較爲詳細地發掘在張履祥逝世後，清代學人如何藉由傳播其學說、刊行其著作，逐漸擴大楊園思想的影響力；又，張履祥爲何得以成爲清代道咸之後「理學復興」時期，學者所標榜的重要理學家？本文試圖釐清張履祥學術地位的上升與晚清理學復興間的關係。全文略以時間分期，概述此種現象變遷的過程及意義。

關鍵詞：張履祥，遺民，朱子學，理學復興，從祀

一、前言

清穆宗同治十年（1871），清廷同意浙江學政徐樹銘（1824-1900）的奏請，准許張履祥（字考夫，號楊園，1611-1674）從祀孔廟，距離楊園逝世，已將近二百年的時間。

清代是中國歷史上准許從祀孔廟先賢先儒數量最多的一個朝代，所以楊園能夠在清末從祀孔廟，似乎並不值得大書特書。但在楊園從祀孔廟之前，僅有陸隴其（1630-1692，雍正二年〔1724〕從祀）、湯斌（1627-1687，道光三年〔1823〕從祀）二位當代儒者從祀孔廟之例，而於道光八年（1828）從祀的孫奇逢（1585-1675），則與楊園類似，具有遺民的身分。這四位清初學者雖然皆爲理學家，但二人爲隱逸遺民，二人則爲理學官僚，一來對清政府認同有別，二來理學立場亦有其差異。所以，在相隔百年間，清代從祀孔廟的標準和取捨發生了什麼變化？張履祥如何從浙西一介隱逸遺民成爲從祀孔廟的理學眞儒，其學術思想傳播的歷程及轉變因素爲何？此種變化背後可能的影響因素又是什麼？頗值得探討。

誠如眾多研究歷代從祀孔廟的學術成果所展現，歷代學者從祀孔廟一事，從來不純然是學術問題，受當代政治影響甚深。而明清時期從祀孔廟人選的理學立場，從祀孔廟活動間的學術角力，國家准駁之間展現的政治權威，學術道統與皇權治統間的對抗與合作，都可以藉個案研究得到更清晰的認識。

本文聚焦在張履祥如何從一個清初的政治文化遺民，最終成爲從祀孔廟的理學大儒的歷程，試圖較爲詳細地發掘在楊園逝世後，清代學人如何藉由傳播其學說、刊行其著作，逐漸擴大楊園思想的影響力；又，楊園爲何得以成爲清代道咸以後「理學復興」時期，學者所

標榜的重要理學家？本文嘗試釐清楊園學術地位的上升與晚清理學復
興間的關係。以下略以時間分期，概述此種現象變遷的過程。

二、康熙、雍正年間：隱逸遺民

　　因爲亡國的刺激，清初學界反省明末以來的學術思想，多將晚明
政治敗壞、學術空疏、社會動亂等種種亂象，歸因爲陽明學盛行所導
致的結果，主張重新回歸朱子學。清初的浙西地區（主要爲桐鄉、石
門、海鹽、海寧等地），以楊園爲核心聚集了一批知識分子，他們基
於共同的政治態度和文化理念，藉由頻繁的學術交流與生活互動，形
成一個頗有特色的遺民社群，後人以「楊園學派」稱之。這批學人在
政治上多採取消極不合作的態度，拒絕出仕新朝；在思想上則信仰朱
子學，拒斥陽明學。楊園則是這批浙西遺民社群思想生活上的指引
者。[1]

　　由於選擇隱居鄉里、處館授徒的遺民生活，[2]同時反對明代流行的
詩文社集、講會活動，所以楊園雖然在浙西桐鄉、石門、海寧、海鹽
等地區的遺民社群頗受推崇，但生前的社會聲名並不顯著，身後的學
術影響亦有限。[3]在康熙十七年所編纂的《桐鄉縣志》中，楊園被歸入

1　王汎森，〈「經學是生活的一種方式」——讀《吳志仁先生遺集》〉，《華東
　　師範大學學報（哲學社會科學版）》，2（上海，2016），頁1-9。
2　從23歲開始到64歲去世，楊園爲鄉間塾師，從未間斷此種維持生計的教
　　育工作；其處館的主要範圍，多在離家不出五十里的桐鄉、海鹽、石門等
　　地。參看蔣威，《清代江南塾師與社會地位》（北京：中國社會科學出版
　　社，2019），頁211-221。
3　誠如後人所言，楊園「伏處一隅，終老布衣，庸言庸行，絕無驚世駭俗之
　　事」。參見雷鋐，〈楊園先生全集序〉，收入張履祥著，陳祖武點校，《楊
　　園先生全集》（北京：中華書局，2002），頁8。生前「交游寥落，聲氣闃

隱逸人物傳中，介紹甚爲簡略。4就其學術聲名與影響而言，基本上仍局限於浙西一帶。

　　相對於世俗聲名的隱晦，楊園在其弟子及私淑後學中，則具有相當崇高的地位，同時由於楊園的著作得以刊行，其學行逐漸爲外界所知，這也應歸功於後學的推廣。楊園逝世後，其著作稿本爲友人何汝霖（1618-1689）、凌克貞（1620-1690）及弟子姚瑚（1640-1711）編輯成帙，授其子收藏。在〈《初學備忘》引〉中，何汝霖高度評價楊園的學行：

> 先生懿德醇詣，一生授學，默默以忠信篤敬孚於人，絕不事口耳呫嗶。然而言論旨趣之著見於筆墨者，已自不少。……如自省，則有《願學記》、《備忘錄》，師門則有《問答錄》，聞見則有《言行錄》，訓子有《語》，誡人有《鑑》，喪祭有《説》，農圃有《書》。俱一一從身心日用間，體驗天理民彝，以爲立身應事、自淑淑人之準則，非辭章訓詁家所能窺其一二者。故不厭知希，切切懼鄰於表暴，眞實學也。……竊慨正學陵夷，三百年中河津（薛瑄）、餘干（胡居仁）而下，指不易屈。讀先生是編，庶乎嘗鼎一臠，知味者將無想見其全乎！5

從何氏的敍述中，可知在清初浙西部分學人心目中，楊園與薛瑄（1389-1464）、胡居仁（1434-1484）並列，身居「明代」最重要的朱子學傳人。雖然楊園遺留的著作甚多，但因其後人凋零，無力謀梓，

如，不知者曰閭巷人而已，其知者曰獨行士而已」。應寶時，〈重訂楊園先生全集序〉，收入張履祥著，陳祖武點校，《楊園先生全集》，頁2。
4　徐秉元修，《（康熙）桐鄉縣志》（康熙十七年刻本），卷4上，頁29b。
5　張履祥著，陳祖武點校，《楊園先生全集》，頁989。

直至康熙四十三年後，方由私淑學人范鯤（1657-1711）刊刻部分著作。同爲楊園私淑者的陳梓（1683-1759）推崇范鯤刊刻楊園著作的功勞：

> （范鯤）交吳江姚子蟄菴昆季，得楊園遺稿，熟體之，曰
> 紫陽之後一人而已。因編次其集，慫史諸交契及門下協力
> 梓之。凡數十餘卷。楊園生明季亂世，闇修獨善，世罕識
> 其名。自此書出，人始知姚江、語水之外，固有洛閩正
> 途。窮鄉末學，多所興起，先生之功也。[6]

陳梓認爲范氏刊刻楊園遺著，改變了楊園「闇修獨善，世罕識其名」的現象，學者藉由楊園的著作，能夠認識到除了陽明學及呂留良（1629-1683）的時文講義之外，尚有正統的程朱理學傳統。這對楊園學說思想的傳播有頗大的貢獻。其次，從陳梓的敘述也可以得知，相較於楊園同時學侶的評價，在浙西後學的心目中，楊園已從與薛瑄、胡居仁並稱的重要明代朱子學者，上升至朱子後一人的崇高地位。

　　當然，稱許楊園爲朱子後一人的崇高地位，畢竟只是少數楊園弟子、私淑後學的看法，並未在清初學界取得共識。就楊園思想在清初浙西一地的影響而言，可以約略概括爲二個層面：首先是理學上尊朱闢王立場的堅持，其次，則是在接觸楊園的著作及思想後，不少學人多採取與楊園相同的立場，拒斥清廷科考，選擇以遺民的身分及心態終其一生。如陳梓在〈邢梅亭先生小傳〉中敘述到：

> 先生姓邢氏，諱志南，字復九，號梅亭。歸安邑諸生。幼
> 謹敕，弱冠爲功過格自砥。聞山陰《人譜》獨不記功，欲

6　陳梓，〈范蜀山先生小傳〉，《陳一齋先生文集》，收入新文豐出版公司編輯部編（後略編者），《叢書集成續編》第190冊（臺北：新文豐出版公司，1989），卷1，頁3a。

取以自證。時蟄菴姚子館菱溪，先生晉謁，請觀《譜》。
蟄菴曰：「子欲求道，有先師楊園遺書在。」先生奉歸讀
之，恍然曰：「名節者，道之藩籬，非棄舉子業不可。」
遂謝試事。由楊園溯之伊洛，盡得其蘊。[7]

與邢志南的經歷類似，陳梓也因爲受楊園思想的啓迪與影響，立志自
居爲盛世遺民。[8]這是楊園思想在清初浙西影響的特色之一。而陳梓服
膺楊園之學後，即以楊園私淑者自居，在浙西一地宣揚楊園學說，並
協助友人范鯤校讎刊刻楊園著作。楊園弟子姚夏（1626-?）曾纂輯
《楊園年譜》一卷，陳梓認爲其書過於簡略，遂從事訂補，擴爲四
卷，並輯《附錄》一卷。陳梓在所撰〈張楊園先生小傳〉中論定楊園
的歷史地位：

有明一代儒者，薛、胡爲冠。而敬軒乃尊魯齋（許衡，
1209-1281）爲朱子後之一人，何所見之隘也。惟先生值
仁山（金履祥，1232-1303）之厄，不僅潔其身；砥白雲
（許謙，1270-1337）之節，不徒衍其傳。純粹如敬軒，而
窮研洞悉；謹飭如敬齋，而規模宏遠。存養深，不涉于澄
心；省察密，不淪于獨體。志存〈西銘〉，而辨嚴兼愛；
行準〈中庸〉，而惡深鄉原。障姚江之瀾，直窮其窟；殺
語水（呂留良）之波，力防其潰。嗚呼！如先生者，眞朱

7　陳梓，〈邢梅亭先生小傳〉，《陳一齋先生文集》，收入《叢書集成續編》
　　第190冊，卷1，頁4b。
8　參閱林勝彩，〈盛世遺民——陳梓的理學思想與遺民心態〉，發表於
　　「2019中央研究院明清研究國際學術研討會」，2019年8月28日；「第五次
　　近世儒學與社會研究工作坊」，臺北：中央研究院近代史研究所，2019年
　　10月5日。

子後一人已。9

陳梓對楊園歷史地位的斷語，涵意豐富，文中特舉金履祥、許謙相比，強調楊園以遺民身分宣揚朱子學的意義，則可以同時期的陸隴其來做對比。

陸隴其雖然未曾與楊園交遊論學過，但因爲呂留良的引介，對楊園之學也略有所知，曾稱許楊園《備忘錄》一書「篤實正大，足救俗學之弊」，更因爲楊園遺書未有刊本，希望呂留良後人能夠盡快刊刻楊園的著作，以廣流傳。10 然而，雖與張楊園、呂留良同樣在清初提倡朱子學，但陸隴其出仕清廷的選擇，卻在楊園後學中引來譏評。陳梓曾與友人朱惠疇（生卒不詳）討論士人出處問題，朱惠疇認爲，陳梓宗主楊園，但他以陸隴其爲師，認爲只要「學術端、人品正，應試何害哉？」11 陸隴其標舉程明道（程顥，1032-1085）「一命之士，苟存心於愛物，於人必有所濟」語替一己行爲辯護，表明自己乃「志在行道」，所以朱惠疇認爲應試亦無害。陳梓則批評，不明《春秋》大義、夷夏之辨，乃是陸、朱等人認知錯誤的主要原因。因爲：

> 凡人有志爲聖賢，必有一定見。如程朱生於中原，處其常，祗是明善復性，無所爲而爲。看得出處一層，原屬藩籬。至天地之大變，中國化爲夷狄，此時欲爲聖賢，藩籬與堂奧並重，而出處爲尤要。12

9　陳梓，〈張楊園先生小傳〉，《陳一齋先生文集》，收入《叢書集成續編》第190冊，卷1，頁2a。
10　張履祥著，陳祖武點校，《楊園先生全集》（下），頁1527。
11　陳梓，〈諸先生遺言附亡友遺言〉，《陳一齋先生文集》，收入《叢書集成續編》第190冊，卷5，頁7b。
12　陳梓，〈《近思錄》記疑〉，收入氏著，《齋中讀書記》，頁17b。陳梓《齋中讀書記》未刊，稿本現藏美國國會圖書館，https://www.wdl.org/zh/

「出處」原來僅屬「藩籬」，能「明善復性」，方能入理學「堂奧」，但陳梓認爲程朱所處時世，已與清代士人大不相同，因清代乃「中國化爲夷狄」之世。此時欲講聖賢之學，「出處」與「堂奧」應並重，而「出處」更爲重要。因爲清代已非士人可以應試、出仕之世。所以陳梓批評陸隴其說：

> ［陸氏］〈祭晚村文〉「已見大意，功亦鉅矣」等語，似不滿于晚邨，或以其能知而不能行耶。然晚邨之高明，非所能及，而出處一端，且居泰山之巓矣！「存心愛物，於人必有所濟」，程子此言，特爲一命之士勸耳，非所以自命也。程子之自命者，立天地心，立生民命，繼往聖絕學，開萬世太平。其爲利物也，大矣；其爲濟人也，愽矣。公欲爲程朱之學，徒以愛物之故，而失身於夷狄，其所濟者，不過嘉定、靈壽而已，非孟子所謂枉尺而直尋歟。[13]

陳梓認爲呂留良與陸隴其同樣提倡朱子學，然而就出處一節而論，晚村便遠非稼書所能及。同時稼書亦誤解明道「存心愛物，於人必有所濟」之意，因爲「一命之士，就宋而言。若明道生於元，決不說愛人濟物話頭，何也？受一命已不得謂之士矣。」[14]所以稼書反「以愛物之

---

search/?contributors=Chen%2C%20Zi%2C%201683-1759（2019 年 7 月 16 日檢閱）。

13 陳梓，〈讀《三魚堂文集》摘記〉，收入氏著，《齋中讀書記》，頁 28b。陳梓有時則將晚村與稼書一同批評：「陽明之焰未熄，而闢陽明之學者，適以煽之。如晚村之講時文，公之做清官。一則專事口耳，一則未明華夏。而言理學者必歸二君，吾友憂其大晦耳。所仗者，楊園之遺書具在，有志者熟復而力踐之，由楊園而溯程朱，程朱而紹孔孟，庶幾理學昌明之一機耳。」（引文見頁 26b-27a）。

14 陳梓，〈《近思錄》記疑〉，收入氏著，《齋中讀書記》，頁 15a。

故，而失身於夷狄」。

　　張履祥、呂留良、陸隴其雖然皆被視為清初提倡及重振朱子學的
重要學者，[15]然陸氏因出仕清廷，於雍正二年即得從祀孔廟，備極褒
榮；而呂留良子則在其身後亦選擇出仕，未能嚴守家學，呂留良因雍
正年間曾靜案牽累，死後戮屍，著作遭禁燬。范鯤刊刻之楊園著作，
也因呂留良案的關係被燬板，[16]所以楊園學之流傳僅局限於浙西一
地，聲光未顯，但依靠門人及私淑後學的傳播，仍然有頑強的生命
力。

三、乾隆、嘉慶年間：走出浙西

　　靠著浙西一地楊園弟子及私淑學人的努力，部分楊園著作得以在
康熙年間刊刻，然而因楊園著作中涉及呂留良處頗多，受雍正年間呂
留良案的影響，使其著作刊板被燬，著作僅在學人間私下傳抄，流傳
不廣。[17]現今可以查考乾隆初年楊園著作的刊行，最早出現在陳宏謀
（1696-1771）所編纂的《五種遺規》中。[18]陳氏輯錄古今重要政治、

---

15 參張天杰，《張履祥與清初學術》（杭州：浙江古籍出版社，2011），頁
　218-250。
16 呂留良案發後，雍正六年十月，浙江總督李衛派員至晚村家搜查，楊園
　《備忘錄》、《近古錄》二書在所搜出書單中。參卞僧慧撰，《呂留良年
　譜長編》（北京：中華書局，2003），頁375、379。雖然未見楊園後人在
　此案受牽累之記載，但其著作書板因此被燬，不能公開流傳，以至更難為
　外人得知，應在情理之中。
17 康熙年間刊刻之楊園著作，部分仍流傳於世，藏上海圖書館及南開大學圖
　書館，惜未得寓目。參看黃棠，《來燕榭讀書記》（瀋陽：遼寧教育出版
　社，2001），頁13-14。
18 按，乾隆末年刊刻的《四庫全書總目提要》（臺北：臺灣商務印書館，
　1983）曾著錄楊園著作《張考夫遺書》（4種5卷，《訓子語》、《經正

教育、風俗方面的嘉言懿行，整理成五部精簡扼要的教本，影響極大。而在乾隆四年（1739）刊行《養正遺規》補編中，選刊了楊園的〈澉湖塾約〉及〈東莊約語〉；乾隆七年（1742）的《訓俗遺規》中，則選刊了楊園〈訓子語〉及〈葬親社約〉。雖然陳氏僅選錄極少數楊園的作品，但有鑑於《五種遺規》是清代集宋明理學教育思想之大成者，對清代中後期社會教化有頗大的影響，《遺規》選錄楊園著作，實有助於楊園之學進入一般士人家庭的教育中。

　　然而這種選輯性質的教育類書籍，畢竟難以使學界得見楊園思想的全貌。而此種困境的改變，也從乾隆初年開始，楊園之學終於走出浙西一隅，向外傳播。在這個過程中，陳梓和祝洤（1702-1759）二人的貢獻最大。

　　在服膺楊園思想並以之做爲自己人生方向與道德實踐的指引後，陳梓論學大方向上即遵循楊園「尊朱闢王」的原則，同時堅持，若不究《春秋》大義，不重夷夏之防，不守出處藩籬，則實無真理學可言。[19] 然而，因爲陳梓堅守遺民身分，處於高壓的政治統治之下，其真實意見亦不敢於公開刊行的著作表露，故知者甚尠。除了個人思想特色和堅持遺民身分外，陳梓最大的貢獻在於守先待後，擔負傳承楊

　　錄》、《備忘錄》、《書簡》）一種。《提要》云書前有張蘭皋序。考張氏又名一是，字天隨，江蘇武進人，生平事蹟未詳，撰有《周易析疑》15卷，《四庫提要》存目著錄，有乾隆九年自序刊本。乾隆《武進縣志》卷10有張氏小傳，云其撰《周易析疑》一書歷五十餘年，卒年74。見潘恂等修，虞鳴球等纂，《武進縣志》，《江蘇府州縣志》，冊4，收入故宮博物院編，《故宮珍本叢刊》第90冊（海口：海南出版社，2001），頁347-348。乾隆《武進縣志》爲三十年刊本，可見張氏已卒。故張氏生活年代大抵橫跨康、雍、乾三朝，其序刊的《張考夫遺書》五卷本，或應在乾隆初年出版。然此書今已不可見，無法詳論。

19 參看林勝彩，〈盛世遺民──陳梓的理學思想與遺民心態〉。

園之學的責任。祝洤是海寧人,即因地緣之便,由陳梓處接觸到楊園
著作和思想,從此衷心服膺其學。祝氏認為楊園《備忘錄》一書,
「切於日用,補於輓近,不啻粟帛之療飢寒,鐘鏞之警聾瞶」,於是
仿朱子《近思錄》義例,采輯精要,編為《淑艾錄》14卷,於乾隆九
年(1744)刊行。[20]與陳梓僅在浙西各地處館的塾師身分不同,[21]祝洤
參加科考,並中乾隆元年舉人,於北上參加會試,或遊幕地方時,藉
由其人際網絡以傳播楊園學。而其中最重要的關鍵,則是藉由浙江學
政雷鋐(1697-1760)的支持來表彰楊園學。[22]

　　雷鋐是福建寧化人,年輕時肄業於鼇峰書院,受學於蔡世遠
(1682-1733)。蔡世遠與張伯行(1651-1725)、方苞(1668-1749)等
人過從甚密,也曾受學於李光地(1642-1718),是康、雍之際的理學
名臣。所以雷氏傳承的是福建的程朱理學傳統,這是他有利於宣揚楊
園學的第一重身分。其次,則是雷氏身為浙江學政,於任內大力提倡
理學,曾主持或協助刊刻陸隴其著作、《年譜》,及劉宗周(1578-
1645)、勞史(1655-1713)等理學家的遺著。由於祝洤的引介宣揚,
雷氏亦樂於表彰楊園之學。

　　現今可知乾隆年間刊行的楊園著作,除了由祝洤編選出版的《淑

---

[20]《淑艾錄》14卷本已不可見,今日流傳者,皆為收入《昭代叢書》中的一
　　卷本,參看祝洤輯,《淑艾錄》,收入四庫全書存目叢書編纂委員會編
　　(後略編者),《四庫全書存目叢書‧子部‧儒家類》第29冊(臺南:莊嚴
　　文化公司,1995),頁1b。

[21] 參看蔣威,《清代江南塾師與社會地位》,頁222-261。祝洤學行,可參錢
　　馥,〈祝人齋先生小傳〉,《小學盦遺書》,收入《叢書集成續編》第99冊
　　(上海:上海書店出版社,1994),卷4,頁725-726。

[22] 雷鋐於乾隆十五至二十一年間任浙江學政,參看錢實甫編,《清代職官年
　　表》(北京:中華書局,1980),頁2658-2662。

艾錄》，屬於輯本系統外，最早刊刻楊園完整著作，出現在乾隆十九
年（1754），由秀水人朱坤（1713-1772）[23]於蕭山教諭任內刊刻的楊
園全集。此一版本現已不可見，不過，雷鋐曾撰序表彰之：

> 先生著述，蜀山草堂初鋟板燬於火，所流傳者《初學備忘
> 錄》、《訓子語》二冊。……都門於同年傅謹齋（訏）處
> 獲覽海寧祝孝廉人齋（洤）所編輯，乃益信先生在前明爲
> 薛、胡之後勁，在我朝爲清獻之前矛。蓋先生少嗜姚江，
> 中師蕺山，卒歸於洛閩。……學術之雜至明季極矣，東林
> 而後，夏峰、二曲尚多騎牆，先生獨粹然一出於正。且身
> 處草野，日抱縷憂，荒江寂寞，惴惴念亂，其心固未嘗一
> 日忘天下也。學者讀是書，當思先生遭困阨流離，內治嚴
> 密，究心經濟，而終身韜晦，不自表襮如此。[24]

從雷鋐的序文可以看出幾個重點：首先，在朱坤發心刊刻楊園著作
前，雷氏在北京任官時，已由友人傅謹齋處，得見祝洤所編輯的楊園
遺書。其次，雷氏也接受清初浙西學者對楊園學術地位的普遍論斷，

---

23 朱筠撰〈博平縣知縣朱正甫先生墓誌銘〉云：「（朱坤）服習有宋諸儒之
言，而私淑于其鄉先正桐鄉張先生履祥，在蕭山嘗校刻楊園遺書。是時寧
化雷公鋐以副都御史提學浙江，先生及門稱弟子。及雷公請養歸，先生
與講論，往復于浙山閩水之間，斳斳儒者之風也。」朱筠撰，〈博平縣知
縣朱正甫先生墓誌銘〉，《笥河文鈔》，收入《清代詩文集彙編》編纂委員
會編（後略編者），《清代詩文集彙編》第366冊（上海：上海古籍出版
社，2010），卷2，頁51a-55a。朱坤有〈請學憲刊布楊園遺書崇祀書
院〉、〈覆學憲刪刻楊園遺書〉二文，與雷鋐論及刊刻楊園遺書及配食蕭
山朱子祠事。見朱坤，《餘暨叢書》，收入《四庫未收書輯刊》編纂委員
會編（後略編者），《四庫未收書輯刊》第10輯第18冊（北京：北京出版
社，1997），甲卷，頁1a-3b。
24 雷鋐，〈張楊園先生全集序〉，《經笥堂文鈔》，收入《清代詩文集彙編》
第285冊，卷上，頁28a-b。

以其爲明代朱子學者的代表，同時對陸隴其也有啓迪之功。點出楊園
與陸隴其學術上的關係，一者可以藉由本朝首先從祀孔廟的朱子學者
來提高楊園的地位；其次，則強調楊園「少嗜姚江，中師蕺山，卒歸
於洛閩」的學術轉變，與孫奇逢（1585-1675）、李顒（1627-1705）
等偏向陽明學者不同，是一位純粹的程朱學者。同時，提示楊園「其
心固未嘗一日忘天下」，意在將其遺民身分輕輕抹除。當然，強調楊
園與陸隴其學術上的關係，肯定不會被陳梓等楊園私淑者所接受；其
次，因呂留良案的影響，在乾隆朝提倡楊園之學，也必然會完全略去
他與呂留良的關係。

　　雷鋐在楊園全集序文中表達的觀點，即楊園一是純正的程朱學
者，二是陸隴其的先行者，基本上爲楊園學術地位定調，也爲後來宣
揚楊園學者所承襲。在傳播楊園學的歷程中，實居於關鍵地位。因爲
雷氏所據的官學地位，更有利於楊園著作的刊刻與學說的流傳。25

　　不過，此種機緣可遇而不可必得，楊園思想及著作的傳播，主要
還是依靠地方士紳的推廣。以朱坤爲例，主要仍是因爲地緣關係，透
過祝洤的介紹，獲讀楊園遺書進而尊崇其學。雖然僅有舉人的身分，
但就在蕭山教諭任上，朱坤第一次主持了楊園著作的刊刻事宜，同
時，這也是楊園之學第一次藉由官方的力量，進入「浙東」地區，頗
具代表意義。一者，清初推崇陽明學而專與朱子爲難的毛奇齡（1623-

---

25 雷鋐視學江浙時，撰有《校士偶存》二冊，〈處州示諸生〉云：「浙西之
　　桐鄉有楊園張先生，諱履祥，字考夫，自少屬志聖賢，不屑浮華組織，與
　　時士競短長。沉潛《小學》、《四書》、六經、性理諸書。其學恪尊程朱，
　　平生以農桑畜牧爲治生之本。稼書先生極推服之。今浙中學者亦咸知宗仰
　　之。」見周廣業，《循陔纂聞》，卷4，收入氏著，祝鴻熹、王國珍點校，
　　《周廣業筆記四種》（杭州：浙江古籍出版社，2013），冊上，頁137-138。

1716），即爲蕭山人；其次，雖然同爲蕺山門人，卻因爲對如何評價
蕺山思想、刊刻蕺山著作的不同認知，引發黃宗羲對楊園、惲日初
（1601-1678）、吳蕃昌（1622-1656）等人的不滿。[26]而張履祥也曾批評
黃宗羲乃「名士」而非儒者。[27]相對於張履祥謹守朱學，隱居鄉里，
黃宗羲則在浙東重舉證人會及講經會，收招弟子，推廣蕺山思想及經
史之學。顯現浙東與浙西間二種不同的學術取向及應世方式。乾隆年
間全祖望（1705-1755）撰〈子劉子祠堂配享廟碑〉，羅列蕺山弟子甚
眾，卻未見楊園之名，即引來批評，認爲謝山因爲私淑梨洲，對與梨
洲講學不合者皆有微詞，晚村不必論，楊園亦因此被擯於蕺山之門，
實出於門戶之見。[28]朱坤即因此上書雷鋐，請其將楊園入祀紹興蕺山
書院及嘉興鴛湖書院，以補闕典。

　　緊接朱坤刊行楊園著作，由嘉興士人朱芬（生卒不詳）主持的楊
園著作也在乾隆二十一年刊行，亦由雷鋐序其書。[29]據朱芬所言，雖

---

26 參考李紀祥，〈清初浙東劉門的分化及劉學的解釋權之爭〉，原發表於
　《第二屆國際莘學研究會議論文集》（臺北：中國文化大學，1992），後收
　入氏著，《道學與儒林》（臺北：唐山出版社，2004），頁369-414；王汎
　森，〈清初思想趨向與《劉子節要》──兼論清初蕺山學派的分裂〉，原發
　表於《中央研究院歷史語言研究所集刊》，68：2（南港，1997），頁417-
　448，又收入氏著，《晚明清初思想十論》（上海：復旦大學出版社，
　2004），頁249-290；林勝彩，〈清初蕺山學說傳播的歷程──兼論蕺山學
　派的分裂與一統〉，發表於「2013中央研究院明清研究國際學術研討
　會」，臺北：中央研究院明清研究推動委員會，2013年12月5-6日。
27 沈冰壺，〈張履祥〉，《國朝名賢小傳》（木蘭書屋鈔本，臺北國家圖書館
　藏），無頁碼。
28 全祖望，〈子劉子祠堂配享碑〉，《鮚埼亭集》，卷24，收入朱鑄禹彙校集
　注，《全祖望集彙校集注》（上海：上海古籍出版社，2000），頁443-
　449。謝山碑文撰於乾隆十三年（1748），朱氏引楊鳳苞（1757-1816）、嚴
　元照（1773-1817）批語，見頁443、448。
29 雷鋐，〈序〉，《楊園先生全集》卷首，收入《四庫全書存目叢書·子部·

然他曾寢饋於陸隴其的著作多年，但仍一知半解，茫然於入道之門，
乾隆七年自陳梓處得贈陳氏於康熙末年刊刻的《楊園先生文鈔》，方
覺言言切實近理，有所從入。其後並經由陳梓轉介，由祝洤處得到楊
園全集的鈔本，便先行刊刻《備忘錄》四卷，最後於乾隆二十一年刊
行全書。30

　　此刊本影本收錄在《四庫全書存目叢書》中，共分16種28卷，
包括《經正錄》、《願學記》、《問目》、《備忘錄遺》、《詩》、《書》、
《初學備忘》、《學規》、《訓子語》、《答問》、《門人所記》、《言行見
聞錄》、《近古錄》、《近鑑》、《喪祭雜說》、《農書》。因為所據為祝
洤刪輯本，詳細文字異同，有待考究。然而，大略而言，其中
《詩》、《書》二卷的內容，差異最大。同治年間重新整理的楊園《全
集》中，詩文集共有24卷，占全集篇幅最多，而朱芬刊本中所收楊
園詩文作品，僅得四卷，而且其中完全不見楊園與晚村往來的文
字。31甚至也對康熙刊本所收凌克貞序文動了手腳，將序文中提及晚
村的文字刪除。處在雍、乾時期的文字獄的壓力下，此種作為也是不
得不然。

　　雖然乾隆年間朱芬刊本稱不上楊園著作的全貌，不過，它卻是此

雜家類》第165冊，頁1a-2b。查雷氏《經笥堂文鈔》收錄楊園集序文二
　篇，一為朱坤刊本序文，一為朱芬刊本序文。然《文鈔》本所收朱芬刊本
　序文，與《楊園先生全集》卷首序文不同。考其內容，《全集》本撰述在
　前，《文鈔》在後，《文鈔》則未收前序。
30 朱芬，〈楊園先生遺書序〉，收入張履祥著，陳祖武點校，《楊園先生全
　集》（上），頁12-13。
31 大概不滿於通行朱氏刊本的缺漏，乾嘉時期學者間有蒐羅刊刻楊園文字的
　作為，如海寧陳敬璋（1759-1713）所編《楊園先生未刻稿》，共收入百餘
　篇。

後清代學人得以接觸楊園之學的基本讀物。就現今仍可查考的乾隆末年至同治年間的楊園著作刊本，多是以此為底本翻刻或刪輯而成，如乾隆四十七年、嘉慶二十三年平湖屈氏刊本，[32]道光二十一年（1841）貴州莫氏影山草堂本，[33]同治元年昆明楊氏所刊楊園集六卷刪輯本，[34]同治九年（1870）山東尚志堂刻本等。[35]從現今可知各種刊本的出版時間及地域而言，可見自乾隆初年以後，藉由浙西學人的努力宣揚，並由官方與民間合作，楊園學之學與著作，不僅逐漸走出浙西，並且遠播至貴州、雲南等西南省分，可見傳播之廣。

楊園著作的廣泛刊行，代表其人其學逐漸為學界所重視，也為深入認識其學提供了條件。藉由現今可以查考的楊園著作各種刊本序文，也可以得知各家刊行楊園著作的原因及推崇其思想的理由，如雷

---

32 乾隆四十七年刊本未見紙本，但日本內閣文庫藏本有電子版可供閱覽；嘉慶二十三年刊本雖尚存世，然亦未見，由同治十年楊園《全集》所收梁溪周鎬、桐城李宗傳（1765-1840）序文，可知其為乾隆四十七年刊本的重刊本。又，李宗傳《寄鴻堂文集》未見序文，實由徐熊飛（1762-1835）代撰，見徐熊飛，《白鵠山房文鈔》，收入《清代詩文集彙編》第470冊，卷1，頁3a-4a。

33 此刊本雖未見，然「影山草堂」為清儒莫友芝（1811-1871）藏書室，查莫友芝有〈校刊張楊園先生集敍〉，收入氏著，張劍等編校，《莫友芝詩文集》（北京：人民文學出版社，2009），冊下，頁570-571；鄭珍（1806-1864）亦有〈重刻《楊園先生全集》序〉，收入氏著，黃萬機等校點，《巢經巢詩文集》（上海：上海古籍出版社，2016），頁387-388。可確定此刊本為莫氏所刻。

34 此刊本亦未見，然查李文耕（1767-1838）《喜聞過齋文集》有〈輯抄張楊園先生文集序〉一文，可確定刊刻者及時間。詳見李文耕，〈輯抄張楊園先生文集序〉，《喜聞過齋文集》，收入《清代詩文集彙編》第474冊，卷5，頁3a-b。

35 此刊本亦未見，然刊本尚存，由網路訊息得知，此刊本應是清末名臣丁寶楨（1820-1886）任山東巡撫時所刻，尚志堂為丁氏所創尚志書院別稱。

鋐序文所代表者。但概括而言，處在乾隆年間「漢學」逐漸興起以至
鼎盛的時期，此種推崇大抵僅限於尊崇程朱理學的「宋學」學者圈
中，不管是理學官僚或楊園的私淑者。如乾隆三十五年，桑調元
（1695-1771）與沈廷芳（1711-1762）合編《切近編》一書刊行，收
錄朱子、張楊園、陸隴其及其師勞史的論學文字。勞氏乃浙東餘姚
人，一生未仕，躬耕自養，論學以朱子爲宗。認爲陽明之人品事功雖
足表率，但學說未爲平實，後學更漸躋入禪，與朱子之學遞傳皆無流
弊者不同，而楊園、稼書一脈相承，實得朱子之眞傳。[36]沈氏乃方苞
弟子，與雷鋐誼屬同門，亦私淑勞氏之學，故曾在山東濼源書院建朱
子祠，以楊園、陸隴其及勞史三人從祀。[37]由沈、桑二人的舉措，可
以看出楊園地位逐漸受到較多學者的肯定，同時，清代學者也企圖建
構本朝朱子學者傳承的系譜，而楊園則居於「清代」朱子學開山的地
位。當然，這與堅守遺民立場的浙西楊園私淑者的評價是截然不同
的。由此也可以看出，楊園著作在乾隆年間的刊刻與流傳，雖然使其
人其學進入公眾的視野，得到更多的注目與評價，但代價則是，其所
堅持的遺民身分逐漸爲後學所忽視或隱匿。

　　上海圖書館著錄沈炳垣編《張楊園先生寒風佇立圖題詞》抄本一
卷，雖未能親見此書，不過，查閱中國國家圖書館數字圖書館，可以
在線上閱讀此書的電子掃描檔。沈炳垣，原名潮，字漁門，號震滄，
生平事蹟不詳。此書收錄方薰（1736-1799）描繪的楊園寒風佇立圖
像，以及楊園致何商隱、祝鳳師書信二封。據書末所附沈氏撰寫的文

36 桑調元，〈餘山先生行狀〉，收入氏著，林旭文點校，《桑調元集》（杭
　　州：浙江古籍出版社，2016），第2冊，頁365-376。
37 沈廷芳，〈餘山先生遺書序〉，《隱拙齋集》，收入《清代詩文集彙編》第
　　298冊，卷37，頁15b-16b。

字說明（撰於嘉慶二十三年，1818），其家距楊園村僅四五里，幼年即崇拜楊園其人其學，後無意間於友人夏夢禪處得到此圖像，即妥爲裝冊，並抄錄蔣攸銛（1766-1830）〈分水書院祀張楊園先生碑記〉一文，以誌嘉慶年間桐鄉人士推動楊園奉祀分水書院的經歷，並遍徵同志題詠。爲此圖像撰寫題詠文字者有清末名臣，也有知名的學者文人，但以浙西地區的文人居多。[38]眾人撰寫題詠的時間，主要從嘉慶末年至道光年間。

　　從這份《題詞》抄本裡所收錄的題詠文字，可以得到幾點認識。首先，題寫詩文的人以浙西一地文人學者居多，沈炳垣即爲桐鄉人，此種鄉梓情誼，使其宣揚楊園學，進而愛重楊園遺物的心情，不同於其他地區的學者。所以，當地士紳在嘉慶六年聯合具詞祈請入祀楊園於桐鄉分水書院，雖然其事不果行，再於嘉慶十六年復申前請，終於成功。並請時任浙江巡撫的蔣攸銛爲文以記其事。[39]

---

38 依收錄次序：潘奕雋（1740-1830，吳縣人）、朱文治（1760-1845，餘姚人）、李遇孫（1865-？，嘉興人）、湯金釗（1772-1856，蕭山人）、梁章鉅（1775-1845，福州人）、錢儀吉（1783-1850，嘉興人）、宋咸熙（1766-？，仁和人）、朱方增（？-1830，海鹽人）、徐熊飛（1762-1835，武康人）、金衍宗（1711-1860，秀水人）、胡昌基（平湖人）、胡金勝、戈茂承、屈何炯（平湖人）、鄭勳（1763-1826，慈溪人）、王宗炎（1755-1826，蕭山人）、姚學塽（1766-1826，歸安人）、黃安濤（1777-1848，嘉善人）、陳用光（1768-1835，新城人）、汪廷珍（1757-1827，淮安人）、魏成憲（仁和人）、應時良（1784-1856，海寧人）、徐紹曾（海寧人）、朱馨元（平湖人）、沈銘彝（1763-1837，嘉興人）。按，沈炳垣收錄題跋至此。左宗棠（1812-1885，湘陰人）、譚獻（1832-1885，仁和人）二題，爲沈氏後人續收。楊園致祝鳳師、何商隱手札，爲沈氏後人續得之李遇孫、錢鹿門。此圖冊手札後來爲陶模（1835-1902，秀水人）所得，續收陶氏、金兆蕃（1869-1951，秀水人）、屈彊三人題記。前後共收30人題跋。

39 參蔣攸銛，〈分水書院祀張楊園先生碑記〉，收入沈炳垣編，《張楊園先生

　　其次，沈氏又提及，乾隆十七年，雷鋐於學使任內曾於楊園之墓
題寫「理學眞儒」碑，然因年湮日遠，已傾倒且中斷；嘉慶末年，桐
鄉縣令黎恂（1785-1863）復捐俸修復。黎恂乃貴州遵義人，爲鄭珍
（1806-1864）舅父，鄭珍與莫友芝（1811-1871）皆曾從學，鄭氏幼
年從黎恂處得見楊園著作，其後與莫友芝於貴州刊刻楊園著作，淵源
於此。[40]而黎氏任桐鄉縣令時，即舉楊園《願學》、《備忘》諸篇教
士，告以「士學程朱，必似此眞實體驗，始免金溪、姚江高明之
弊。」[41]可以看出，楊園之學對桐鄉一地教育、文化所產生的影響。

　　比較獨特的是，在表彰楊園之學時，部分學者也表彰其遺民的身
分。如梁章鉅稱楊園乃「勝國遺民中之躬行君子」，錢儀吉稱其爲
「盛朝之逸民」，宋咸熙則指出：

　　（楊園）獨居窮村，爲居敬窮理之學，躬行實踐，垂數十
　　年。當是時，聖天子應運而興，求賢若渴，其大臣宰相復
　　皆有爲聖賢之資，亟亟焉以汲引眞才爲事。使先生稍移其
　　節，出爲世用，與陸清獻何異？迺自以爲明諸生，布衣幅
　　巾，戢門謝客，不受人知，且惟恐被人知，辛甘窮餓以
　　死。寒風佇立圖之作，殆先生自表其志歟！[42]

寒風佇立圖題詞》（中國國家圖書館藏）中，未標頁碼。下文引及此《題
詞》抄本，不另標示；蔣攸銛編，蔣霴遠註，《繩枻齋年譜》，收入北京
圖書館編（後略編者），《北京圖書館藏珍本年譜叢刊》第130冊（北京：
北京圖書館出版社，1998），頁39-40。

40 鄭珍，〈重刻《楊園先生全集》序〉，收入氏著，黃萬機等校點，《巢經巢
　　詩文集》，頁387-388。

41 參鄭珍，〈誥授奉政大夫雲南東川府巧家廳同知舅氏雪樓黎先生行狀〉，
　　收入氏著，黃萬機等校點，《巢經巢詩文集》，頁501-506。黎氏於嘉慶二
　　十至二十四年間任桐鄉縣令。

42 沈炳垣編，《張楊園先生寒風佇立圖題詞》，無頁碼。

楊園若於清初出仕，是否即能得大用，已不可知。但宋氏認為，楊園不肯折節出仕，甘願窮餓以死，此種節操特別值得表彰。故在其任桐鄉教諭期間編纂的《桐溪詩述》一書的〈楊園小傳〉中，宋氏特別申明：

> 先生為明諸生，入國朝隱居不仕，自是明之遺老。府縣志及《輶軒錄》俱入本朝，非也。今依《明詩綜》，仍作明人。[43]

以楊園堅守遺民的身分而言，內心自然仍以明人自居。但以清人而論清初人物，其實完全可模糊此點，甚至避去不談。但宋氏不僅標舉楊園堅守寒風獨立的遺民志節，在編纂桐鄉歷代詩人著作時，更將楊園列入明人卷中，且特別加以申說，並指出《嘉慶府志》、《桐鄉縣志》及阮元（1764-1829）主編《兩浙輶軒錄》的錯誤，不能不說是頗為大膽的舉措。而圖冊中所錄應時良題詩更進而論到：

> 勝國張夫子，名儒不得官。幸留殘粉墨，爭睹古衣冠。畫裏神猶王，風前影獨寒。愧他漸滅者，袍笏立朝端。[44]

「幸留殘粉墨，爭睹古衣冠」，因在此幅圖像中，楊園乃著明人冠服，並未薙髮。[45]而「愧他漸滅者，袍笏立朝端」一句，則似隱約反諷

---

43 宋咸熙編錄，《桐溪詩述》（傅斯年圖書館藏，嘉慶25年桐鄉學署刊本），卷3，頁17b。此書收錄宋至清代中期桐鄉邑人詩作，共24卷，按朝代分卷，卷1宋元，卷2、3明，卷4至18以下收清代人詩作，卷19方外，卷20閨秀，卷21流寓，卷22名宦，卷23、24留題。
44 沈炳垣編，《張楊園先生寒風佇立圖題詞》，無頁碼。
45 錢儀吉題詞云：「盛朝之逸民，丹顏而白髭，布衣幅衣，獨立不懼」，「幅巾」亦為明人頭飾。題詞又云：「方曳筇於紫雲之山，抑懷友於語谿之濱」，「紫雲」、「語谿」雖為地名，然楊園友人何汝霖居澉浦紫雲村，學者稱紫雲先生，呂留良居石門縣語溪鎮，故亦可為二人代稱。可見嘉慶年間，政治控制力應已較為緩減，故學者詩文表達便不那麼謹小微慎。

宋氏所云清初「大臣宰相復皆有為聖賢之資」之說。故汪廷珍題詞亦云：「士君子於取舍出處一關，未能卓然自立，縱復高論天人，侈譚匡濟，皆孔子所謂未足與議者耳。」[46] 雖然諸人皆因應「寒風佇立圖」，隨題發揮，意在闡揚表彰楊園之志節，然有意無意之間，仍然觸及遺民出處及夷夏議題，值得留意。[47]

　　從乾隆年間，雷鋐表彰楊園之學，並以「理學真儒」表其墓，至嘉慶六年，桐鄉縣令李廷輝修楊園舊祠，立主崇祀；十六年，浙江巡撫蔣攸銛入祀楊園於桐縣青鎮分水書院；二十二年，桐鄉縣令黎恂重修楊園墓、碑，教諭宋咸熙立楊園祠於縣學宮；二十三年，平湖屈氏刊本楊園集重新刊行。可知浙西地區對楊園的尊崇與紀念活動，並未間斷，桐鄉學者沈炳垣亦串連各地文人學士，以詩文題詠方式表彰楊園其人其學。而桐鄉學者開始有意推動楊園從祀孔廟，沈銘彝題詩云：

> 宋時蔡九峰，元明有趙（仁甫）胡（敬齋），皆以布衣
> 子，兩廡牲牢俱。盛德百世祀，古語洵不誣。楊園儻位

---

46 沈炳垣編，《張楊園先生寒風佇立圖題詞》，無頁碼。

47 此可以道光年間，張穆編《顧亭林先生年譜》之例做對比。張《譜》卷首刻有顧炎武小像一幅，畫中亭林著明代衣冠，明顯是老年形象，然卻題「亭林先生中年以前小像」，此舉引起王筠批評：「首一葉題曰：『亭林先生中年以前小像』，所謂此地無銀三百兩者，此之謂也。石州苦湊出『中年以前』四字，為冠服地道耳，可謂拙矣。……蓋高宗朝賜前明死事諸臣諡，立《貳臣傳》，大義如炳矣。即便今日有中風狂走之人，吠先生于朝，亦必無他應，石州枉費心機也。」王筠，《顧亭林年譜校錄》，收入山東文獻集成編纂委員會編，《山東文獻集成》第2輯第13冊（濟南：山東大學出版社，2007），頁820。參看段志強，《顧祠——顧炎武與晚清士人政治人格的重塑》（上海：復旦大學出版社，2015），頁47-50。

置，允矣眾論孚。[48]

沈氏以蔡沈、趙復、胡居仁等前代儒者，生前雖皆未曾出仕，然身後皆能從祀孔廟，故援前例，認為楊園亦具備從祀孔廟的資格。魏成憲題詞則云：

> 數十年來，彬彬然質有其文之士，大率尚許鄭之訓詁，或掇拾揚班之藻采，求其私淑艾於宋五子以闚□聖賢堂奧者，寥寥無人。顧念蕺先生已得旨從祀，兩廡頃又推及睢陽湯文正公，崇尚理學之會，吾知潛惠遞光，慎取舍，嚴幽獨，以檢束身心為作聖之基，聞楊園先生之風而興起者，或又在乎山澤之癯與！[49]

劉蕺山從祀孔廟在道光二年，湯斌則在三年，可知魏氏題詞撰於道光二、三年間。文中感慨數十年來因乾嘉漢學的盛行，導致理學之風衰微，希望藉由提倡表彰楊園其人其學，以振興理學。楊園若能在蕺山、潛庵之後，亦得從祀孔廟，對學風之轉變，當有正面的影響。可知嘉慶末年以來，雖然浙西地區學者已出現推動楊園從祀孔廟的意向，然而至道光初年皆未有實際的作為。李遇孫（1674-1844）《校經廎自訂年譜》道光十三年（1833）條記載：

> 學使少宗伯陳公用光……講明理學，一以朱子為宗，託購張楊園先生《年譜》、《文集》、陸清獻《三魚堂剩言》等書。有陳請楊園先生從祀廟廡之意。[50]

文中所指陳用光（1768-1835），為江西新城人，師從姚鼐（1735-

---

48 沈炳垣編，《張楊園先生寒風佇立圖題詞》，無頁碼。
49 沈炳垣編，《張楊園先生寒風佇立圖題詞》，無頁碼。
50 李遇孫編，《校經廎自訂年譜》，收入《北京圖書館藏珍本年譜叢刊》第128冊，頁442-443。

1815），爲桐城派著名學者。據李遇孫所記，陳氏在道光年間任浙江學政時，亦有意奏請楊園從祀孔廟。而在沈炳垣所編《題詞》冊中，亦收錄陳用光題文。陳氏在文中回憶到：

> 人齋先生（祝洤），先大父凝齋（陳道，1707-1760）府君畏友也。用光少時，先山木舅氏（魯九皋，1732-1794）嘗舉人齋所爲《淑艾錄》授余讀，余因求得楊園全集讀之，三十年以來，服膺弗失也。項官司業，嘗因御史奏請從祀戢山，而欲申王士正（禎，因避諱而改）以月川（曹端，1376-1434）、楓山（章懋，1437-1522）、涇野（呂柟，1479-1542）諸先生從祀之請，又欲援徵絳州辛全遺書例，徵求楊園遺書，備乙夜觀覽。其事未果上。[51]

可知陳用光因家學關係，從祝洤著作得知楊園之學，服膺多年，故任國子司業時，除了有意效法清初王士禎（1634-1711）於國子監祭酒任內建請曹端、章懋、呂柟等人從祀孔廟外，並欲爲國子監徵求楊園遺書，使楊園之學能進入官學體系；而於道光年間任浙江學政時，更有意奏請楊園從祀孔廟。雖然陳用光最後未將其想法付諸實行，但其身爲嘉道年間著名學者、官員，同時又是桐城派的健將，對道光以後楊園學的推廣，及最終於同治年間從祀孔廟的影響，皆超過浙西一地的學者。[52]

---

51 沈炳垣編，《張楊園先生寒風佇立圖題詞》，無頁碼。

52 陳用光在浙江學政任內，命人尋訪黃宗羲、百家父子及全祖望等編纂的《宋元儒學案》，影響及道光年間《宋元學案》的編刻出版，也代表晚清的理學復興的一個面相。參看張藝曦，〈史語所藏《宋儒學案》在清中葉的編纂與流傳〉，《中央研究院歷史語言研究所集刊》第80本第3分（臺北，2009），頁451-505。此處訊息，感謝審查者的指點。

　　以上由文獻探索的方式，查考楊園著作在乾嘉年間刊刻及流行的
狀況，觀察楊園如何由浙西一地逐漸進入其他地區及所引發的反響。
然而在乾隆末年刊行的《四庫全書總目提要》中，雖然著錄了《楊園
全書》，卻將其歸入「雜家類」存目中，原因在於認為《全書》「雖
然多儒家之言，而《近古錄》、《見聞錄》等率傳記之流，《農書》又
農家之流，言非一致，難以概目曰儒家，故著錄於雜家類。」[53]從《提
要》的評論中可以看出，在當時漢學家聚集的四庫館中，楊園僅被視
為一「專意程朱，立身端直，鄉黨稱之」的理學家，雖然未見負面的
評價，然亦未見特出，與清代宋學家及楊園私淑者的評價截然有別。

　　同樣的現象，也可見於嘉慶十五至十七年間，阮元主持編纂的國
史《儒林傳擬稿》中。[54]楊園名列傳稿中，表示已被認可足以進入清
代國史重要儒者之列。然楊園僅位列以陸世儀（1611-1672）為代表
的附傳中，同傳中尚包括沈昀（1618-1680）、沈國模（1575-1656）、
劉汋（1613-1664）等人。從楊園於擬傳中所居位置來看，顯示自清
初以來對楊園學術地位的崇高評價，並未為阮元所接受，且對楊園思
想的實際，恐怕也並未深究，故將其與晚明著名王學傳人沈國模同
傳。《儒林傳擬稿》中標示楊園傳記文字來源於《楊園集》、祝侃
（按，疑是「洤」）所撰之傳、《二林居集》，而對楊園學行的評價，

---

53 永瑢、紀昀等撰，《四庫全書總目提要・子部》第3冊（臺北：臺灣商務
　　印書館，1983），頁842。乾隆末年刊刻的《四庫全書總目提要》共著錄
　　楊園著作四種，包括祝洤所輯《淑艾錄》、《補農書》、《張考夫遺書》及
　　《楊園全書》34卷。從細目來看，《楊園全書》恐計算有誤，應僅有19卷。
54 阮元於嘉慶十七年後交出所擬之傳稿，然在其後史館續纂的活動中，傳稿
　　內容遞有變化，狀況頗為複雜。參看黃聖修，〈清兩卷本《國史儒林傳》
　　考述──兼論道光二十四年以前〈儒林傳〉稿本之變化〉，《故宮學術季
　　刊》，29：4（臺北，2012），頁227-252。

則取之《四庫提要》所評，即其早年從蕺山聞慎獨之學，「晚乃專意
程朱，立身端直，鄉黨稱之」云云。雖然意主公正，但也讓人感覺僅
是聊備一格。

　　同時期江藩（1761-1831）編纂《國朝漢學師承記》一書，總結
清初至乾嘉時期漢學的發展，著力表彰清朝重要的漢學家，於嘉慶二
十三年（1818）刊刻出版。刊行後雖獲好評，然亦引來批評，故江藩
又續編《國朝宋學淵源記》，以示調停，於道光二年（1822）刊行。
楊園亦列入《宋學淵源記》下卷南學者中，然查對楊園傳記文字，可
知其一字不漏地抄錄自彭紹升（1740-1796）所撰《儒林述》中的楊
園傳記。阮元於編纂《國史儒林傳》時，在相關傳記文字下都注明取
材來源，以示不敢杜撰，而據學者考證，江藩在編纂《漢學師承記》
與《宋學淵源記》時，亦有其史料來源。[55] 然而乾隆至道光年間，楊
園著作已刊行多時，相比《儒林傳稿》，江藩並未多加取材，有所擴
充，除了顯現其對宋學家的輕視態度外，也顯示其撰述《宋學淵源
記》時的塞責心態。[56]

55　參看戚學民，《阮元〈儒林傳稿〉研究》（北京：三聯書店，2011），及江
　　藩纂，漆永祥箋釋，《漢學師承記箋釋》（上海：上海古籍出版社，2013）
　　二書。
56　江藩於《宋學淵源記》卷首云：「漢興，儒生攟摭群籍於火燼之餘，傳遺
　　經於既絕之後，厥功偉哉！東京高密鄭君集其大成，肆故訓，究禮樂。以
　　故訓通聖人之言，而正心誠意之學自明矣；以禮樂為教化之本，而修齊治
　　平之道自成矣。……非漢儒傳經，則聖經賢傳久墜於地，宋儒何能高談性
　　命耶！」江藩著，鍾哲整理，《國朝漢學師承記》（附《國朝經師經義目
　　錄》《國朝宋學淵源記》）（北京：中華書局，1983），頁153，可見其意
　　嚮。故伍崇曜批評：「鄭堂專宗漢學，而是書記宋學淵源，臚列諸人，多
　　非其心折者，固不無蹈瑕抵隙之意。」參江藩著，鍾哲整理，《國朝漢學
　　師承記》（附《國朝經師經義目錄》、《國朝宋學淵源記》），頁191。

　　所以觀察乾嘉時期《四庫全書總目提要》、《國史儒林傳稿》至道光初年《國朝宋學淵源記》對楊園學行的記述及評價，可以看出，雖然楊園由浙西一地的遺民學者，終於進入官方學術的視野，然而相比於楊園著作在地方流傳所引起的反響，評價落差頗大。這不僅顯示乾嘉時期漢、宋學術力量與話語權之差異，也顯示楊園要進入國家孔廟殿堂之路，尚有遙遠的距離，而嘉慶年間的浙西學者，也為縮短這段距離，持續努力。

四、道光、咸豐年間：菁英階層的推崇

　　在敘述楊園學於道光、咸豐年間的流衍及學者推動其崇祀孔廟的狀況前，首先略述此一時期清代國勢之轉變及漢、宋學消長的概況，以做為楊園學興起之政治與學術背景。

　　乾隆一朝為清代全盛時期，清高宗至以十全武功自誇，然其晚年荒於遊宴，吏治敗壞，滋生變端，國勢乃漸衰。就其大者而言，乾嘉年間有湖南貴州苗亂、蔓延五省的白蓮教之亂及畿輔教匪，更甚者有天理教徒攻入紫禁城之役。[57] 故自乾隆末年至嘉慶年間，陸續出現學者批評時政、吏治及學風者，研究者甚至以嘉慶年間天理教事件為清代中葉文化政策轉變及學術轉向之關鍵時刻。[58] 近人錢穆（1895-1990）論及嘉道時期士習學風，有如下的論述：

　　　　嘉道之際，在上之壓力已衰，而在下之衰運亦見。漢學家

57　孟森編著，吳相湘校讀，《清代史》（臺北：正中書局，1984），頁285-322。
58　參看張瑞龍，《天理教事件與清中葉的政治、學術與社會》（北京：中華書局，2014）。

> 正統如阮伯元、焦里堂、凌次仲,皆途窮將變之候也。起
>
> 而變之者,始於議政事,繼以論風俗,終於思人才,極於
>
> 正學術,則龔定庵、曾滌生、陳蘭甫其選也。[59]

大體而言,與國勢相表裡,乾嘉亦為清代漢學全盛而浸至衰微的時
期,除了漢學陣營中重要學者,如凌廷堪(1757-1809)、焦循(1763-
1820)、阮元等人對考據學風之弊病有所反省外,宋學陣營中,如姚
鼐、方東樹(1772-1851)等人,對漢學的批評更為激烈。姚鼐曾批
評說:

> 近士大夫侈言漢學,只是考證一事耳。考證固不可廢,然
>
> 安得與宋大儒所得者並論?世之君子,欲以該博取名,遂
>
> 敢於輕蔑閩洛,此當今大患,是亦衣冠中之邪教也。[60]

姚惜抱論漢學之弊病,將其與乾嘉年間之教亂相連結比附,頗符合傳
統學者論學術、風俗、政治一貫之邏輯。然而,與乾嘉時期還能維持

---

59 錢穆,《中國近三百年學術史》(臺北:臺灣商務印書館,2019,臺三
　　版),頁15。論道咸以下學風轉變的著作頗多,除前引孟森、錢穆、張瑞
　　龍等人著作外,尚可參考史革新,《晚清理學研究》(北京:商務印書
　　館,2007)、《晚清學術文化新論》(北京:北京師範大學出版社,
　　2010);張昭軍,《清代理學史》(下卷)(廣州:廣州教育出版社,
　　2007);羅檢秋,《嘉慶以來漢學傳統的衍變與傳承》(北京:中國人民大
　　學出版社,2010);田富美,《清代中晚期理學研究——思想轉化、群體建
　　構與實踐》(臺北:萬卷樓圖書公司,2018);唐屹軒,〈清嘉道咸時期士
　　人的時代關懷〉(臺北:國立政治大學歷史學系博士論文,2013)。

60 姚鼐著,盧坡點校,《惜抱軒尺牘》(合肥:安徽大學出版社,2014),頁
　　18-19。惜抱弟子姚瑩亦云:「竊歎海內學術之散久矣!自四庫館啟之後,
　　當朝大老皆以考博為事,無復有潛心理學者,至有稱誦元明以來儒者,
　　則相與誹笑。是以風俗人心日壞,不知禮義廉恥為何事!至於外夷交侵,
　　輒皆望風而靡,無恥之徒,爭以悅媚夷人為事,而不顧國家之大辱,豈非
　　毀訕宋儒諸公之過哉?」見姚瑩著,施立業點校,《姚瑩集》(合肥:安
　　徽教育出版社,2014),頁378。

太平之世的假象不同，道光咸豐年間，除了爆發橫跨東南半壁的太平天國之亂外，尚出現西方列強之外患，在內外交逼之下，大清帝國已處於風雨飄搖之勢。蔣琦齡（1816-1875）於同治元年上〈進中興十二策疏〉，回顧道咸以來國勢之衰頹、人心風俗之敗壞，推究其因在於漢學盛行，正學不明：

> 世之治亂原於人心風俗，人心風俗原於教化，教化原於學術。正學不明，欲以施教化厚風俗致太平，必不可得矣。是學術者，政教之本也。……乾隆文治日盛，好古力學之士，益以考訂博洽相尚，厭性理之空談，以記誦為實學。中葉開四庫之館，紀昀等司其事，鈞元提要，凡遇宋儒之書，必致不滿之詞，微詞譏刺，於濂洛關閩為尤甚。風尚所趨，於是乾嘉以還，遂以宋儒為詬病，性理道學，群相鄙夷，偶一及之，藉供笑柄。……蓋周程張朱之學，至是或幾乎熄矣。……講求既精，反躬無毫末之涉。文為制度，宜於古或不可用於今。束髮受書，至於槁項，討論精詳，臨事不獲一用。夫洽聞殫見，著作等身，乃於天理民彝之實、身心家國之要，漠然初未介意，概乎其未有聞，此可謂之學也哉？宜夫世教衰微，人才匱乏，士無氣節，民不興行，陵遲流極，以有今日。[61]

姚、蔣二氏的言論雖然有繁簡之別，但以「學術為政教之本」的觀念則相通。差別者，一在野，一在朝；一為民間學者慨歎宋學衰微之

---

61 蔣琦齡，《空青水碧齋文集》，收入《清代詩文集彙編》第664冊，卷2，頁57a-58b。震鈞也認為：「本朝學術之歧，實四庫館階之屬。直至咸豐間，遂有天下不亂於粵匪，而亂於漢學之說。」見氏著，《天咫偶聞》（北京：北京古籍出版社，1982），頁168。

患，一爲廟堂翰林追原國勢衰微之因，而皆以乾嘉時期漢學盛行爲致
禍之源。此種將政治良窳、朝代興衰與學術連結的思維模式，其實與
以往漢學家批評宋明理學空虛無用，陽明學應爲明代滅亡負責的論調
類似，差別在於時移勢異，現在乾嘉漢學成爲學者批評檢討的對
象。[62] 故在朝野學者相繼批評漢學盛行後所顯現之弊病，從而提倡宋
學之復興，便成爲振興清朝政教衰微的解方。方宗誠（1818-1888）
曾論及道光年間程朱理學復興的景況：

> 嘉道間，海內重熙累洽，文教昌明，而闇然爲爲己之學，
> 兢兢焉謹守程朱之正軌，體之於心，脩之於身，用則著之
> 爲事功，變則見之於節義，窮則發之於著述，踐之於內
> 行，純一不雜，有守先待後之功者，聞見所及，約有數
> 人：長白倭文端公（仁，1804-1871）、霍山吳竹如先生
> （廷棟，1793-1873），官京師時，與師宗何文貞公（桂
> 珍，1817-1855）、湘鄉曾文正公（國藩，1811-1872）、羅
> 平實蘭泉侍御（㙇，1807-1865），日從善化唐確愼公
> （鑑，1778-1861）講道問業，不逐時趨。其時在下位者，
> 則有湘鄉羅羅山先生（澤南，1807-1856）、桐城方植之
> （東樹）先生、永城劉虞卿（廷詔，?-1856）先生，俱無
> 所師承，而砥節礪行，爲窮理精義之學。……是皆大有功

---

62 曾國藩對此種批評便抱持質疑的態度：「曩者良知之說，誠非無蔽，必謂
其釀晚明之禍，則少過矣；近者漢學之說，誠非無蔽，必謂其致粵賊之
亂，則少過矣。」見氏著，〈孫芝房侍講芻論序〉，收入曾國藩著，王澧華
校點，《曾國藩詩文集》（上海：上海古籍出版社，2005），頁301。孫鼎
臣（字子餘，號芝房，1819-1859）是當時抱此種主張的代表人物。

於道教者也。63

方氏此處所述，在上位者以唐鑑爲首，在北京朝士間興起的理學實踐團體；在下講求宋學者，則遍布湖南、河南、安徽等地區，而對道咸以下宋學興起有大功者，厥爲姚惜抱弟子方東樹。相較於江藩在嘉慶末年撰述《國朝漢學師承記》以表彰漢學，方東樹在道光年間撰述刊行《漢學商兌》一書，與江藩正面交鋒，64是清代漢、宋學消長最具象徵意義的一件事。方氏弟子方宗誠給予此書高度的評價：

> 時學者崇尚漢學，攻訐程朱，多虛誣之辭，而其人又皆高才博學，負天下重望者。先生乃取漢學諸人之謬，及其誣程朱者，一一辨之，考證詳晰，名爲《漢學商兌》，於是漢學之氣焰始衰。雖崇尚之者，亦無敢公然詆毀矯誣矣。嘉道間海內著述有功於聖道者，以此爲第一。65

清末李慈銘（1830-1895）雖然於姚鼐、方東樹師弟子對乾嘉漢學的抨擊頗不以爲然，但亦不能不承認《漢學商兌》一書刊行後對漢學學風的嚴重打擊：

> 東樹字植之，曾遊阮文達（元）之門，頗究心經注，以淹

---

63 詳見《何文貞公遺書》中所收的方宗誠〈校刊何文貞公遺書序〉一文。何桂珍，《何文貞公遺書》，收入《清代詩文集彙編》第667冊，頁1a-2b。

64 張星鑑於〈贈何願船序〉中引何秋濤語云：「（江藩《漢學師承記》）特立一漢學之名，宋學家群起而攻之矣，《漢學商兌》所由作也。」又引申云：「甘泉江氏鄭堂憫漢學之否塞也，著《國朝漢學師承記》爲學者圭臬，而方東樹習聞鄉先達（按，指姚鼐）之言，著《漢學商兌》一書，自詡有功名教，其實不過與江氏爲仇敵。」詳見氏著，〈贈何願船序〉，《仰蕭樓文集》，收入《清代詩文集彙編》第676冊，頁14b。代表時人對方東樹撰述《漢學商兌》動機的一種看法。

65 見方宗誠，《柏堂師友言行記》，卷1，引自方東樹纂，漆永祥彙校，《漢學商兌》（北京：北京聯合出版公司，2017），頁336。

洽稱，而好與漢儒爲難。著《漢學商兌》一書，多所彈
駁，言僞而辨，一時漢學之燄，幾爲之熄。66

李氏「漢學之燄，幾爲之熄」說容有誇大之嫌，但與方氏「漢學之氣
燄始衰」說也僅有程度之別，可見方東樹在《漢學商兌》中全面系統
地批評乾嘉漢學，確實是道咸以下漢宋學消長的關鍵性事件。67然而
方東樹對道光年間學風的影響不僅在於貶抑漢學、扶持宋學，還更在
於宋學中嚴格分辨程朱、陸王之異。68方氏弟子鄭福照（1832-1876）
在所編《方儀衛先生年譜》中說方東樹：「既著《漢學商兌》，又慮
漢學之變將爲空談性命，不守孔子下學上達之序，乃著〈辨道論〉、
《跋南雷文定》，以砭姚江、山陰牴牾朱子之誤。」69方東樹在〈辨道

---

66 見李慈銘著，由雲龍輯，《越縵堂讀書記》（上海：上海書店出版社，
　　2000），同治癸亥（1863）正月十七日，《援鶉堂筆記》條，頁780。李氏
　　亦曾批評姚鼐及桐城派云：「蓋姚姬傳雖講求經術，然頗爲異論。以後桐
　　城、宛陵及江右新城空疎謬妄之學派，實自姬傳開之，若方東樹、陳用
　　光、梅曾亮尤其著也。」（同治壬戌〔1862〕3月1日，《樹經堂遺文》條，
　　頁1052）；「桐城學派實開近世空疎之弊。」（同治壬戌〔1862〕3月20
　　日，《援鶉堂筆記》條，頁778）可見在仍堅守漢學學者的心目中，姚鼐
　　開啓的桐城學派對晚清漢宋學風消長的影響。姚鼐與乾嘉漢學間的關係，
　　可參看王達敏，《姚鼐與乾嘉漢學》（北京：學苑出版社，2007）一書。
67 參看王汎森，〈方東樹與漢學的衰退〉，《中國近代思想與學術的系譜》
　　（臺北：聯經出版公司，2005），頁3-22；田富美，〈方東樹反乾嘉漢學之
　　探析〉，《乾嘉經學史論——以漢宋之爭爲核心之研究》（臺北：文史哲出
　　版社，2013），頁17-60。
68 參看何威萱，〈方東樹的理學觀及其宋學立場再探——以《跋南雷文定》
　　爲討論中心〉，《臺大文史哲學報》，86（臺北，2017），頁45-85。
69 鄭福照，《方儀衛先生年譜》，收入方東樹，《方東樹集》（臺北：大地出
　　版社，2017），頁448。據鄭氏之說，〈辨道論〉與《跋南雷文定》皆撰於
　　《漢學商兌》成書之後。據漆永祥考訂，《漢學商兌》撰於道光6年前後，
　　有部分成稿，此後不斷增改，於道光十一年，與方氏《書林揚觶》同刊
　　（參方東樹纂，漆永祥彙校，《漢學商兌》，頁15-17）。姚瑩於《書林揚

論〉中說到：

> 今時之敝，蓋有在於是者，名曰「攷證漢學」。其爲說以
> 文害辭，以辭害意，棄心而任目，刓敝精神而無益於世
> 用。其言盈天下，其離經畔道，過於楊墨佛老。然而吾姑
> 置而不辨者，非爲其不足以陷溺乎人心也，以爲其說麤，
> 其失易曉而不足辨也。使其人稍有所悟而反乎己，則必翻
> 然厭之矣。翻然厭之，則必於陸、王是歸矣。……方其爲
> 漢學攷證也，固以天下之方術爲無以加此矣；及其反己而
> 知厭之也，必務銳入於內。陸、王者，其說高而可悅，其
> 言造之之方捷而易獲，人情好高而就易，又其道託於聖
> 人，其爲理精妙而可喜。……如此，則見以爲天下之方術
> 眞無以易此矣。……吾爲辨乎陸王之異以伺其歸，如弋者
> 之張羅於路歧也，會鳥之倦而還者，必入之矣。[70]

理學中程朱、陸王的異同與爭端，一直是學術思想史上的重要議題。
程朱理學，尤其是朱子學雖然因爲清代漢學家的抨擊而被冷落輕忽，
但畢竟是清代官學的代表，仍能在士人教育中維持某種程度的重要
性。相較而言，清代中葉以降，提倡陸王學者則是屈指可數，方東樹
在此時撰文批評陸王及劉宗周、黃宗羲之學，表達對「漢學之變將爲
空談性命」的憂慮，不禁讓人覺得訝異。但若與同時稍後的羅澤南
《姚江學辨》（道光二十四年［1844］）、何桂珍的《續理學正宗》（道
光二十四年［1844］）、唐鑑《國朝學案小識》（道光二十五年

𡭊》一書題辭云：「〈辨道論〉爲域中有數文字，此與《漢學商兌》尤域
中有數書也。」見方東樹，《書林揚觶》（臺北：成文出版社，1978），卷
首，頁1，則〈辨道論〉似應爲同一時期的作品。

70 方東樹，《方東樹集》，頁4。

[1845])、劉廷詔《理學宗傳辨正》（同治十一年 [1872]）等書編纂
的用意相比，則可以看出方東樹的先見之明。

　　道光年間，程朱理學雖有復甦之勢，然而部分學者主張朱陸兼採
與調和的論調，也引起堅守程朱學者的警覺，故而在批評漢學、提倡
程朱學之際，也提醒學界不要重蹈陸王之學的老路。[71] 故除了延續漢
宋學的爭端外，這些著作更著眼於嚴辨程朱、陸王之異同，進而欲建
立清代程朱理學的系譜。而其中最有代表性的著作，則是唐鑑的《國
朝學案小識》。[72] 唐鑑是道光年間在朝提倡程朱理學的領袖人物，《學
案小識》全書共 15 卷，雖分「傳道」、「翼道」、「守道」、「經學」、
「心學」五大類別，但前三者依學者與程朱學關係的重要性而劃分等
第，性質相近，可合爲「道學」學案，共分 11 卷，而清代漢學家與
陸王學者，則被歸入「經學」、「心學」二案，僅占 4 卷，位於全書之
末。雖然稱許其書者，認爲唐鑑「純從衛道辨學起見，而不參以愛憎
黨伐之私」，[73] 然而出版後，頗引起學者的批評，如李元度（1821-
1887）說到：

　　　　見惠《學案小識》，……窮日夜讀之，嘆作者信道篤，持
　　　　論堅峻，可爲正宗。然有不概於心者，亦不敢附和也。是

---

[71] 參看史革新，《晚清學術文化新論》，頁 64-94；張昭軍，《清代理學史》
　　（下卷），頁 274-351。

[72] 關於唐鑑《國朝學案小識》的簡要評述，可參看陳祖武，《中國學案史》
　　（臺北：文津出版社，1984），頁 228-238。

[73] 沈維鐈，〈國朝學案小識序〉，收入唐鑑著，李健美校點，《唐鑑集》（長
　　沙：嶽麓書社，2010），頁 258。倭仁也認爲：「唐敬楷先生《學案小識》
　　一書，以程朱爲準的，陸王之學概置弗錄，可謂衛道嚴而用心苦矣。」見
　　倭仁著，張凌霄校注，《倭仁集校注》（呼和浩特：內蒙古人民出版社，
　　1992），頁 203。

> 書闢陽明是其宗旨，其於夏峰先生既擯之不錄矣，復深致鄙夷，與孫北海（承澤，1594-1676）輩一例攘斥，亦太甚已。且闢陽明於今日，實與病源不相應。何者？明季，王學末流放失，愈傳愈失其眞，幾於倡狂自恣，其敝至國初未已。熊濵川（賜履，1635-1709）、張楊園、陸隴其、陸桴亭、張武承（烈，1622-1685）、張孝先（伯行，1651-1725）諸先生倡言排之，洞見其癥結，而姚江末派始息，是誠對病之藥也。今則王學久不談矣，學者不知有性命之學，并不甚講詞章之學，其沉痼於膏肓者，惟功利耳。士自束髮受制舉業，父兄所以教，子弟所以學，皆以弋科名爲念，於聖賢成己成物之學，不暇及也。……當吾世，未必無氣節文章經術自命之士，然察其幽隱，能超然功利外者，或不多覯。是即日導以致良知之學，亦不爲過。何者？良知不昧，乃能較然不欺其志，不至陷溺於祿利之途也。然則闢王學於今日，幾於無病而呻矣。況所闢未必能持千古之平乎！……陽明立德、立功、立言，實兼三不朽，末流之失，咎在門弟子。今之沈溺於功利嗜欲者，皆讀程朱之四書說，以弋科名躐膴仕者也，亦將歸咎程朱乎？[74]

李元度認爲，《學案小識》全書以闢陽明爲其宗旨，然清初程朱學者闢陽明學有其意義，其後學者間已久不談陽明學，於道光年間闢陽明

74 李元度，〈與邢星槎孝廉書〉，《天岳山館文鈔》，收入《清代詩文集彙編》第683冊，卷36，頁3a-4a。亦可參考魯一同，〈與高伯平論《學案小識》書〉，收入魯一同著，郝潤華輯校，《魯通甫集》（西安：三秦出版社，2011），頁33-37。

學，不但與時代病源不相應，非對症之藥，且幾近於無病呻吟。李氏認爲即便學者治程朱之學，也多是因爲舉業利祿之途所需，並非眞正信從。此方爲當今學風敗壞、國勢不振的根源。然而沈維鐈（1778-1849）則認爲：

> 或曰：此編出，徒爲言王學者集矢。今王學勢已衰矣，何
> 亟亟於是？余謂：今世言程朱者，束於功令，非其好也。
> 即好陸王，亦高明之過，無二子之本領氣魄也。顧惟一種
> 似是而非議論，務通朱、王二家之郵，最足滋後學之惑，
> 究其調停，皆左袒也。至理無兩是，正路無旁歧。得是書
> 分明別白，而謬悠之説，不掃而自退，故斷斷不可少
> 也。75

沈氏明白指出，唐鑑利用編纂《學案小識》一書嚴辨朱陸、闢陽明之學，在於爲了防堵當時「一種似是而非議論，務通朱、王之郵」的觀念，而此種現象，則可以從道光年間從祀孔廟學者的理學立場得到證明。

道光二年（1822），清廷准許劉宗周從祀孔廟，是自乾隆二年（1737）復元儒吳澄之祀後，首次增祀文廟之舉。其後，道光三年謝良佐及湯斌、五年黃道周、六年呂坤、八年孫奇逢等人陸續從祀孔廟，其中尚包括道光九年禮部已議准而爲道光皇帝駁回的李顒從祀之議。76宋元明清眾多理學家在道光朝從祀孔廟的現象，不僅代表清廷

---

75 沈維鐈，〈國朝學案小識序〉，收入唐鑑著，李健美校點，《唐鑑集》，頁258-259。

76 參看黃進興，〈學術與信仰：論孔廟從祀制度與儒家道統意識〉，收入氏著，《優入聖域：權力、信仰與正當性》（臺北：允晨文化出版公司，1994），頁217-299；附錄〈孔廟從祀表〉，同前書，頁303-311。

尊崇理學的意嚮,也可以看出朝野學者提倡理學的努力得到回應。道
光朝是清代從祀孔廟人數較多的一個時期,以上僅揀選與理學較相關
的從祀學者,然而就在這些從祀的理學家名單中,即引起學者間的爭
議。嘉道間學者夏炘(1795-1846)即認爲:

> 國初理學五人,二曲最雜,夏峰次之,睢州亦未能洗滌淨
> 盡,粹然无疵者,清獻、楊園二人而已。[77]

夏氏所謂「雜」、「未能洗滌淨盡」,即是認爲孫夏峰、李二曲、湯潛
庵等人,不是偏向陽明,便是兼採朱王,並非純粹的程朱學者。在夏
氏心目中,清初純粹朱子學者,僅有陸隴其與張履祥二人,楊園之師
劉蕺山,亦在其批評之列。夏氏云:

> 劉蕺山倡道東南,歸重獨知之體,楊園兩次東渡,雖凜承
> 師訓而未嘗染其積重之言。昔朱子之於屏山,亦无回護,
> 掃除門戶之見,務求義理之眞,於此見千古聖賢无私則
> 一。[78]

劉蕺山在道光初年最早從祀孔廟,其地位已獲國家制度的肯定,而楊
園又爲蕺山弟子,在尊崇楊園的學者心目中,仍然要特別強調楊園乃
一純粹朱子學者,與陸隴其同調,對其師蕺山偏向陽明之傾向,亦不
加回護,值得敬佩。故夏氏最後感歎:

> 楊園之學之篤實正大,足以追蹤朱子而與敬軒、敬齋、整
> 菴不相上下者,……蓋其篤信儒先,以《小學》、《近思
> 錄》爲四子六經之階梯戶牖,終其身未嘗少懈,雖窮居不
> 出而身荷斯道,力障狂瀾,其功蓋非淺鮮也。……陸清獻

---

77 夏炘,〈讀楊園年譜〉,《夏仲子集》(咸豐五年夏燮鄱陽官廨刻本),卷
　2,頁35。
78 夏炘,〈讀楊園年譜〉,《夏仲子集》,卷2,頁34。

> 繼起楊園之後，所見亦不謀而同，故于楊園之書，稱嘆不
> 置。……清獻已從祀學宮已久，夏峰、睢州，近經居言路
> 者前後奏請入祀，獨楊園能繼朱子之學，以開清獻之先，
> 而兩廡牲牢至今尚爲闕典，是又區區之志，所不能默然者
> 也。[79]

夏氏認爲理學立場並不純粹的劉蕺山、孫奇逢、湯潛庵等人，皆於道光年間從祀孔廟，而楊園則尚未獲得朝廷的青睞，則推動其入祀孔廟的行動，是尊崇楊園學者應該擔負的職志。

在唐鑑《學案小識》中，於道光年間從祀孔廟的理學家中，劉蕺山絕食殉節，非屬清人，孫夏峰未被收錄，僅湯斌列入卷三「翼道學案」中，顯現唐氏對清廷從祀的標準並不滿意。而姚鼐則位居卷五，爲「翼道學案」最後一人，可見姚鼐雖被視爲一文學家，但其在乾嘉時期鼓吹宋學的功績，已獲得學界的認可。而《學案小識》中最重要的「傳道學案」，共收錄清初學者四人：陸隴其、張履祥、陸世儀、張伯行，是唐氏認爲百年數十年方得一見，可以肩負傳承孔孟程朱之道的學者。[80]以年輩學行而言，張履祥皆應居陸隴其之前，但在《學案小識》「傳道學案」中，陸氏位居首位，應是礙於朝廷功令的原因。由此也可以看出，在方東樹、夏炘及唐鑑等學者的心目中，楊園實居清初提倡程朱學者第一人之位。其中陸氏於雍正二年最早從祀孔廟，張履祥於同治十年、陸世儀於同治十三年、張伯行於光緒四年相繼從祀孔廟。雖然三人從祀孔廟的時間略有先後，不見得皆是唐氏提倡之功，但仍然可以得見其所建構的清代理學系譜的影響力。

---

[79] 夏炘，〈讀楊園年譜〉，《夏仲子集》，卷2，頁34-35。
[80] 何桂珍《續理學正宗》一書收錄四位明清理學家著作，清代爲陸隴其、張履祥二人，標準更嚴。而何氏此書亦是承唐鑑旨意而編纂的。

　　前文已提及，嘉慶末年以來，雖然浙西地區學者已出現推動楊園
從祀孔廟的意向，然而至道光初年皆未見有實際的作爲。所見者主要
爲乾嘉年間楊園著作的刊刻，修楊園舊祠、墓、碑、入祀縣學宮及地
方書院，並在道光四年入祀鄉賢祠。在道光年間推動楊園從祀的活動
中，最重要的是楊園《年譜》的重纂，主其事者爲方東樹弟子蘇惇元
（1801-1857）。蘇氏篤嗜陸隴其、張履祥的著作，[81]在閱讀姚夏和陳梓
所編的楊園《年譜》後，病其疏略漫冗，難見要領，乃計畫重修，因
此努力求購楊園著作。道光十五年夏，在友人邵懿辰（1810-1861）
的介紹下，在杭州得讀楊園部分著作，至十六年方稍爲蒐羅完備，[82]
回至桐城後，呈給其師方東樹閱覽，方東樹獲讀楊園著作後，即評論
云：

> 近代真儒，惟陸清獻公及張楊園先生爲得洛閩正傳。自陳
> （獻章，1428-1500）、湛（若水，1466-1560）不主敬，高
> （攀龍，1562-1626）、顧（憲成，1500-1612）不識性，山
> 陰（劉蕺山，1578-1645）不主致知，故所趨無不差。而
> 清獻與先生實爲迷途之明燭矣。先生嘗師山陰，故不敢誦
> 言其失，然其爲學之明辨審諦，所以補救彌縫之者亦至
> 矣。先生實開清獻之先，清獻尤服膺先生之粹。顧清獻官
> 成而功顯，名德加於海內；先生行誼著述，前輩論說雖備
> 而終不著，則以其跡既隱，而其書又不克盛行於世，學者

---

81 蘇氏曾云：「朱子以後，折衷於張楊園、陸當湖，秉此以讀書，則如持權
　衡以較物，不致有輕重之失矣。」見蘇惇元，《遜敏錄》，收入《四庫未收
　書輯刊》第5輯第9冊，卷2，頁9b。
82 蘇惇元，〈重編張楊園先生年譜後序〉，收入張履祥著，陳祖武點校，《楊
　園先生全集》（下），頁1518-1519。

　　罕見故也。[83]

比較方東樹與夏炘對楊園學行的評價,二人在清初朱子學者中,同樣
推崇陸隴其與張楊園的地位,且強調楊園與蕺山思想的異趣。其次,
則以陸隴其於雍正年間即獲從祀,而楊園之學仍浮沉鄉里,未能大
行。主要原因一在於楊園遺民的身分,其次在於其著作未能廣爲刊
刻,學者罕見其書,便無從詳論其學。後一點從夏炘未能得讀楊園著
作,僅能據《年譜》論述其學;方東樹及蘇惇元需多方訪求,才能得
讀其著作可以看出。[84]所以方東樹當即請求時任安徽學政的沈維鐈刊
布其遺書,同時告以應上奏朝廷,請求從祀楊園。不過,其事因沈氏
於道光十八年離任而未果。故方東樹認爲,若不能刊布全書,學者能
得《年譜》讀之,亦可窺見楊園學行之端緒,乃命蘇氏重新編纂。[85]
從方東樹對楊園學的推崇表彰,結合前述其曾表達對「漢學之變將爲
空談性命」,導致陸王心學復活的憂慮來看,道光年間清廷未嚴格選
取純粹程朱學者從祀的現象,可能是觸發其撰述〈辨道論〉、《跋南
雷文定》等論著的動機。

　　蘇惇元於道光十六年底編成《年譜》,於道光十九、二十年復遊

---

83 方東樹,〈重編張楊園先生年譜序〉,收入張履祥著,陳祖武點校,《楊園
　先生全集》(下),頁1487。序文撰於道光十七年。

84 蘇氏云:「全書流傳甚鮮,重刊廣布,是又所切望於世之君子」,「先生書
　甚難購求,海昌元刻版,前已燬,蕭山重刻板久不印,未審存否。今惟祝
　氏訂十六種版,藏平湖屈氏,稍稍印行。」可見楊園著作在道光年間罕見
　之概況。詳見蘇惇元,〈重編張楊園先生年譜後序〉,收入張履祥著,陳
　祖武點校,《楊園先生全集》(下),頁1519。

85 方東樹,〈重編張楊園先生年譜序〉,收入張履祥著,陳祖武點校,《楊園
　先生全集》(下),頁1487-1488。蘇氏云:「余之編楊園、望溪兩先生年
　譜,蓋欲以爲楷模,便於取法,非徒爲表章而已。」見蘇惇元,《遜敏
　錄》,收入《四庫未收書輯刊》第5輯第9冊,卷3,頁8b。

浙，至桐鄉謁楊園祠墓，考索地方志乘，訪求楊園逸事。但發現楊園祠堂已圮毀無存，後人皆已夭折，無人主其祀。欲募同志捐貲修墓，重建祠堂，購祭田使人典守，又力不能行。[86]從此也可以看出，楊園之學雖然獲得朝野菁英階層學者的重視，但在地方上已極為凋零，少人聞問。蘇氏此行唯一的收穫是得交平湖顧廣譽（1799-1866），顧氏是尊崇楊園學的浙西學者，亦曾修訂姚夏、陳梓所編楊園《年譜》。從顧氏處，蘇氏又獲讀其他楊園著作，包括海昌范鯤刻本全集，因此重訂所編《年譜》，多所增益，道光二十三年底於杭州刊行。[87]而《年譜》後附錄邵懿辰所撰楊園傳記及蘇氏所撰〈年譜後序〉二文，亦一再重申祀楊園之舉。[88]

然而，從蘇氏所編楊園《年譜》刊行後至道光末年，皆未見朝野間推舉楊園從祀的訊息。道光末年至咸豐初年，太平天國於廣西起義，隨後橫掃中國東南半壁，並在咸豐三年攻克南京，江浙亦淪為戰場。雖然咸豐年間仍有韓琦（1008-1075）、李綱（1083-1140）、陸秀夫（1237-1279），同治初年則有方孝孺（1357-1402）從祀孔廟之舉，但可以看出在國難深重時，清廷希望藉由獎勵殉難完節和諷勵非

---

86 蘇惇元，〈謁楊園先生墓記〉，收入張履祥著，陳祖武點校，《楊園先生全集》（下），頁 1534-1535。

87 據學者統計，除蘇氏所編楊園《年譜》外，清代學者共編有十餘種楊園《年譜》。然就其所述，主要仍為浙西學人錢馥、方坰、顧廣譽對姚夏編、陳梓訂補楊園《年譜》的修訂，其餘多僅見著錄，未見流傳者。參看來新夏，〈張履祥年譜考略〉，《中國典籍與文化論叢》第 12 輯（南京：鳳凰出版社，2009），頁 98-103。

88 姚鼐弟子吳德旋（1767-1840）因蘇惇元的關係而得讀楊園著作，並為其撰傳，可見蘇氏傳播楊園學的功勞，也可見道光年間楊園著作在桐城學者間傳播的概況。參看吳德旋，〈張楊園先生傳〉，收入氏著，《吳德旋集》（臺北：大地出版社，2017），頁 191-192。

常之材、治世名臣以鼓吹忠貞而因應世變的動機。[89]故楊園從祀孔廟
之事，仍有待來者的努力。

五、同治年間：入祀孔廟

　　咸同之交，隨亂事的逐漸平定，清廷顯現出中興氣象，對理學的
態度也有所轉變。曾國藩、左宗棠（1812-1885）等理學名臣的事
功，改變了理學被視爲迂談空疏、無補於時的印象。而自唐鑑於道光
二十六年致仕南歸，倭仁即成爲京師理學家的領導人物。同治元年元
月，倭仁擢升工部尚書；二月，爲同治帝師，並充翰林院掌院學士；
七月，爲協辦大學士；閏八月，擢大學士，管理戶部事務，旋授文淵
閣大學士。同時李棠階（1795-1865）、吳廷棟也應詔入京並受重用。
時人稱三人立朝輔政，「海內翕然望治，稱爲三大賢」。[90]同治十年，
倭仁又晉升爲文華殿大學士，四月去世。在同治朝這十年間，可以說
是理學最爲興盛的時期。

　　咸豐十一年十二月，曾國藩舉薦左宗棠陞任浙江巡撫，督辦浙江
軍務。同治二年四月陞任閩浙總督，同治三年春，左宗棠率軍攻克杭
州，從太平軍手中收復浙江全境。於正月收復桐鄉時，左宗棠即遣人
修復楊園墓，同時親筆題碑「大儒楊園張先生」，並爲其置守田宅，
俾其後人世守勿替。[91]據《（光緒）桐鄉縣志》載，同治三年，浙紳陸

89　參看黃進興，〈學術與信仰：論孔廟從祀制度與儒家道統意識〉，收入氏
　　著，《優入聖域：權力、信仰與正當性》，頁291。

90　參李細珠，《晚清保守思想的原型——倭仁研究》（北京：社會科學文獻
　　出版社，2000），頁125-130。

91　參羅正鈞著，朱悅等校點，《左宗棠年譜》（長沙：嶽麓書社，1982），頁
　　82-103；並參左宗棠，〈張楊園先生寒風佇立圖冊跋〉，收入沈炳垣編，

以湉（1801-1865）、丁丙（1832-1899）等人聯名上呈顧廣譽所撰
〈從祀聖廟事實十二條〉及嚴辰（1822-1893）所撰公呈，籲請左宗棠
推動張履祥從祀孔廟，得到其批允轉奏。可惜因其後左氏忙於軍務，
未及拜疏。[92]左宗棠奉命率軍入江西追擊太平軍餘部，臨行前囑咐嘉
興知府許瑤光（1817-1881），以陸隴其、張楊園二人爲浙西人文代
表，惜楊園因其跡隱而其書未盛行，希望許瑤光能協助推動楊園從祀
之舉，以表彰其學行。然而因清廷有感於道光年間以來，一連串從祀
孔廟活動造成祭祀系統的混亂，乃於咸豐十年申命「從祀孔廟應以闡
明聖學，傳授道統爲斷」，其餘忠義激烈者可入昭忠祠，言行端方者
可入鄉賢祠，以道事君澤及百姓者，可入名宦祠，概不得濫請從
祀。[93]許瑤光擔心如果貿然請求從祀，准駁難測，乃決定先於嘉興鴛
湖書院奉祀楊園。[94]故同治三年浙人推動楊園從祀的舉措並未成功。

　　除了左宗棠、許瑤光等地方大員推崇表彰楊園之學外，桐鄉人嚴

　《張楊園先生寒風佇立圖題詞》，無頁碼。跋文撰於光緒十年，時左氏年
　73。

92 參嚴辰編纂，《光緒桐鄉縣志》，收入《中國方志叢書・華中地方・浙江
　省》第77號（臺北：成文出版社，1970），卷13，頁437、440-441、
　452；嚴辰，〈重修桐鄉縣學宮碑記〉，同前書，卷4，頁154；顧廣譽，
　〈代擬張楊園先生從祀聖廟事實〉，《平湖顧氏遺書》，收入《清代詩文集
　彙編》第602冊，補遺，頁15a-20b。據嚴辰於《縣志》記述，乾隆年間
　浙江學使雷鋐、道光年間安徽學使沈維鐈均欲奏請楊園從祀而不果。沈維
　鐈事，前引方東樹、蘇惇元文字可以證明，雷鋐欲推楊園從祀之事，則僅
　見於此。又上節引述李遇孫的說法，道光13年，陳用光任浙江學政時，
　亦有意推動楊園從祀。姜淑紅誤讀《光緒桐鄉縣志》相關記載，以同治3
　年浙紳上呈籲請推動張履祥從祀孔廟爲同治九年事。參姜淑紅，《清儒從
　祀孔廟研究》（新北：花木蘭文化出版社，2017），頁102。
93 參看黃進興，〈學術與信仰：論孔廟從祀制度與儒家道統意識〉，收入氏
　著，《優入聖域：權力、信仰與正當性》，頁291-292。
94 參看姜淑紅，《清儒從祀孔廟研究》，頁97-99。

辰在同治年間亦是推動尊崇楊園學的重要學者。嚴辰曾任桐鄉桐溪書
院、濮院翔雲書院山長多年，為鄉里作育人材。太平天國亂平後，曾
偕當地士紳於青鎮建「立志書院」，即取楊園「大凡為學尤須立志」
之義，並於書院中供奉楊園栗主，春秋祭祀。[95] 在同治三年浙人推動
楊園從祀孔廟的活動中，嚴辰與其師顧廣譽皆負擔撰寫公呈的責任，
雖然其事不果行，但由嚴辰所撰公呈，可以看出浙江士紳推舉楊園從
祀的理由。

　　首先，呈文肯定楊園之學行著作俱優，有從祀孔廟的資格。其
次，清朝開國以來，僅有湯斌、陸隴其二人從祀孔廟，楊園與二人差
異處，在於其未曾出仕任官，所學不能見諸施行。然而處於大亂弭平
之際，倘能允准楊園從祀孔廟，對地方文教風俗，定能有表率之功。
呈文云：

> 方今粵逆倡亂至十數載，始仗天威一旦掃蕩，而人民荼
> 毒，已不堪言。推原其故，皆由鄉無正人君子講明正學，
> 化導愚頑，而異端之教，從而簧鼓。故民之稍有聰明才力
> 者，不安於鑿井耕田，而犯上作亂，至於此極。若得如楊
> 園先生之安貧樂道，纂明聖教者，以為表率，移風易俗，
> 左券可操。倘蒙奏請恩施，准其從祀，俾天下咸知一介儒
> 生，闇修爾室，生雖未霑一命之榮，而數百年後尚得仰邀
> 曠典，俎豆千秋，則草野之間，抱負非常，而為有司所遺
> 者，皆將不攻乎異端，而惟潛修之是尚。似於今日之風俗
> 人心，大有裨益。[96]

---

95 參看姜淑紅，《清儒從祀孔廟研究》，頁100。
96 嚴辰編纂，《光緒桐鄉縣志》，收入《中國方志叢書・華中地方・浙江省》
　　第77號，卷13，頁464-465。

嚴辰將十數載的戰亂歸結爲仕途不順的士子受異端鼓惑，故鋌而走險，釀成大禍，雖然簡化了咸同年間內亂的原由，但以清廷剛處於平定太平天國動亂之時，提倡文教，講明正學，化導愚頑，移風易俗等呼籲，確實是動人的口號。可惜的是，左宗棠、許瑤光未能代爲上呈，因爲當朝大臣如倭仁、吳廷棟等皆爲程朱理學信仰者，此時應是從祀楊園之請獲准的大好時機。

　　雖然同治三年浙人請祀楊園的舉措未能成功，但地方上仍持續有宣揚楊園學的活動。如同治三年六月，秀水人高均儒（1811-1868）有感於經太平天國之亂，蘇惇元所編《楊園年譜》已罕見，乃重刻於淮上。而最重要的，則是楊園著作的重新刊刻。

　　現今所見最完整的楊園著作，爲同治八年江蘇按察使應寶時（1821-1890）聘江西興國學者萬斛泉（1808-1904）所編校的楊園著作全集。[97] 萬氏合姚鈔、范刻及陳敬璋所輯佚文，參以他書，編成《楊園先生全集》54卷，於同治十年以江蘇書局署名刊行。[98] 應寶時爲

---

97 據萬斛泉於〈重訂楊園先生全集跋〉所記，應寶時聘其校書在同治八年（收入張履祥著，陳祖武點校，《楊園先生全集》（上），頁16-17）；而張鼎元編，錢同壽校訂，《萬清軒先生年譜》（收入《北京圖書館藏珍本年譜叢刊》第156冊）則載同治九年春，萬氏應應寶時之聘，至蘇州紫陽書院校楊園全集（頁272）。雖然二處記載僅有一年之差，但萬氏跋文撰於同治九年全集編校完成之時，較可信據。又，據方宗誠〈張楊園先生全集補遺敘〉，同治八年應寶時欲重刊楊園著作時，曾與方氏商議當取何種版本爲善。方氏認爲祝洤節錄本雖不如范鯤刻本、姚瑚編輯抄本詳備，但較爲精約，所以建議重刻祝本，再節錄姚輯抄本中的精切語而爲祝本所無者，爲「補遺」一編以附其後。但據現今所見萬氏重編全集，可知方氏的建議未被採納。參方宗誠著，楊懷志等點校，《方宗誠集》（合肥：安徽教育出版社，2014），頁229-230。

98 據陳祖武的〈點校說明〉，收入張履祥著，陳祖武點校，《楊園先生全集》（上），頁3。按，今所見江蘇書局楊園全集刻本卷首有「同治歲次辛未江

永康人，曾名列同治三年浙紳上呈左宗棠奏請楊園從祀孔廟的名單
中，[99] 推想其聘請學者編校楊園著作全集，應該是爲了再次推動楊園
從祀孔廟。因爲從嘉慶年間開始，浙江地方官員及士紳陸續推動重修
楊園舊祠、墓、碑、入祀縣學宮及地方書院，並在道光四年獲准入祀
桐鄉鄉賢祠，楊園已成爲浙西人文代表，在知識分子及在朝理學大臣
心目中成爲清初傳揚程朱理學的代表人物。然而，江浙地區因太平天
國之亂而受禍頗深，乾嘉時期刊刻的各種楊園著作已難尋覓，故此時
重新刊刻楊園年譜及著作全集，除了有助於傳播楊園之學，也能爲重
新推行楊園從祀活動造勢。

　　同治九年，浙江學政徐樹銘（長沙人）與巡撫楊昌濬（湘鄉人，
1825-1897）上疏奏請楊園從祀孔廟。徐樹銘及楊昌濬皆爲湖南人，
而且與左宗棠關係密切。如楊氏在同治元年隨左宗棠入浙，歷任浙江
鹽運使、布政使，同治九年實授浙江巡撫。徐樹銘曾問學於何桂珍、
曾國藩、倭仁、唐鑒等人，於同治六年任浙江學政，九年秩滿將去
時，欲完成同治初年左宗棠推動楊園從祀的未竟之舉，乃與楊昌濬聯
合上疏。[100]同治十年十二月初九日，內閣抄出其奏摺，禮部會議，認

蘇書局刊行」牌記，「辛未」爲同治十年，故向來皆認爲江蘇書局本《楊
園全集》刊行於此年。然同書所收應寶時序文卻撰於「同治十一年」夏五
月。如前注所云，萬斛泉校訂全集跋文成於同治九年，故《楊園全集》應
於同治十年開始刊刻，至十一年方才刊成；同治十年終，清廷准許楊園從
祀之請，十一年春朝廷部書下至浙江，故應寶時序文末云「刻既成，恭逢
聖天子表章正學，特允部臣之請從祀夫子廟」，可以爲證。故《楊園全集》
刊行時間，應是同治十一年，而刊本卷首牌記所記，應爲起始刊刻時間。
99 嚴辰編纂，《光緒桐鄉縣志》，收入《中國方志叢書・華中地方・浙江省》
　　第77號，卷13，頁440。
100嚴辰編纂，《光緒桐鄉縣志》，收入《中國方志叢書・華中地方・浙江省》
　　第77號，卷4，頁154。

爲楊園「祖述孔孟，憲章朱程，立論不尙高遠，行事頗近中庸，洵足翼聖經，維持名教，與僅據空言率請從祀者有間」，擬據其所請，准以從祀，位次在東廡先儒孫奇逢之次。十二月十七日，得旨依禮部議，准允楊園從祀孔廟。[101] 歷時百餘年，清代朝野推動楊園從祀孔廟的歷程，終於走完最後一里路。

六、結語

　　回顧楊園從一介浙西隱逸遺民到最終從祀孔廟的歷程，可以得知，因爲楊園在清初選擇堅守遺民的身分，對其學說的流行與影響造成一定的影響，基本上局限於浙西一地；而受其學說影響的學者，除了同樣宣揚程朱理學外，也多選擇不仕清廷的態度。清初遺民身分與理學立場間的關係頗爲密切，此種現象至乾隆年間方才打破。藉由楊園後學與地方官員的表彰、楊園著作的刊刻，使楊園學的影響能擴及浙西以外，在學者心目中逐漸成爲與陸隴其並稱的清初提倡程朱理學家的代表。但其代價則是，楊園遺民身分逐漸消褪，與清初呂留良等學者共同提倡朱子學的事蹟被抹去，成爲一純粹的程朱學者代表。

　　然而乾嘉漢學的盛行，使楊園之學同樣受到壓抑，終乾嘉之世，並未有理學家入祀孔廟，某種程度上也顯現此時期宋學家的苦悶。此種現象，因乾隆末年開始出現的內外動亂而被逐漸打破，學者反省政治風俗問題，以學術爲其核心，認爲治本之道在端正學術，提倡正學。道咸以下漢宋學的消長，使楊園學再度受學者重視，其中以桐城派學者及湖湘學者提倡表彰的功勞最大。至同治年間，藉由浙江地方

---

101 有關徐樹銘奏請楊園從祀的相關資料，參看張履祥著，陳祖武點校，《楊園先生全集》（下），頁1536-1539。

官員士紳的共同努力，楊園終於從遺民隱逸成爲從祀孔廟的理學眞儒。

　　與清代康熙、雍正時期從祀孔廟的事件不同，清代道咸以下雖有眾多理學家、政治人物陸續入祀孔廟，但顯現出的是因內外動亂，國家政治權威力量減弱，需要藉由此種活動來提倡文教，講明正學，移風易俗，以挽救衰頹的國勢。故而推動從祀的主導權轉移在下，朝廷僅能被動地接受朝野學者共同建構出的清代理學系譜。楊園學術思想的價值或許沒有因爲從祀孔廟而增色，但藉由考察其學術思想傳播及學術地位上升的歷程，可以加深我們對清代學術風氣轉變與政治發展間的深厚關係。

徵引書目

一、傳統文獻

（清）方宗誠著，楊懷志等點校，《方宗誠集》，合肥：安徽教育出版社，2014。

（清）方東樹，《方東樹集》，臺北：大地出版社，2017。

（清）方東樹，《書林揚觶》，臺北：成文出版社，1978。

（清）方東樹纂，漆永祥彙校，《漢學商兌》，北京：北京聯合出版公司，2017。

（清）王筠，《顧亭林年譜校錄》，收入山東文獻集成編纂委員會編，《山東文獻集成》，濟南：山東大學出版社，2007，第2輯第13冊。

（清）永瑢、紀昀等撰，《四庫全書總目提要》，臺北：臺灣商務印書館，1983。

（清）全祖望，《鮚埼亭集》，收入朱鑄禹彙校集注，《全祖望集彙校集注》，上海：上海古籍出版社，2000。

（清）朱坤，《餘暨叢書》，收入《四庫未收書輯刊》編纂委員會編，《四庫未收書輯刊》，北京：北京出版社，1997，第10輯第18冊。

（清）朱筠，《笥河文鈔》，收入《清代詩文集彙編》編纂委員會編，《清代詩文集彙編》，上海：上海古籍出版社，2010，第366冊。

（清）江藩著，鍾哲整理，《國朝漢學師承記》（附《國朝經師經義目錄》《國朝宋學淵源記》），北京：中華書局，1983。

（清）江藩纂，漆永祥箋釋，《漢學師承記箋釋》，上海：上海古籍出版社，2013。

（清）何桂珍，《何文貞公遺書》，收入《清代詩文集彙編》編纂委員會編，《清代詩文集彙編》，2010，第667冊。

（清）吳德旋，《吳德旋集》，臺北：大地出版社，2017。

（清）宋咸熙編錄，《桐溪詩述》，傅斯年圖書館藏，嘉慶二十五年桐鄉學署刊本。

（清）李元度，《天岳山館文鈔》，收入《清代詩文集彙編》編纂委員會編，《清代詩文集彙編》，第683冊。

（清）李文耕，《喜聞過齋文集》，收入《清代詩文集彙編》編纂委員會編，《清代詩文集彙編》，第474冊。

（清）李慈銘，《越縵堂讀書記》，上海：上海書店出版社，2000。

（清）李遇孫編，《校經廎自訂年譜》，收入北京圖書館編，《北京圖書館藏珍本年譜叢刊》，北京：北京圖書館出版社，1998，第128冊。

（清）沈冰壺，《國朝名賢小傳》，木蘭書屋鈔本，臺北國家圖書館藏。

（清）沈廷芳，《隱拙齋集》，收入《清代詩文集彙編》編纂委員會編，《清代詩文集彙編》，第298冊。

（清）沈炳垣編，《張楊園先生寒風佇立圖題詞》，北京中國國家圖書館藏。

（清）周廣業著，祝鴻熹、王國珍點校，《周廣業筆記四種》，杭州：浙江古籍出版社，2013。

（清）姚瑩著，施立業點校，《姚瑩集》，合肥：安徽教育出版社，2014。

（清）姚鼐著，盧坡點校，《惜抱軒尺牘》，合肥：安徽大學出版社，2014。

（清）倭仁著，張凌霄校注，《倭仁集校注》，呼和浩特：內蒙古人民出版社，1992。

（清）唐鑑著，李健美校點，《唐鑑集》，長沙：嶽麓書社，2010。

（清）夏炘，《夏仲子集》，咸豐五年夏爕郡陽官廨刻本。

（清）徐秉元修，《（康熙）桐鄉縣志》，康熙十七年刻本。

（清）徐熊飛，《白鵠山房文鈔》，收入《清代詩文集彙編》編纂委員會編，《清代詩文集彙編》，第470冊。

（清）桑調元著，林旭文點校，《桑調元集》，杭州：浙江古籍出版社，2016。

（清）祝洤輯，《淑艾錄》，收入四庫全書存目叢書編纂委員會編，《四庫全書存目叢書・子部・儒家類》，臺南：莊嚴文化事業公司，1995，第29冊。

（清）張星鑑，《仰蕭樓文集》，收入《清代詩文集彙編》編纂委員會編，《清代詩文集彙編》，第676冊。

（清）張鼎元編，（清）錢同壽校訂，《萬清軒先生年譜》，收入北京圖書館編，《北京圖書館藏珍本年譜叢刊》，第156冊。

（清）張履祥，《楊園先生全集》，收入四庫全書存目叢書編纂委員會編，《四庫全書存目叢書・子部・雜家類》，臺南：莊嚴文化事業公司，1995，第165冊。

（清）張履祥著，陳祖武點校，《楊園先生全集》，北京：中華書局，2002。

（清）莫友芝著，張劍等編校，《莫友芝詩文集》，北京：人民文學出版社，2009。

（清）陳梓，《陳一齋先生文集》，收入新文豐出版公司編輯部編，《叢書集成續編》，臺北：新文豐出版公司，1989，第190冊。

（清）陳梓，《齋中讀書記》，美國國會圖書館，https://www.wdl.org/zh/search/?contributors=Chen%2C%20Zi%2C%201683-1759（2019年7月16日檢閱）。

（清）曾國藩著，王澧華校點，《曾國藩詩文集》，上海：上海古籍出版社，

2005。

（清）雷鋐，《經笥堂文鈔》，收入《清代詩文集彙編》編纂委員會編，《清代詩文集彙編》，第285冊。

（清）潘恂等修，虞鳴球等纂，《武進縣志》，《江蘇府州縣志》，冊4，收入故宮博物院編，《故宮珍本叢刊》，海口：海南出版社，2001，第90冊。

（清）蔣攸銛編，蔣霨遠註，《繩枻齋年譜》，收入北京圖書館編，《北京圖書館藏珍本年譜叢刊》，第130冊。

（清）蔣琦齡，《空青水碧齋文集》，收入《清代詩文集彙編》編纂委員會編，《清代詩文集彙編》，第664冊。

（清）鄭珍著，黃萬機等校點，《巢經巢詩文集》，上海：上海古籍出版社，2016。

（清）震鈞，《天咫偶聞》，北京：北京古籍出版社，1982。

（清）魯一同著，郝潤華輯校，《魯通甫集》，西安：三秦出版社，2011。

（清）應寶時，〈重訂楊園先生全集序〉，收入（清）張履祥著，陳祖武點校，《楊園先生全集》，頁1-2。

（清）嚴辰編纂，《（光緒）桐鄉縣志》，收入《中國方志叢書・華中地方・浙江省》，臺北：成文出版社，1970，第77號。

（清）蘇惇元，《遜敏錄》，收入《四庫未收書輯刊》編纂委員會編，《四庫未收書輯刊》，北京：北京出版社，1997，第5輯第9冊。

（清）錢馥，《小學盦遺書》，收入上海書店出版社編，《叢書集成續編》，上海：上海書店出版社，1994，第92冊。

（清）顧廣譽，《平湖顧氏遺書》，收入《清代詩文集彙編》編纂委員會編，《清代詩文集彙編》，第602冊。

二、近人論著

卞僧慧撰，《呂留良年譜長編》，北京：中華書局，2003。

王汎森，〈「經學是生活的一種方式」——讀《吳志仁先生遺集》〉，《華東師範大學學報（哲學社會科學版）》，2（上海，2016），頁1-9。

王汎森，〈清初思想趨向與《劉子節要》——兼論清初蕺山學派的分裂〉，原發表於《中央研究院歷史語言研究所集刊》，68：2（南港，1997），頁417-448；又收入氏著，《晚明清初思想十論》，上海：復旦大學出版社，2004，頁249-290。

王汎森，《中國近代思想與學術的系譜》，臺北：聯經出版公司，2005。

王達敏，《姚鼐與乾嘉漢學》，北京：學苑出版社，2007。

史革新，《晚清理學研究》，北京：商務印書館，2007。

史革新，《晚清學術文化新論》，北京：北京師範大學出版社，2010。

田富美，〈方東樹反乾嘉漢學之探析〉，《乾嘉經學史論——以漢宋之爭爲核心之研究》，臺北：文史哲出版社，2013，頁17-60。

田富美，《清代中晚期理學研究——思想轉化、群體建構與實踐》，臺北：萬卷樓圖書公司，2018。

何威萱，〈方東樹的理學觀及其宋學立場再探——以《跋南雷文定》爲討論中心〉，《臺大文史哲學報》，期86（臺北，2017），頁45-85。

李紀祥，〈清初浙東劉門的分化及劉學的解釋權之爭〉，原發表於《第二屆國際華學研究會議論文集》，臺北：中國文化大學，1992，又收入氏著，《道學與儒林》，臺北：唐山出版社，2004，頁369-414。

李細珠，《晚清保守思想的原型——倭仁研究》，北京：社會科學文獻出版社，2000。

來新夏，〈張履祥年譜考略〉，《中國典籍與文化論叢》，南京：鳳凰出版社，2009，第12輯，頁98-103。

孟森編著，吳相湘校讀，《清代史》，臺北：正中書局，1984。

林勝彩，〈清初蕺山學說傳播的歷程——兼論蕺山學派的分裂與一統〉，發表於「2013中央研究院明清研究國際學術研討會」，臺北：中央研究院明清研究推動委員會，2013年12月5-6日。

林勝彩，〈盛世遺民——陳梓的理學思想與遺民心態〉，發表於「2019中央研究院明清研究國際學術研討會」，2019年8月28日；「第五次近世儒學與社會研究工作坊」，臺北：中央研究院近代史研究所，2019年10月5日。

姜淑紅，《清儒從祀孔廟研究》，新北：花木蘭文化出版社，2017。

段志強，《顧祠——顧炎武與晚清士人政治人格的重塑》，上海：復旦大學出版社，2015。

唐屹軒，〈清嘉道咸時期士人的時代關懷〉，國立政治大學歷史學系博士論文，2013。

張天杰，《張履祥與清初學術》，杭州：浙江古籍出版社，2011。

張昭軍，《清代理學史》（下卷），廣州：廣州教育出版社，2007。

張瑞龍，《天理教事件與清中葉的政治、學術與社會》，北京：中華書局，2014。

張藝曦，〈史語所藏《宋儒學案》在清中葉的編纂與流傳〉，《中央研究院歷史語言研究所集刊》，第80本第3分（臺北，2009），頁451-505。

戚學民，《阮元〈儒林傳稿〉研究》，北京：三聯書店，2011。

陳祖武，《中國學案史》，臺北：文津出版社，1984。

黃棠，《來燕榭讀書記》，瀋陽：遼寧教育出版社，2001。

黃進興，《優入聖域：權力、信仰與正當性》，臺北：允晨文化出版公司，

1994。

黃聖修，〈清兩卷本《國史儒林傳》考述──兼論道光二十四年以前〈儒林傳〉稿本之變化〉，《故宮學術季刊》，29：4（臺北，2012），頁227-252。

蔣威，《清代江南塾師與社會地位》，北京：中國社會科學出版社，2019。

錢實甫編，《清代職官年表》，北京：中華書局，1980。

錢穆，《中國近三百年學術史》，臺北：臺灣商務印書館，2019，臺三版。

羅正鈞著，朱悅等校點，《左宗棠年譜》，長沙：嶽麓書社，1982。

羅檢秋，《嘉慶以來漢學傳統的衍變與傳承》，北京：中國人民大學出版社，2010。

From Reclusive Loyalist to Genuine Neo-Confucian: The Dissemination of Zhang Lüxiang's Thought

Lin Sheng-tsai

Abstract

In modern scholarship of Qing intellectual history, Zhang Lüxiang (1611-1674) has been considered a representative advocate of Cheng-Zhu Neo-Confucianism. He occupied a crucial role in changing the intellectual ethos from the Yangming school to the Zhu Xi school during the Ming-Qing transition. Living in western Zhejiang, Zhang remained loyal to the Ming dynasty and had no ties with Qing officialdom throughout his life. His publications were circulated within a tiny social network for nearly a century. However, Zhang was canonized in the Confucius Temple in 1871. This article studies the republication of Zhang Lüxiang's works in the mid- and late Qing and their relationship with the campaign for his canonization in the Confucius Temple. How the elevation of Zhang's academic significance related to the revival of Neo-Confucianism is also be discussed.

Keywords: Zhang Lüxiang, loyalist, Zhu Xi School, the Qing revival of Neo-Confucianism, canonization in the Confucius Temple

當顧炎武不再可憎 —— 從方東樹對顧炎武的評價重探其學術立場及《漢學商兌》的性質

何威萱

現任元智大學中國語文學系副教授，研究興趣為宋明理學及明清思想學術史。研究成果散見《中央研究院近代史研究所集刊》、《臺大中文學報》、《臺大歷史學報》、《臺大文史哲學報》、《清華學報》、《成大中文學報》、《漢學研究》、《思想史》、《明代研究》、《中國文化研究所學報》等學術期刊。

當顧炎武不再可憎——從方東樹對顧炎武的評價重探其學術立場及《漢學商兌》的性質

何威萱

摘要

　　當我們回望清代的學術發展，「漢宋之爭」至今仍是重要的視角，其中吾人對於清代「漢宋之爭」中兩派衝突的內容，以及「宋學」的認識，很大程度來自方東樹（1772-1851）及其《漢學商兌》的說法，而《漢學商兌》對乾嘉漢學方法論和目的論的種種批判，也成爲學界反思漢學流弊的重要參照。近來學界已意識到，此前過度倚賴《漢學商兌》這副眼鏡所觀看到的「漢宋之爭」，可能不夠全面，但對於過度倚賴《漢學商兌》可能帶來的危險性，尚未見到充分的討論。因此本文將以方東樹對顧炎武（1613-1682）的評論爲中心，嘗試呈現他在《漢學商兌》內、外對顧氏頗爲不同的評價，一方面可使我們更加認識方東樹學術思想的複雜性，另一方面也能提醒我們重新檢討《漢學商兌》在研究「漢宋之爭」時應占據的分量。

關鍵詞：方東樹、《漢學商兌》、《援鶉堂筆記》、《書林揚觶》、顧炎武

＊　本文初稿原以「論方東樹對顧炎武的評價」爲題，宣讀於中央研究院近代史研究所主辦之「『清代中晚期學術思想史』國際學術研討會」（臺北，2020年11月12日）。本文爲科技部專題研究計畫「方東樹學術思想的探研與定位——以《援鶉堂筆記》、《七經紀聞》爲中心的研究」（MOST 107-2410-H-155-002-MY2）之部分研究成果，承蒙科技部惠予經費支持；修訂過程中，中研院近史所呂妙芬研究員及期刊匿名審查人亦提供諸多寶貴之建議，特此致謝。

一、前言

　　當我們回望清代的學術發展，必然會觸及「漢宋之爭」。此問題由來已久，一方面由於乾嘉學者當時已持漢、宋區分學術，[1]另一方面，對清代學術研究有開創之功的幾位大家，如章太炎（1869-1936）、梁啓超（1873-1929）、劉師培（1884-1919）、錢穆（1895-1990），亦無不藉漢、宋的觀念展開論述，惟對漢、宋的定義與二者之關係各持異見。[2]雖然此後重新檢討漢、宋內涵與關係者並不罕見，也愈發認識二者之間絕非純然地緊張對立，但以漢、宋概括清代兩種主流學術的研究範式，迄今仍未遭到撼動根柢的挑戰。而就宋學一派

1　如代表官方立場的《四庫全書總目》，開篇便云：「國初諸家……要其歸宿，則不過漢學、宋學兩家互爲勝負。……漢學具有根柢，……宋學具有精微……。」類似文字屢見於清人著作中。見永瑢等編，〈經部總敘〉，《四庫全書總目》（北京：中華書局，2003），卷1，頁1。又，明儒已有區分漢、宋學術者，如胡應麟云：「漢儒訓經，宋儒明道」，王世貞也説：「漢之儒多援經以飾事，而宋之儒必推事以就經」，他在討論嘉靖九年孔廟改制罷黜大量漢代經學家一事時更稱：「夫卑漢者所以尊宋。」惟其所論乃漢代、宋代之學術，非如清人代指當時不同學風之兩派。見胡應麟，〈癸部・雙樹幻鈔下〉，《少氏山房筆叢》（臺北：世界書局，2014），卷48，頁647；王世貞，〈讀白虎通〉，《弇州山人四部稿》（臺北：偉文圖書公司，1976），卷112，頁5275-5276；〈山西第三問〉，《弇州山人四部稿》，卷115，頁5389。另參林慶彰，〈明代的漢宋學問題〉，《明代經學研究論集》（臺北：文史哲出版社，1994），頁12-24。

2　相關討論，參見丘爲君，〈清代思想史「研究典範」的形成、特質與義涵〉，《清華學報》，24：2（新竹，1994），頁451-491；羅志田，〈章太炎、劉師培與清代學術史研究〉，收入氏著，《近代讀書人的思想世界與治學取向》（北京：北京大學出版社，2009），頁223-247；李帆，《章太炎、劉師培、梁啓超清學史著述之研究》（北京：商務印書館，2006），頁39-139；張循，《道術將爲天下裂：清中葉「漢宋之爭」的一個思想史研究》（桂林：廣西師範大學出版社，2017），頁3-12。

而言，其群體與內涵至今仍存在較大的詮釋空間，或以為即程朱理學
家，或以為桐城派乃主要核心，[3]或以為即當時的文人，[4]或以為並非特
定學者，而是以朱熹（1130-1200）學為核心的「欽定的『官學』」，[5]
或以為其內容屢有變化，不可膠固於一。[6]但論者大多同意，方東樹
（1772-1851）是宋學的領軍人物，其攻駁漢學的《漢學商兌》在學術
史上具有指標性意義。[7]

3　見梁啟超，《清代學術概論》（臺北：臺灣書房，2008），頁88-90。

4　此派意見認為，當時大力責難乾嘉漢學者，並非嚴格意義上的理學家，而
　　是受程朱義理影響的文士（包含桐城派與非桐城派），因此「漢宋之爭」
　　中的「宋派、宋學家」，並不等於「理學家」。見暴鴻昌，〈清代漢學與宋
　　學關係辨析〉，《史學集刊》，1997：2（長春，1997），頁67-68；龔鵬
　　程，〈乾隆年間的文人說經〉，收入氏著，《六經皆文——經學史／文學
　　史》（臺北：臺灣學生書局，2008），頁329-371；蔡長林，〈導言〉，《文
　　章自可觀風色：文人說經與清代學術》（臺北：國立臺灣大學出版中心、
　　中央研究院中國文哲研究所，2019），頁15-17。

5　見余英時著，彭國翔編，〈自序〉，《會友集——余英時序文集》（臺北：
　　三民書局，2010），頁19。

6　如羅志田云：「道咸以後復興的宋學與乾嘉諸儒所反對的宋學其實不必是
　　一個宋學。」見羅志田，〈章太炎、劉師培與清代學術史研究〉，收入氏
　　著，《近代讀書人的思想世界與治學取向》，頁238。

7　胡適這段話可為代表：「『漢學』家攻擊宋學，歷一百年之久，可算是沒
　　有遇著有力的反攻擊。直到《漢學商兌》出來，方才有一種比較有系統的
　　駁論。……他的《商兌》至少可算是理學末流對於『漢學』的一種最激烈
　　的反動。」見胡適，《戴東原的哲學》（臺北：遠流出版公司，1986），頁
　　124，另參余英時，〈曾國藩與「士大夫之學」〉，《歷史人物與文化危機》
　　（臺北：三民書局，2017），頁2-3；杜維明，〈早期清代思想中「學」的
　　觀念〉，《道、學、政：論儒家知識分子》（上海：上海人民出版社，
　　2006），頁124-125；王汎森，〈方東樹與漢學的衰退〉，收入氏著，《中國
　　近代思想與學術的系譜》（臺北：聯經出版公司，2005），頁11-12、20-
　　21；狄百瑞（William Theodore de Bary）著，黃水嬰譯，《儒家的困境》
　　（北京：北京大學出版社，2009），頁88-91。

　　由於方東樹在《漢學商兌》中對乾嘉漢學展開猛烈批判，而他又
是宋學一方形象鮮明的代表，因此一方面加深了吾人對漢、宋兩家勢
同水火的刻板印象，[8]同時學者也嘗試以方東樹和《漢學商兌》為素
材，來理解和建構「宋學」，[9]而《漢學商兌》對乾嘉漢學方法論和目的
論的種種批判，更成為學界反思漢學流弊的重要參照。[10]在這個意義
上，《漢學商兌》於清代學術史中占有極其關鍵的地位。

　　然而，近來學界已意識到，此前過度倚賴《漢學商兌》這副眼鏡
所觀看到的「漢宋之爭」或失之片面，一來當時也存在大量對乾嘉漢
學抱持異見的文人，他們的聲音不應被忽視；[11]二來《漢學商兌》的
版本其實不只一種，內容也略有不同；[12]再者《漢學商兌》所體現的

8　比較極端的例子，如清末皮錫瑞云：「方氏純以私意肆其謾罵」，朱維錚
　　亦視方氏「跳踉叫囂，不知區分論敵主次，一味謾罵。」見皮錫瑞，〈經
　　學復盛時代〉，《經學歷史》（北京：中華書局，2008），頁313；朱維錚，
　　〈漢學與反漢學──江藩的《漢學師承記》、《宋學淵源記》和方東樹的
　　《漢學商兌》〉，收入氏著，《求索真文明──晚清學術史論》（上海：上海
　　古籍出版社，1997），頁28。
9　見潘振泰，〈清代「漢宋之爭」的宋學觀點初探──以方東樹的《漢學商
　　兌》為例〉，《國立政治大學歷史學報》，20（臺北，2003），頁227-230。
10　林慶彰指出，當前的《漢學商兌》研究「大多集中在（漢學）訓詁與（宋
　　學）義理關係的討論」。見林慶彰，〈方東樹對揚州學者的批評〉，收入祁
　　龍威、林慶彰主編，《清代揚州學術研究》（臺北：臺灣學生書局，
　　2002），頁212。
11　如蔡長林云：「許多人對於漢宋之爭的『印象』，定格在江藩《漢學師承
　　記》與方東樹《漢學商兌》的狹窄視域中」，「乾嘉時期所謂的漢宋之
　　爭，在相當大的程度上，也可以理解成經生與具有程朱情懷的文士在學術
　　觀念上的碰撞。」見氏著，〈導言〉，《文章自可觀風色：文人說經與清代
　　學術》，頁13、17。
12　見漆永祥，〈方東樹《漢學商兌》新論〉，《文史哲》，2013：2（濟南，
　　2013），頁127-137。

方氏「宋學」並不全面，需與其《跋南雷文定》並觀始稱完備。[13] 相關研究雖已陸續見諸縹緗，但對於過度倚賴《漢學商兌》可能帶來的危險性，尚未見到充分的討論。對此，筆者希望以方東樹對清初大儒顧炎武（1613-1682）的評價爲線索，嘗試回應此問題。

　　雖然顧炎武的學術面向十分多元，不同時代和學派對他的詮解與推許不盡相同，[14] 但大多數學者均認爲，他對乾嘉考據學有著重要影響（至少在研究方法上），甚至目之爲漢學之開山。[15] 方東樹在《漢學商兌》中便是抱持這種立場：首先，他在該書卷下臚列各種清代漢學家的經學著作時，「春秋」類目下列有顧氏《左傳杜解補正》，「小學」類目下列有顧氏《音論》、《古音表》、《唐韻正》、《韻補正》四

13　見何威萱，〈方東樹的理學觀及其宋學立場再探——以《跋南雷文定》爲討論中心〉，《臺大文史哲學報》，86（臺北，2017），頁45-85。

14　乾嘉時期由於考據學的蔚起與文網緊收，故竭力渲染其以小學入手並側重經學的研究方法，視之爲漢學考據之開山；道咸以降經世之風陡興，又特別凸出其重視制度掌故、遍查天下地理的經世形象；此外，也有學者意識到其與程朱理學的淵源，目爲程朱護法。參胡楚生，〈顧亭林對於清代學術之影響〉，收入氏著，《清代學術史研究》（臺北：臺灣學生書局，1993），頁17-24；段志強，《顧祠——顧炎武與晚清士人政治人格的重塑》（上海：復旦大學出版社，2015），頁17-25、114-123。

15　持正面意見（乾嘉漢學源於顧氏）與折中意見（乾嘉漢學傳其研究方法，不傳其治學精神）者甚夥，其論述亦爲學者所熟稔，茲不細引，相關討論可參王家儉，〈清代「漢宋之爭」的再檢討——試論漢學派的目的與極限〉，《清史研究論藪》（臺北：文史哲出版社，1994），頁63-64。然亦有持反對意見，認爲顧氏實根本程朱，乾嘉漢學非其嫡傳者，此派意見亦頗值得重視，重要論述可參柳詒徵，〈顧氏學述〉，收入柳曾符、柳定生選編，《柳詒徵史學論文續集》（上海：上海古籍出版社，1991），頁20-34；錢基博，《江蘇學風》（武漢：華中師範大學出版社，2012），頁70；牟潤孫，〈顧寧人學術之淵源——考據學之興起及其方法之由來〉，《注史齋叢稿》（臺北：臺灣商務印書館，1990），頁162-177；張舜徽，《顧亭林學記》（武漢：華中師範大學出版社，2016），頁237-243。

書，「經義總則」類目下列有顧氏《九經誤字》。[16]而在開列全部名單後，他總結道：「以上皆據江藩《國朝經師經義目錄》，所謂『專門漢學』者也。」[17]可見在《漢學商兌》的圖像裡，顧炎武被歸入漢學陣營，是乾嘉漢學的重要源頭。[18]其次，據漆永祥統計，《漢學商兌》徵引漢學諸家文字一一攻駁之際，引用最多、斥責最力的便是顧炎武，計八十四次，遠高於排名第二、第三的戴震（1724-1777）（六十一次）與惠棟（1697-1758）（四十五次），[19]儼然是漢學一派的首席代表。因此有學者據此推論：「當方東樹激烈抨擊漢學和漢學家的時候，他心目中首先要打倒的就是顧炎武。」[20]然而，筆者在閱讀方氏其他著作時，卻發現他正面評價顧炎武之處甚夥，並多次援引顧氏之言以證成自身論點，與《漢學商兌》中對顧氏的凌厲炮火截然不同。這似乎提醒我們，《漢學商兌》所呈現的未必是方東樹漢宋觀的全貌，若在此基礎上論證漢宋之爭，並建構宋學的內容，可能會有偏頗。

---

16 見方東樹著，漆永祥彙校，《漢學商兌》（北京：北京聯合出版公司，2017），卷下，頁205、212。

17 方東樹著，漆永祥彙校，《漢學商兌》，卷下，頁212。

18 但須注意，方氏眼中的顧炎武並非漢學考證最初與唯一的源頭，一來他清楚認識到顧氏「尚未專標漢幟」，二來他在講述前人學術如何「流爲今日之漢學考證，橫流波蕩」時，嘗將顧氏與黃震（1213-1281）、袁桷（1266-1327）並舉，他們都是方氏所認爲的漢學先聲。見方東樹著，漆永祥彙校，《漢學商兌》，卷上，頁35、33；卷中之上，頁38-55、97；卷下，頁223-224。

19 見漆永祥，〈方東樹《漢學商兌》新論〉，《文史哲》，2013：2，頁134。漆氏以書中提到顧炎武的次數加總計算，朱維錚的計算方式則不同：「全書以頂行標出的正式引文，列舉原作者，……其中出現次數最多的，一是阮元，十三次；二是戴震，十次；……顧炎武……二次。」見朱維錚，〈漢學與反漢學——江藩的《漢學師承記》、《宋學淵源記》和方東樹的《漢學商兌》〉，收入氏著，《求索真文明——晚清學術史論》，頁29。

20 段志強，《顧祠——顧炎武與晚清士人政治人格的重塑》，頁120。

　　為了更加釐清此問題，以下將針對方東樹對顧炎武的評價進行較全面的探析，以審視他對顧炎武的具體態度及其學術眼界。主要材料除《漢學商兌》[21]外，尚有方氏之《書林揚觶》，以及經其校評的姚範（1702-1771）《援鶉堂筆記》（前人罕有留意該書中存在方東樹的大量批語，遑論深究之）。[22]之所以納入後二書，係因為它們在方氏所有著作中，展現最多對顧炎武的評價。

---

21 《漢學商兌》版本問題複雜，文字多有出入。漆永祥新近以望三益本為底本重予點校，同時以校記說明道光初刻本及《漢學商兌刊誤補義》中相對應段落之情況，能清楚體現各版本之文字異同，故本文據之徵引。

22 姚範是方東樹之師姚鼐（1731-1815）之從父，亦是方氏摯友姚瑩（1785-1853）之曾祖。姚瑩於福建任上曾輯刻曾祖之《援鶉堂筆記》，但所刻「既非足本，又失於讎校，訛誤實多」，故其後於道光十三、十四年（1833-1834）委託方東樹重新校刊，並於道光十五年付梓，道光十八年完成刊誤。方氏不僅訂正字句訛誤，更針對書中有疑義處詳加考定，並闡述己見於相關條目之下。見姚範著，方東樹校評，〈序〉，《援鶉堂筆記》（臺北：廣文書局，1971），頁7；〈栞誤〉，頁1989。又，該書的編纂始於姚鼐，持以教授姚瑩，後復命瑩續成之。見姚瑩，〈朝議大夫刑部郎中加四品銜從祖惜抱先生行狀〉，《東溟文集》，收入《清代詩文集彙編》編纂委員會編（後略編者），《清代詩文集彙編》第549冊（上海：上海古籍出版社，2010），卷6，頁10b；〈與張阮林論家學書〉，《清代詩文集彙編》第549冊，卷3，頁5a。姚瑩與方東樹交情匪淺，參劉振，〈姚瑩與方東樹交遊述略〉，《瀋陽大學學報（社會科學版）》，17：2（瀋陽，2015），頁208-211。姚範雖屬桐城宋學之疇，平時「篤信程朱」，卻也「彊記博聞、淹通宏洽」，故又擅於經史考據，嘗謂「非考證不足以多聞，而舍身心亦無以為學」，李兆洛（1769-1841）譽其「藏書數千卷，丹黃遍焉，有所論正，輒書之簡端，多發前賢所未發」。見姚瑩，〈與張阮林論家學書〉，《東溟文集》，收入《清代詩文集彙編》第549冊，卷3，頁4a；李兆洛，〈桐城姚氏薑塢惜抱兩先生傳〉，《養一齋文集》，收入《續修四庫全書》編纂委員會編（後略編者），《續修四庫全書》第1495冊（上海：上海古籍出版社，1995），卷15，頁3a-b。

二、《漢學商兌》中對顧炎武的評價

關於方東樹在《漢學商兌》中對顧炎武的負面批判，前人已有簡要的整理，主要歸納爲兩點——批判其「孔廟從祀觀」及「心不待傳」論，惜頗粗略。[23]爲了更全面理解方氏對顧炎武的意見，以下將先以《漢學商兌》爲中心，分爲三點析論之。

（一）評論顧氏音韻學上的功與過

自宋代吳棫（1100-1154）、鄭庠以來，學界意識到叶韻說的問題與侷限，開始深入研究古韻的劃分，但直到顧炎武才眞正直揭上古音與後世讀音的不同，並且首次打破《廣韻》的韻部分類，重新歸納先秦音韻爲十部（顧氏的另一大貢獻，是發現上古音入聲、陰聲相押韻的現象）。當然其分類並不精細，因此乾嘉學者如江永（1681-1762）、段玉裁（1735-1815）等人在其基礎上繼續析離成十三部、十七部，直到近代王力（1900-1986）更細分成二十九部，但這些其實都是受到顧炎武研究方法的啓發而有的成果。[24]對於顧炎武在古音研究上的開創之功，熟諳音韻學的方東樹並不吝予以掌聲，[25]他在《漢

---

23 見黃雅琦，〈方東樹《漢學商兌》本質的重新考察——以對顧炎武、惠棟、戴震的批判爲例〉，《（高雄師大）國文學報》，13（高雄，2011），頁238-241。此文承周敍琪學姐賜知，謹此致謝。

24 參董同龢，《漢語音韻學》（臺北：文史哲出版社，2003），頁237-262；王力，《清代古音學》（北京：中華書局，2013），頁5-37。

25 章太炎指出，「東樹亦略識音聲訓故，其非議漢學，非專詆諆之言。」見章太炎，〈清儒〉，《檢論》，收入《章氏叢書》（臺北：世界書局，1982），卷4，頁562。方氏頗能掌握清代音韻學的發展，相關敍述見方東樹著，漆永祥彙校，《漢學商兌》，卷中之下，頁130-131、135；方東樹，〈佩文廣韻匯編序〉，《攷槃集文錄》，收入《續修四庫全書》第1497

學商兌》中不但稱讚「顧氏以來，始知離析唐韻以求合古韻，韻學至
今日，幾於日麗中天」，更承認「小學音韻是漢學諸公絕業（按：據
前後文，此處「漢學諸公」包含顧炎武），所謂『此自是其勝場，安
可與爭鋒』者！」[26]他甚至在〈二十一部古韻序〉中，推許顧氏的
《音學五書》「殫思眇慮，博辨廣徵，實爲曠絕古今命世之作！」[27]

　　然而，在方東樹更核心的觀念中，韻部的劃分只是一種參考，不
能無限上綱成爲閱讀古文獻的唯一途徑。他指出：

　　古人無韻書，安得有部分？如謂後人之求聲分部，較
　　（陸）法言更精則可，不得謂法言失古人之部分也。觀
　　顧、江、戴、段諸家之書，皆自立部，而強聲以就我，不
　　無武斷；雖曰考之三代有韻之文多合，然已自不能畫
　　一。[28]

雖然顧炎武對「離析唐韻」重新分部的研究新途饒有貢獻，但包括顧
氏在內的各家韻部劃分，只是學者各自根據有限資料所做的嘗試性復
原，「皆自立部，而強聲以就我」，研究結果難得一致，也不可能完
整體現古音的全貌。[29]在校評《援鶉堂筆記》時，他甚至還舉顧、

　　冊，卷3，頁12b-14a。

26 方東樹著，漆永祥彙校，《漢學商兌》，卷中之下，頁131；卷下，頁
　　212。「此自是其勝場，安可與爭鋒」，漆氏點校本未加引號，實則典出劉
　　義慶著，余嘉錫註，〈文學第四〉，《世說新語箋疏》（臺北：華正書局，
　　2003），卷上，頁234。

27 方東樹，〈二十一部古韻序〉，《攷槃集文錄》，收入《續修四庫全書》第
　　1497冊，卷4，頁13a。

28 方東樹著，漆永祥彙校，《漢學商兌》，卷中之下，頁131。

29 方氏又云，顧炎武、江永、段玉裁的韻部劃分「學者頗病其強古人以就
　　我，不免武斷」。見方東樹著，漆永祥彙校，《漢學商兌》，卷中之下，頁
　　145。

江、段氏音韻分部的實例，證明「諸家所分部，固有難盡合於古者
也」。[30]

　　同樣被方東樹批評的還有顧炎武的古音觀念。顧氏不但明辨古
音、今音之歧異，更希望「天之未喪斯文，必有聖人復起，舉今日之
音而還之淳古者」，[31]將一切語音扭轉回先秦時候的樣態。如此固然充
滿挽救世道、重返淳古的崇高理想，但「舉今日之音而還之淳古者」
的極端復古卻形同膠柱鼓瑟，忽略了語音隨時而變的本質。因此不但
顧炎武當時已遭到好友傅山（1607-1684）捉弄，故意在叫喚顧氏起
床時將「天明矣」用古音「汀芒矣」發音，致其一臉茫然；[32]就連漢
學家江永、王鳴盛（1722-1797）等人，於顧氏所云亦不以為然，他
們強調「聲音文字，隨時而變，此勢所必至」，「今音通行既久，豈
能以一隅者概之天下？」[33]方東樹自然也不會放過這個攻擊的切入
點，他在《漢學商兌》中不但援引《四庫提要》「顧炎武之流，欲使
天下言語皆作古音，迂謬已極」的官方評價予以批判，更歎道：「古
今事變，不可究詰，必執古之所無不當為今之所有，則誣而難行！」

30 姚範著，方東樹校評，〈雜識五〉，《援鶉堂筆記》，卷49，頁1838。
31 顧炎武，〈音學五書序〉，《顧亭林詩文集》（北京：中華書局，2008），
　《亭林文集》，卷2，頁26。
32 見王鳴盛，〈唐以前音學諸書〉，《十七史商榷》，收入陳文和主編，《嘉定
　王鳴盛全集》第6冊（北京：中華書局，2010），卷82，頁1149。
33 王鳴盛，〈唐以前音學諸書〉，《十七史商榷》，收入陳文和主編，《嘉定王
　鳴盛全集》第6冊，卷82，頁1149-1150；王鳴盛，〈韻書功過之大小〉，
　《蛾術編》，收入陳文和主編，《嘉定王鳴盛全集》第8冊，卷35，頁
　698；江永，〈例言〉，《古韻標準》，收入伍崇曜輯，《粵雅堂叢書》（臺
　北：華文書局，1965），頁1650。以上可參王松木，〈墜入魔道的古音學
　家──論龍為霖《本韻一得》及其音學思想〉，《清華中文學報》，8（新
　竹，2012），頁82-83。

因此上古音韻、字形的研究只在學術界有意義，不應據此改變現實世界，「爲今世所不施用，即不宜用」。[34]

　　整體來看，在《漢學商兌》中，方東樹固然十分肯定顧炎武在音韻學史上的開創之功，但這些肯定都只在學術史的脈絡下才成立。相反地，書中更多的是指出這種研究方式本身存在的問題，及其可能帶來的弊病。[35]他對顧氏音韻研究的評論，顯然是貶過於褒。

（二）反對顧氏力主「貞觀之制」的孔廟從祀立場

　　孔廟從祀是國家級的祭典，從祀名單反映歷代官方「表彰它所認可的眞儒，向天下昭示它所肯定和鼓勵的學術主張、思想內容和行爲模範。」[36]自唐太宗貞觀年間創立孔廟從祀制度以來，從祀去取標準偏

34　方東樹著，漆永祥彙校，《漢學商兌》，卷中之下，頁149-150。方氏於他處亦云：「凡所以求古音者，將以求證古經音，而非欲以施今用也。茍經音既得則止，非必尊古而卑今，以矜爲苟難也。」見方東樹，〈二十一部古韻序〉，《攷槃集文錄》，收入《續修四庫全書》第1497冊，卷4，頁13b。《四庫提要》原文見永瑢等撰，〈凡例〉，《四庫全書總目》，頁18，另參同書卷119，子部，雜家類三，〈日知錄〉，頁1029。四庫館臣評顧氏《唐韻正》一書時，亦譏其「泥古」，見同書卷42，經部，小學類三，〈唐韻正〉，頁368。

35　除上述兩點，方氏在《漢學商兌》還批評了清代音韻研究帶來的其他問題，如段玉裁的〈諧聲表〉和諧聲說「只可專據《詩》、《易》及有韻之文，而不可概論一切經文，而況概以求全經之大義乎？」以及「聲韻一事，只屬偏端單義，而非全經閫旨得失所繫盡在於此學也」等等，但這些與顧炎武沒有直接關係，於茲不贅。見方東樹著，漆永祥彙校，《漢學商兌》，卷中之下，頁131-133。並參同書卷中之下，頁125、143、153；卷下，頁241-242。

36　見朱鴻林，〈元儒吳澄從祀孔廟的歷程與時代意涵〉，收入氏著，《孔廟從祀與鄉約》（北京：三聯書店，2015），頁84。

重於儒者註經、傳經的成就；明世宗嘉靖年間，德行成為重要的參考依據，不但眾多兩漢經學家由於德行未淳的理由遭到黜落，甚至德行表現優異但缺乏經學成果者亦取得入祀機會。[37]

明代中葉孔廟從祀判準和名單的轉變，在清初引起廣泛批評，他們大多為遭到罷祀的兩漢經學家鳴不平，[38]而顧炎武對此也有所申論：

> 夫以一事之瑕，而廢經傳之祀，則宰我之短喪、冉有之聚
> 斂，亦不當列於十哲乎！棄漢儒保殘守缺之功，而獎末流
> 論性談天之學，於是語錄之書日增月益，而五《經》之義
> 委之榛蕪，自明人之議從祀始也。有王者作，其必遵貞觀
> 之制乎！[39]

這段話包含幾項重點：一，漢魏經學家有「保殘守缺之功」，是經學傳承史上重要的一環；二，與其計較些許的德行瑕疵，傳經之功更具實質意義；三，漢魏學者所傳之經學都是具體有用的，異乎所謂「末流論性談天之學」；四，明代是孔廟從祀判準轉變的關鍵，此後經學

---

37 參黃進興，〈學術與信仰：論孔廟從祀制與儒家道統意識〉，收入氏著，《優入聖域：權力、信仰與正當性》（北京：中華書局，2010），頁186-251。筆者有專文詳論嘉靖孔廟從祀改制的前因後果，參何威萱，〈從「傳經」到「明道」：程敏政與明代前期孔廟從祀標準的轉變〉，《臺大歷史學報》，56（臺北，2015），頁35-86；何威萱，〈明中葉孔廟祀典嬗變的理論基礎：程敏政的〈奏考正祀典〉及與張璁孔廟改制觀的異同〉，《清華學報》，47：1（新竹，2017），頁45-84。

38 參張壽安，〈打破道統・重建學統——清代學術思想史的一個新觀察〉，收入呂妙芬主編，《明清思想與文化》（北京：世界圖書出版公司，2016），頁198-214。

39 顧炎武著，黃汝成集釋，〈嘉靖更定從祀〉，《日知錄集釋》（臺北：世界書局，1962），卷14，頁349。《原抄本日知錄》末句作「其亂遵貞觀之制乎」，「亂」字疑誤，見顧炎武，〈嘉靖更定從祀〉，《原抄本日知錄》（臺南：唯一書業中心，1975），卷18，頁431-432。

的重要性遭到貶抑；五，期望日後將孔廟從祀判準導回「貞觀之制」，優先考量傳經之功。[40] 有鑒於此，顧氏主張地方孔廟從祀在配合嘉靖改制之際，應當保持舊有之排序，「雖有闕者而不復更移」，希冀「有待於異日之重議」，恢復此前樣貌。[41]

方東樹在《漢學商兌》中也談到孔廟從祀，並且迻錄了上引顧氏之文加以反駁：

> 孔廷從祀，繫人心學術之大防，垂教立制之眼目，萬世所瞻法，非可以一時一人私意見爲是非進黜。……竊以爲尤當考其實行，以德行垂教，其功不更在傳經之上乎？[42]

方氏支持明代的改制，主張德行遠勝於傳經。不過他並不完全認同明代改制的結果，即以德行爲由大量黜落漢魏經學家，他認爲必須以同情和歷史的眼光看待漢魏學者，一來他們在秦火浩劫之後確實有「保殘守缺之功」與「訓詁名物之益」，更重要的是，他們生活在義理蒙昧的黑暗時代，尚未得聞程朱獨揭的聖賢義理，因此「縱有遺行，當從寬假，是宋後之論未可施於漢魏之人」。[43] 至於宋代以下諸儒，由於

---

40 顧氏於他處還提到一個問題：嘉靖改制造成從祀位次紊亂，後代學者反躋於前輩之上。見顧炎武，〈書孔廟兩廡位次考後〉，《顧亭林詩文集》，《亭林文集》，卷5，頁110。

41 見顧炎武，〈書孔廟兩廡位次考後〉，《顧亭林詩文集》，《亭林文集》，卷5，頁110。

42 方東樹著，漆永祥彙校，《漢學商兌》，卷上，頁30。

43 方東樹著，漆永祥彙校，《漢學商兌》，卷上，頁30。方氏又云：「漢儒之功不可廢，乃經傳而道仍未傳」、「竊以漢儒訓詁名物以傳經，抱殘守闕，厥功至大，然初未嘗自以接周、孔眞傳」。因此他雖然認可嘉靖改制的原則，卻主張「不當罷及康成從祀」。見同書卷上，頁37；卷下，頁218；卷上，頁20。

已浸淫於程朱義理之中，故「寧取其行，不得以著述偏重」。[44]要之，
「貞觀之制」有其特殊的時代背景，絕非通行萬世不容置疑的鐵律，
他反問顧炎武：

> 以貞觀之制及顧氏之論推之，漢唐諸儒固皆宜從祀，朱子
> 《四書集注》五十四家亦當從祀！[45]

儻恪守貞觀之制，以傳經為唯一標準，那麼朱子《四書集注》中獲得
徵引的五十餘位學者，豈非均當侑食孔廟？尤其宋代以後出版事業日
益發達，著作愈趨氾濫，以經學成就做為從祀標準顯然過於寬泛。方
氏認為，顧炎武特重從祀諸儒的著述成就，固然有挽救明末空疏之弊
的苦心，但這也造成後來乾嘉漢學家走向「蔽罪程朱，痛斥義理，專
重箸述」的極端，將學問導向空虛無用，並輕忽躬行實踐，「遺行足
愧」，這一切均肇端於顧炎武。方氏相信，「使亭林在今日見之，必
悔其言之失也！」[46]

---

44 方東樹著，漆永祥彙校，《漢學商兌》，卷上，頁30。方氏論程朱之功
　云：周公、孔子之教蕩滅於秦火，漢魏隋唐儒者勤於補綴葺治，「然其於
　周公、孔子之用猶未有以明之也。」「及至宋代，程朱諸子出，始因其文
　字以求聖人之心，而有以得於其精微之際，語之無疵，行之無弊，然後周
　公、孔子之真體大用如撥雲霧而睹日月。」見同書，〈重序〉，頁2-3，另
　參方東樹，〈合葬非古說〉，《攷槃集文錄》，收入《續修四庫全書》第
　1497冊，卷2，頁280。

45 方東樹著，漆永祥彙校，《漢學商兌》，卷上，頁30。

46 方東樹著，漆永祥彙校，《漢學商兌》，卷上，頁31。方氏《書林揚觶》
　亦云：「後來漢學變本加厲，遂成橫流，皆顧氏此論啓之！」見方東樹，
　〈箸書說經〉，《書林揚觶》，收入《四庫未收書輯刊》第9輯第15冊（北
　京：北京出版社，2000），卷下，頁11b。

（三）以顧氏為「蔑心之祖」

　　翻閱《漢學商兌》可發現，乾嘉學者令方東樹最難忍受的，是他們對程朱義理的否定與訾毀。在他看來，這股「務破義理之學，挑宋儒之統而已」[47]風氣的始作俑者，始於南宋的黃震（1218-1281），成於清初的顧炎武。

　　方東樹在《漢學商兌・卷中之上》開篇，接連謄抄了以下三段文字：第一段出自黃震的《黃氏日鈔》，黃氏認為「道心」推衍過頭會陷入禪學的「即心是道」，「三聖傳心」之說也有禪學的影子；第二段出自顧炎武《日知錄》，否定「傳心」之說，謂此近於禪學「不立文字，獨傳心印」；第三段復徵引黃震之論，強調「孔門未有專用心於內之說，用心於內，近世禪學之說耳。」[48]簡言之，這三段文字都否定了理學中的「心學」面向（此處所謂「心學」不是「陸王心學」，而是關於「心」的學問），認為過於強調心的重要性及相關工夫，或將流於禪學。

　　接著方東樹展開對黃、顧二人的批評。首先，方氏認為，程朱理學最重要的貢獻就是指出作為身心行事根本的心性義理的重要性，[49]而顧炎武卻亟欲掃除這些程朱的偉大成就，故其一再指責道：「黃震、顧亭林禁言心」、「顧亭林乃以性、道為末流而力闢之，可乎」、「凡六《經》言涉心、性、道、理，一概硬改其說，此是從來未有，獨黃震、顧亭林等始倡之」。[50]雖然他不否認顧炎武的立論或出於「目

47　方東樹著，漆永祥彙校，《漢學商兌》，卷中之下，頁195。
48　以上見方東樹著，漆永祥彙校，《漢學商兌》，卷中之上，頁38、46、51。
49　見方東樹著，漆永祥彙校，《漢學商兌》，卷下，頁219-220。
50　見方東樹著，漆永祥彙校，《漢學商兌》，卷中之上，頁49、58、97。

擊時病，有救敝之意」而「心則可原」，[51]但顯然這是一條錯誤的學術
道路，因爲這將使人「失其是非之心，即於惶惑茫昧，而無復觀理之
權衡矣」，方氏甚至認爲：「黃氏、顧氏……其害更甚於禪。」[52]

　　其次，方東樹明確指出，乾嘉漢學家之所以「惟務與宋儒立異爲
仇，顚倒迷妄，信口亂道，……實黃氏、顧氏作之俑也！」[53]他不客
氣地說：

> 此一大公案（按：即黃震首發的相關言論），其後顧亭林
> 申之，遂爲蔑心之祖，而漢學者因據以爲罪宋儒成讞
> 矣！[54]

雖然他認爲乾嘉漢學家「與程朱爲難」的程度更爲嚴重，「已與黃、
顧之意全別」，[55]但他以「蔑心之祖」稱呼顧炎武，這項指責不可謂不
嚴厲。

　　第三，方東樹深信一切的知識學問須以心性修養爲根柢，雖然從
表面上觀之，顧炎武（按：包含黃震、黃宗羲 [1610-1695]）「立身
大節、學問根柢不愧通儒」，但由於在心性問題上一開始便誤入歧
途，同時又「不免以博溺心，不肯細心窮理，潛玩程朱」，因此其
「議論多有差失，其流皆足爲學術大害」。[56]方氏進一步批評：

---

51 方東樹著，漆永祥彙校，《漢學商兌》，卷中之上，頁44。
52 見方東樹著，漆永祥彙校，《漢學商兌》，卷下，頁223-224。方氏又云：
　「夫禪之所以爲害，在遺人事、悖倫常，程朱有之乎？……然而程朱所以
　嚴辨乎禪者，爲其所依託心性彌近理而大亂眞也。乃黃震等（按：據前後
　文，此處「黃震等」包含顧炎武）並舉其眞、理無差者而欲去之，則又爲
　謬妄矣。」見同書卷下，頁222-223。
53 方東樹著，漆永祥彙校，《漢學商兌》，卷下，頁224。
54 方東樹著，漆永祥彙校，《漢學商兌》，卷中之上，頁38。
55 方東樹著，漆永祥彙校，《漢學商兌》，卷中之上，頁44-45。
56 方東樹著，漆永祥彙校，《漢學商兌》，卷中之上，頁49。

> 亭林……終從外鑠，所以然者，於聖賢六《經》義理功夫
> 太少耳。綜其大旨，不過以爲「百王之敝可以復起，三代
> 之盛可以徐還。」其言甚大，然亦甚夸，殆屬虛憍，恐未
> 能酬。……此事不從身心根本起，則皆成客氣粗疏。外王
> 必由內聖，達用必由明體，……吾故曰：亭林未足以列四
> 科、師百世，由其學偏於外王達用處多，而內聖明體處全
> 無，說著義理處無不錯者！後有論亭林者，當以此衡
> 之。[57]

方氏認爲，由於顧炎武不識心性，因此不但「內聖明體處全無」，並
且「說著義理處無不錯」，等於否定了顧氏與心性義理之學的所有聯
結，因此顧氏值得一提的學問，大概也只有「外王達用」的面向。然
而，「外王達用」必須根柢於「內聖明體」的成功，[58] 既然顧氏「見道
未眞」，「於義理甚魯莽滅裂，說著此事無不錯」，[59] 那麼他那些爲人
所稱道的各種學問工夫和經世理念「皆成客氣粗疏」，復何足觀？故

---

57 方東樹著，漆永祥彙校，《漢學商兌》，卷中之上，頁50。據漆永祥彙
校，此段文字不存在於最早的道光本中，係後來所添。方東樹的從弟兼弟
子方宗誠也認爲：「亭林……講用者多，而明體者少，且又不免細碎支離
拘迂之失，是博文而未能約禮，詳說而未能反約。」見方宗誠，〈跋二曲
集後〉，《柏堂集續編》，收入《清代詩文集彙編》第672冊，卷5，頁4a-
b。

58 方氏又云：「文士不體道，代聖立言皆空說也，使其得用，必不濟世。」
他對儒者心術與經學成就的不一致十分介意，如其對董仲舒的批評便是一
例。見姚範著，方東樹校評，〈雜識二〉，《援鶉堂筆記》，卷46，頁
1740；〈漢書五〉，《援鶉堂筆記》，卷21，頁777-778。又，不明心性義
理，是方氏眼中漢學家的通病，例如他也批評盧文弨、錢大昕「皆學其末
而昧其本，於義理白黑一無所辨，至於此極也」。見方東樹著，漆永祥彙
校，《漢學商兌》，卷中之上，頁67。

59 方東樹著，漆永祥彙校，《漢學商兌》，卷中之上，頁48、47。

方氏一則曰顧氏之學「終從外鑠」，二則曰其經世之學「殆屬虛憍，
恐未能酬」，三則曰「亭林未足以列四科、師百世」，徹底否定當時
學界對顧氏的推崇。方氏更自信地認為，他已洞悉顧氏學術的本質，
故這段論述應當成為後世評論顧炎武的定論。

　　關於方東樹對顧炎武心性之學的批評，有兩事復當一提。首先，
熟稔顧炎武生平者必不陌生，其嘗撰《下學指南》一書，冀望學者
「繹朱子之言，以達夫聖人下學之旨」；[60]晚年亦積極參與華陰朱子祠
的興建。[61]與方東樹同時的漢、宋學者均已看出顧炎武與朱子的深厚
淵源，例如漢學家江藩（1761-1831）雖將顧氏收入其《漢學師承
記》，卻置諸末卷，並下按語云：「（顧炎武、黃宗羲）兩家之學，皆
深入宋儒之室」；[62]宋學家唐鑒（1778-1861）捍衛朱子道統而撰之
《學案小識》，更將顧氏名列「翼道學案」第二位，僅次於直承朱子
道統的「傳道學案」之下；[63]至今部分學者也認為，顧炎武雖然反對
理學的末流（特別是陸王心學），然其學術實源於朱子，尤其繼承了
朱子的「下學」面向。[64]不過方東樹在《漢學商兌》中顯然不予認

---

60 見顧炎武，〈下學指南序〉，《顧亭林詩文集》，《亭林文集》，卷6，頁
　132，另參柳詒徵，〈顧氏學述〉，收入柳曾符、柳定生選編，《柳詒徵史
　學論文續集》，頁24-25；張舜徽，《顧亭林學記》，頁240-241。按：《下
　學指南》今佚。

61 見顧炎武，〈華陰縣朱子祠堂上梁文〉，《顧亭林詩文集》，《亭林文集》，
　卷5，頁121；張穆等撰，黃坤等編，《顧亭林先生年譜》，收入《顧炎武
　年譜（外七種）》（上海：上海古籍出版社，2012），頁79-84。

62 江藩，〈顧炎武〉，見氏著，漆永祥箋釋，《漢學師承記箋釋》（上海：上
　海古籍出版社，2006），卷8，頁865。

63 見唐鑒，〈翼道學案・崑山顧先生〉，《清學案小識》（臺北：臺灣商務印
　書館，1969），卷3，頁47。

64 參柳詒徵，〈顧氏學述〉，收入柳曾符、柳定生選編，《柳詒徵史學論文續
　集》，頁28；張舜徽，《顧亭林學記》，頁237；何佑森，〈顧亭林與黃梨

同，65 可見該書對程朱學者或宋學的定義較他人更爲嚴苛，同時也透露，方氏在面對乾嘉漢學時，不滿足只與他們交鋒駁火，而是有著清晰的歷史意識，要糾出「出錯」的源頭，並從源頭處將之擊倒，而顧炎武就是必須擊倒的頭號目標之一。

尤有進者，方東樹在《漢學商兌‧卷中之上》開篇抄錄的三段文字的第二則（指控顧炎武否定「傳心」之說），其實大有問題。查《日知錄》〈心學〉條，當中確實存在方氏摘錄的大段文字，但仔細研讀上下文後，不難發現，這並非顧炎武本人的意見，而是他從《黃氏日抄》中摘錄下來的黃震原文！方東樹之所以張冠李戴，原因在於該文出現「愚按」二字，這其實是黃震在《黃氏日抄》中自下之按語而爲顧氏所摘引，但方東樹卻誤讀成顧氏所爲，遂於《漢學商兌》中冠以「顧氏曰」並加以攻訐。66 翻閱《漢學商兌》，方東樹屢屢將黃震、顧炎武連稱，並對二人展開激烈的批評，而這些批評大多係根據卷中之上前三條而來。如今與顧炎武直接相關的第二條，竟然是誤讀了原本屬於黃震的文字，這使得方東樹對顧炎武理學思想的批評或有

洲——兼述清初朱子學〉、〈顧亭林的經學〉，收入氏著，《清代學術思潮》（臺北：國立臺灣大學出版中心，2009），頁224-227、235、254-258；牟潤孫，〈顧寧人學術之淵源——考據學之興起及其方法之由來〉，收入氏著，《注史齋叢稿》，頁162-177。

65 方氏在《漢學商兌》中摘引上引江藩數語，駁斥道：「（江藩）稱其『深入宋儒之室』，益爲無見之談。以余論黃、顧二君，蓋得漢學之精，而宋學之粗者也。」見方東樹著，漆永祥彙校，《漢學商兌》，卷上，頁35。

66 見顧炎武著，黃汝成集釋，〈心學〉，《日知錄集釋》，卷18，頁429-431、黃震，〈讀尚書‧舜典〉，《黃氏日抄》（京都：中文出版社，1979），卷5，頁44；方東樹著，漆永祥彙校，《漢學商兌》，卷中之上，頁46。狄百瑞最先論及此事，見William Theodore de Bary, *The Message of the Mind in Neo-Confucianism*（New York: Columbia University Press, 1989）, pp. 211, 256.

再商榷的空間，同時方氏的學術嚴謹性也將令人質疑，因為這個錯誤
並非不能避免，[67]特別是其於《漢學商兌‧凡例》中曾自豪地說：

> 余此書援引事文，一字一語，必根柢典籍，不敢杜撰鑿空
> 臆語。……至援引諸書，原書未見，第著所引之書，仿惠
> 棟、王懋竑例，自注「未見原書」。[68]

方氏明知《日知錄》此處抄撮了大量的黃震文字，卻沒有「根柢典
籍」，索閱《黃氏日抄》詳加比對，可見其所謂「一字一語，必根柢
典籍」、「原書未見，第著所引之書，……自注『未見原書』」顯係場
面話，並未確切執行。[69]

　　總之，即便方東樹在《漢學商兌》中對顧炎武的音韻造詣有過肯
定，但那些少數的讚揚之語顯得籠統而虛浮，讀者更多感受到的是扎
實的批判與質疑，特別是以「體用」的角度指斥其見道未真，缺乏義
理根柢，因此整體學問虛憍不實。職是，雖然細心的讀者可能會在
《漢學商兌》中發現這句話：「余初服膺黃（宗羲）、顧」，但恐怕沒
有多少人會認真看待，反而會被接下來的「其學皆由外鑠，無深造自
得、一往至深、精能獨有千古之處」[70]云云所吸引並肯認之。這是吾

---

67 例如陳垣《日知錄校注》一一按覈原書，於「愚案」下註曰：「此『愚案』
　亦《日鈔》之言」，沒有犯錯。見陳垣，〈心學〉，《日知錄校注》（合肥：
　安徽大學出版社，2007），卷18，頁1014。
68 方東樹，漆永祥彙校，〈凡例十則〉，《漢學商兌》，頁3。在討論陶淵明
　的祖葷問題時，方氏譏諷沈約和錢大昕於「淵明本末及詩集並未嘗一細心
　校閱也」，可見「一字一語，必根柢典籍」也是他對別人的學術要求。見
　姚範著，方東樹校評，〈枉誤〉，《援鶉堂筆記》，頁2001-2002。
69 漆永祥在細讀《漢學商兌》後，發現書中許多引文都是轉引而來，而非逕
　直查閱當事人的原著，其嚴謹性可見一斑。見漆永祥，〈導讀〉，收入方
　東樹著，漆永祥彙校，《漢學商兌》，頁23-26。
70 方東樹著，漆永祥彙校，《漢學商兌》，卷中之上，頁49。

人閱讀《漢學商兌》會得到的印象。

三、方東樹於他處對顧炎武的正面評價

雖然方東樹在《漢學商兌》中對顧炎武多所責難，但若暫且放下此書，轉向方氏其他著作，會發現他對顧炎武的評價正面許多。茲撮其大要，判爲四點，述之於下。

（一）正面引用顧炎武的經史訓釋以補充論述

方東樹在校訂姚範的讀書筆記《援鶉堂筆記》時，時常引用顧炎武的說法以補充姚範的論證，甚或據之駁正姚說。大體上可分爲三種情況。

1. 第一種情況最爲常見，係直接點明顧炎武或其著作之名，要讀者參考。

例如姚範論唐初孔穎達（574-648）編《五經正義》時，引用《舊唐書》，補充說明當時崔義玄（586-656）奉命參與「討論《五經正義》，與諸博士等詳定是非，事竟不就」。[71] 方東樹於文末加上按語云：

> 樹按：此條《日知錄》引《新書》本傳言之尤詳。[72]

方氏此處參考了《日知錄》〈十三經注疏〉條，顧炎武於條末引用

---

71 見姚範著，方東樹校評，〈周易〉，《援鶉堂筆記》，卷1，頁13-14；劉昫等編，〈崔義玄傳〉，《舊唐書》（北京：中華書局，2008），卷77，頁2689。

72 姚範著，方東樹校評，〈周易〉，《援鶉堂筆記》，卷1，頁14。

《新唐書》孔穎達本傳，詳細說明《五經正義》成書後，由於「其中
不能無謬冗，博士馬嘉運駁正其失，至相譏詆」，因此太宗先是「詔
更令裁定，功未就」，其後高宗永徽二年（651）復「詔中書門下與
國子三館博士、宏（弘）文館學士考正之」，幾經商榷，「書始布
下」。[73]這些細節是姚範未曾清楚闡明的，補充之後能使讀者更加理解
《五經正義》成書之波折。

又如《史記·孔子世家》記錄了孔子後代對其生前物品的處置：
「孔子……故所居堂弟子內，後世因廟藏孔子衣冠琴車書」，[74]其中
「故所居堂弟子內」一句費解。姚範引用《漢書·鼂錯傳》「家有一
堂二內」，視堂、內為建築中的兩個不同位置；[75]方東樹則據方苞
（1668-1749）之論，認為此語係文字誤倒，「當作『故弟子所居堂
內』」，「堂內」為「堂之內」，只有一處。[76]接著方東樹另外加上一則
補充：

　　又按：孔子講堂冢，顧亭林之說得之。[77]

所謂孔子講堂冢，指的是《史記》此處的前兩句話：「魯世世相傳以

---

73 見顧炎武著，黃汝成集釋，〈十三經注疏〉，《日知錄集釋》，卷18，頁
　421-422；歐陽修、宋祁，〈孔穎達傳〉，《新唐書》（北京：中華書局，
　2008），卷198，頁5644。
74 司馬遷，〈孔子世家〉，《史記》（北京：中華書局，2008），卷47，頁
　1945。
75 見姚範著，方東樹校評，〈史記二〉，《援鶉堂筆記》，卷16，頁615；班
　固著，顏師古註，〈鼂錯傳〉，《漢書》（北京：中華書局，2008），卷
　49，頁2288。顏師古註引張晏曰：「二內，二房也。」
76 見姚範著，方東樹校評，〈史記二〉，《援鶉堂筆記》，卷16，頁615；方
　苞，《史記注補正》，收入《叢書集成新編》第111冊（臺北：新文豐，
　1985），頁19。
77 姚範著，方東樹校評，〈史記二〉，《援鶉堂筆記》，卷16，頁615。

歲時奉祠孔子冢，而諸儒亦講禮、鄉飲、大射於孔子冢」，[78]司馬遷
說，孔子去世後，孔子冢成為弟子及後世儒者重要的講學、習禮場
地。但顧炎武認為不太可能，因為先秦時期除了奔喪、去國二事，幾
乎沒有以墳墓為場域的禮典，墓祭、盧墓漢代始興，因此講堂與孔子
冢必分屬兩處，「豈有就（孔子）冢而祭？至鄉飲、大射尤不可於家
上行之！……太史公不達，以為祭於冢也」。[79]這雖然不屬於姚範此條
的內容，然方東樹深韙之，以為能補充說明後世儒者講學、習禮的場
域安排情形，故附於此條之末，以饗讀者。

此外，《三國志・陸抗傳》謂陸抗（226-274）於「永安二年
（259），拜鎮軍將軍，都督西陵，自關羽至白帝。三年，假節」，[80]其
中「自關羽至白帝」一句明顯有問題，一來當時關羽（?-220）已
死，二來關羽非地名。姚範認為「『至』字上疑脫『城』字」，當作
「關羽城」，但並未引述文獻證據，似是就上下文義所作的臆測。[81]對
此方東樹下按語道：

> 樹按：當作「瀨」字，非「城」也，見〈甘寧傳〉。顧亭

78 司馬遷，〈孔子世家〉，《史記》，卷47，頁1945。
79 顧炎武著，黃汝成集釋，〈墓祭〉，《日知錄集釋》，卷15，頁356。楊寬
　 反對顧氏之論，認為周初雖無墓祭，然春秋以後已漸有之，呂思勉也有類
　 似看法。見楊寬，《中國古代陵寢制度史研究》（上海：上海人民出版
　 社，2003），頁37、108-120；呂思勉，〈墓祭〉，《呂思勉讀史札記》（上
　 海：上海古籍出版社，1982），甲帙，頁275-277。
80 陳壽著，南裴松之註，〈陸迅傳第十三〉，《三國志》（北京：中華書局，
　 2008），《吳書》，卷58，頁1355。
81 見姚範著，方東樹校評，〈三國志三〉，《援鶉堂筆記》，卷32，頁1185。
　 《通志》抄錄相關文字時，作「自關羽城至白帝」，與姚說同，然姚範似未
　 知《通志》此例的存在，否則當援以為證。見鄭樵，〈陸抗傳〉，《通志》
　 （杭州：浙江古籍出版社，2000），卷120，頁1831。

林謂「『關某』二字當作『益陽』」。82

方氏指出，〈甘寧傳〉提到當年孫、劉兩家對峙益陽，東吳大將甘寧
逼退關羽，迫其於河邊淺瀨紮營不敢妄渡，「今遂名此處爲『關羽
瀨』」，83因此「關羽」二字下若有缺漏，當補「瀨」字，而非姚範所
說的「城」字。方氏復引顧炎武語補充道，將「關羽」二字替換爲關
羽瀨的所在地「益陽」亦通。觀方東樹按語，他似乎先查閱《三國
志‧甘寧傳》，其後方引用顧氏語補充另一種可能，然覈之《日知
錄》，實則據〈甘寧傳〉提出「關羽瀨」者亦爲顧氏，只不過顧氏最
後認爲作「益陽」更妥，84因此方氏很可能是通過《日知錄》才掌握
了〈甘寧傳〉的資料。姑先不論方氏是否有竊據顧炎武研究成果的意
圖，至少反映了他對顧氏考證的重視和信從。

　　以上三例，前兩例只點出顧氏或其著作之名稱，並未引述其任何
文字；末例則有所徵引。雖然形式稍有不同，但這些例子都是以肯定
的態度逕將顧炎武的說法作爲正面的補充資料，欲讀者參閱。

2. 第二種情況與第一種類似，但方東樹在引用之餘進一步查證，以明顧氏所言無誤。

　　例如《漢書‧匈奴傳》提到，漢平帝時車師後國國王姑句、婼羌
國去胡來王唐兜與漢朝督護校尉有隙，降於匈奴，烏珠留單于納

---

82 姚範著，方東樹校評，〈三國志三〉，《援鶉堂筆記》，卷32，頁1185。
83 陳壽著，南裴松之註，〈程黃韓蔣周陳董甘凌徐潘丁傳第十〉，《三國
　　志》，《吳書》，卷55，頁1293-1294。
84 見顧炎武著，黃汝成集釋，〈三國志〉，《日知錄集釋》，卷26，頁597。
　　按：元儒郝經已先據〈甘寧傳〉提出「關羽瀨」，見郝經，〈陸抗傳〉，
　　《續後漢書》（北京：商務印書館，1958），卷62，頁672-673。

之。[85]漢廷遣使斥責,單于一度辯駁抗命,但最終還是「叩頭謝罪,
執二虜還付使者」。[86]在單于起初的辯辭中,言及:「臣知父呼韓邪單
于蒙無量之恩」,[87]文中自稱名「知」。對此姚範說:

> 「臣知父呼韓邪單于」,亭林云:「其時單于尚未更名
> 『知』,當云『臣囊知牙斯』,作史者從其後更名錄之。」
> 按:上已有「至知獨求」之文。[88]

顧氏語見《日知錄》〈漢書注〉條,[89]他指出烏珠留單于自名「知」,
是出於後來史官的修改,並非史料原文,因為單于原名「囊知牙
斯」,嗣後才更名為「知」。姚範引用顧文認同此論,並補充說:「上
已有『至知獨求』之文」,表示史官的修改不只一處。[90]方東樹於此下
按語云:

> 樹按:下云「莽令中國不得有二名,使使者風示單于,宜
> 上書慕化,為一名。」亭林說是也。[91]

顧炎武在《日知錄》中僅指出時間點的前後問題,姚範援用後亦僅多
提供一則後來史官修改的事例,二人均未說明單于更名的正確時間及

---

85 見班固著,顏師古註,〈西域傳下〉,《漢書》,卷66下,頁3924-3925。
　　班固曰:「宣帝時……破姑師,未盡珍,分以為車師前、後王及山北六
　　國」、「婼羌國王號去胡來王。」見〈西域傳上〉,《漢書》,卷66上,頁
　　3873、3875。
86 班固著,顏師古註,〈匈奴傳下〉,《漢書》,卷64下,頁3818-3819。
87 班固著,顏師古註,〈匈奴傳下〉,《漢書》,卷64下,頁3818。
88 姚範著,方東樹校評,〈漢書九〉,《援鶉堂筆記》,卷25,頁969。
89 見顧炎武著,黃汝成集釋,〈漢書注〉,《日知錄集釋》,卷27,頁642。
　　姚範所引與顧氏原文略有出入,但意義一致。
90 「至知獨求」見班固著,顏師古註,〈匈奴傳下〉,《漢書》,卷64下,頁
　　3810。
91 姚範著,方東樹校評,〈漢書九〉,《援鶉堂筆記》,卷25,頁969。

原因。方東樹則查閱《漢書》，發現單于更名一事確實發生在其抗辯之後，且係出於王莽（45BCE -23BCE）的要求，[92] 爲顧炎武的說法找到有力的支撐，從而證明並肯定顧氏的判斷無誤。

方東樹覆覈顧炎武說法的舉動可有兩種解釋：一是反映他對顧氏所云未必百分之百信任，不過這反而也突顯了他對顧氏說法的重視，即便未可驟信，卻也不敢輕易否定，必須加以驗證方可給出結論。一是他將顧氏視爲學術典範，不忍見其論述略有疏漏，故特予補強。無論採用哪種解釋，都透露顧炎武在方東樹眼中地位非同一般。

3. 第三種情況，則是以顧炎武的說法糾正姚範。

例如賈公彥《周禮註疏‧序》開篇「燧皇始出握機矩表計寘其刻日蒼牙通靈昌之成孔演命明道」云云，歷來學者「往往不能句讀」，[93] 姚範認爲當依《易緯‧通卦驗》斷句：「〈正義序〉：『燧皇始出握機矩表計寘其刻日』，劉恕《通鑑外紀》引《易‧通卦驗》，以『表計寘』爲句。」[94] 方東樹於此並未討論如何斷句，而是指出姚氏用辭的錯誤：

> 東樹按：据《唐書》，孔仲達《五經疏》皆曰「正義」，
> 賈《周禮》、《儀禮》《疏》直云「疏」，《日知錄》謂
> 「今通謂之疏」，猶之可也。此題曰「正義序」則大不

---

92 相關記載見班固著，顏師古註，《漢書》，卷64下，〈匈奴傳下〉，頁3819。

93 吳騫，《尖陽筆叢》，收入氏著，虞坤林點校，《吳騫集》第4冊（杭州：浙江古籍出版社，2016），卷4，頁50。賈氏原文見鄭玄註，賈公彥疏，〈序〉，《周禮注疏》，收入阮元校刻，《十三經注疏》（北京：中華書局，2003），頁633。

94 姚範著，方東樹校評，〈周禮〉，《援鶉堂筆記》，卷7，頁171。

可，此沿宋本之陋也。[95]

方氏強調，無論《舊唐書》、《新唐書》，只有孔穎達的註疏被稱爲
「正義」，賈公彥的著作則被稱爲「疏」或「義疏」，[96]因此姚範稱賈氏
序文爲「正義序」明顯有誤。方氏認爲，若欲泛稱這些第二層級的註
解類書籍，可用「疏」字，不可用「正義」，「正義」特指孔穎達的
著作，而在其論證過程中，顧炎武《日知錄》是重要論據。上引「關
羽城」一例也屬類似情況，方東樹不認同姚範在「關羽」下補上
「城」字的主張，而是支持顧炎武，作「關羽瀨」或「益陽」。

　　方東樹與姚範同屬桐城宋學，但在討論經史問題時，面對姚範與
顧炎武的不同意見，他未必站在學派立場爲姚氏粉飾，而是不惜以顧
氏之論駁正之（事實上，方東樹校評《援鶉堂筆記》時，對姚範的駁
正並不多見，此處兩例正好都是以顧炎武糾正姚範），希望提供讀者
更正確的知識。顧炎武在方東樹心目中分量之重，於焉可見。

（二）認同其義理與史識

　　以上諸例，係方東樹對顧炎武經史訓釋的正面引用，以擴大讀者
對《援鶉堂筆記》內容的理解。接下來的三則例證，則進一步涉及方
東樹對顧氏義理思想與史識的認同。

---

95 姚範著，方東樹校評，〈周禮〉，《援鶉堂筆記》，卷7，頁171。顧氏原文
　　見顧炎武著，黃汝成集釋，〈十三經注疏〉，《日知錄集釋》，卷18，頁
　　421。
96 稱《周禮疏》、《儀禮疏》者，如劉昫等編，〈經籍志上〉，《舊唐書》，卷
　　46，頁1972；歐陽修、宋祁，〈藝文志一〉，《新唐書》，卷57，頁1433。
　　稱《周禮義疏》、《儀禮義疏》者，如劉昫等編，〈賈公彥傳〉，《舊唐
　　書》，卷189，頁4950。

1.「爲人後」

　　例如《公羊傳》成公十五年經文云「仲嬰齊卒」,《公羊傳》認爲「仲嬰齊」即書中屢次出現的「公孫嬰齊」,其兄即公孫歸父,他們的父親則是魯莊公之弟東門襄仲(仲遂);而此處公孫嬰齊之改氏爲「仲」,是爲了揭示其「爲兄後」的身分,即過繼給自己的哥哥歸父,按照當時「孫以王父(按:即祖父)字爲氏」的原則,遂從已變成祖父的仲遂處改氏成爲「仲嬰齊」。《公羊傳》並由之推導出「爲人後者爲其子」的重要理論,成爲日後討論過繼問題難以撼動的學理。[97]不過,這種將弟弟過繼給哥哥而導致兄爲父、父爲祖的現象,實在有違尋常的人倫認知,因此就連大力捍衛「爲人後者爲其子」的何休(129-182),在註解此處時也忍不住說:「弟無後兄之義,爲亂昭穆之序矣!父子之親,故不言『仲孫』,明不與子爲父孫」,認爲孔子實未之許也。[98]

　　姚範抄錄《公羊傳》原文及何休註語後,駁之曰:「若如所云,政當書『仲孫』以示譏,反去『孫』乎?」[99]他顯然不認爲此處有譏諷之義,反而是正面肯定了以弟後兄的事實,無條件支持「爲人後者

---

97 見何休註,徐彥疏,〈成公十五年〉,《春秋公羊傳注疏》,卷18,收入阮元校刻,《十三經注疏》,頁2296。關於宋代至清代學者對此問題的爭論,參張壽安,〈「爲人後」:清儒論「君統」之獨立〉,收入氏著,《十八世紀禮學考證的思想活力——禮教爭論與禮制重省》(北京:北京大學出版社,2005),頁144-226。筆者對《公羊傳》與爲人後、及其與明代孔廟從祀名單變化的關係有過討論,參何威萱,〈明中葉孔廟祀典嬗變的理論基礎:程敏政的〈奏考正祀典〉及與張璁孔廟改制觀的異同〉,《清華學報》,47:1,頁69-73。
98 見何休註,徐彥疏,〈成公十五年〉,《春秋公羊傳注疏》,卷18,收入阮元校刻,《十三經注疏》,頁2296。
99 姚範著,方東樹校評,〈春秋公羊傳〉,《援鶉堂筆記》,卷13,頁489。

爲其子」之義。方東樹對此深感不然：

> 樹按：《公羊》之言悖理害義，莫如「黜周王魯」，及此
> 「以弟禰兄」二事。……《公羊》以嬰齊實後歸父，据
> 「孫以王父字爲氏」也；何云「不與子爲孫」，以去孫稱
> 仲也，所以伸《傳》兼解經也，其實去孫稱仲亦仍氏仲也
> 也。顧氏亭林曰：「季友、仲遂皆生而賜氏，故其子即以
> 父字爲氏。」但「嬰齊之爲後，後仲遂，非後歸父也」，
> 此語可謂定論，猶之僑如奔而立豹以爲兄後則非也；明世
> 宗後孝宗，非後武宗也。《傳》拘於「孫以王父字爲
> 氏」，橫生枝節，說愈繁愈不即人心。[100]

方氏首先指出，雖然《公羊傳》與何休立場相反，但他們都肯定了嬰
齊過繼給兄長歸父的眞實性，也承認了仲遂與嬰齊由父子變成祖孫關
係，只不過前者許之，後者譏之。方氏對這兩種說法都不滿意，他引
述顧炎武《日知錄》的意見，認爲嬰齊並未眞的過繼給他的兄長，其
實還是「後仲遂」，他的氏「仲」原先就襲自父親，而非緣於改父爲
祖。據此，方東樹不但否定了「孫以王父字爲氏」的必然性，更嚴厲
地批評《公羊傳》「以弟禰兄」的解釋是「悖理害義」。他接著又引
用顧炎武的說法：

> 顧又云：「『爲人後者爲之子』，此語必有所受。」按：
> 漢、宋、明三大案，允當以此爲斷，然又無以解於此
> 《傳》亂昭穆之次、失父子之親之失也。不知禮主大法，
> 亦順人情，當其繼統，即嗣正統之嗣爲之子、爲之孫，言

<hr>

[100] 姚範著，方東樹校評，〈春秋公羊傳〉，《援鶉堂筆記》，卷13，頁489。
　　 顧氏語見顧炎武著，黃汝成集釋，〈仲嬰齊卒〉，《日知錄集釋》，卷4，頁
　　 103。

其常也；若以弟繼兄，亦嗣所承昭穆之統耳，豈謂爲兄之
子乎？顧氏又云：「商之世，兄終弟及，故十六世而有二
十八王」，此可爲確證。[101]

所謂漢、宋、明三大案，係指歷史上三位過繼之帝王試圖推尊本生父
母的重大事件——漢哀帝推尊定陶王、宋英宗「濮議」、明世宗「大
禮議」，當中持反對意見的大臣、學者無不以「爲人後者爲其子」作
爲理論依據，認爲三帝應爲所後者服斬衰三年，不得再與本生家庭保
持原先的密切關係（包括對本生父母的喪服均須降等）。程頤（1033-
1107）與朱子都極力捍衛此論，主張過繼後的新親屬關係是天理的體
現，本生父母已成爲必須被壓抑的「私親」。[102]這樣的觀點經過明世
宗「大禮議」後得到學者普遍的反思，認爲在高揚天理之際應適當考

---

101 姚範著，方東樹校評，〈春秋公羊傳〉，《援鶉堂筆記》，卷13，頁489。
　　首句顧氏語出處同前，末句「顧氏云」見顧炎武著，黃汝成集釋，〈兄弟
　　不相爲後〉，《日知錄集釋》，卷14，頁334。
102 程頤在濮議中主張：「竊以濮王之生陛下，而仁宗皇帝以陛下爲嗣，承祖
　　宗大統，則仁廟，陛下之皇考；陛下，仁廟之適子；濮王，陛下所生之
　　父，於屬爲伯；陛下，濮王出繼之子，於屬爲姪。此天地大義，生人大
　　倫，如乾坤定位，不可得而變易者也。……所以不稱（濮王爲）父者，陛
　　下以身繼大統，仁廟父也，在於人倫，不可有貳，故避父而稱親。……今
　　親之稱，大義未安。……設如仁皇在位，濮王居藩，陛下既爲家嗣，復以
　　親稱濮王，則仁皇豈不震怒？濮王豈不側懼？……伏願陛下深思此理，去
　　稱親之文，……天下化德，人倫自正，大孝之名光於萬世矣。」朱子論濮
　　議則云：「且如今有爲人後者，一日所後之父與所生之父相對坐，其子來
　　喚其所後父爲父，終不成又喚所生父爲父！這自是道理不可。試坐仁宗於
　　此，亦坐濮王於此，使英宗過焉，終不成都喚兩人爲父！」見程顥、程頤
　　著，王孝魚點校，〈代彭思永上英宗皇帝論濮王典禮疏〉，《二程集》（北
　　京：中華書局，2006），《河南程氏文集》，卷5，頁515-518；黎靖德編，
　　〈本朝一・英宗朝〉，《朱子語類》（北京：中華書局，2004），卷127，頁
　　3045。

慮人情，因此明末以降學理的天平日益向人情一隅傾斜。103 上引方東樹按語，其實也體現了清儒重視人情的立場，他雖然和顧炎武同謂「『爲人後者爲之子』，此語必有所受」，認爲這個原則不容輕易挑戰，但其實他們二人都更強調「禮主大法，亦順人情」，應當將「繼統」與「繼嗣」分開考慮：在特殊情況下，弟可以爲兄後，但這僅限於「嗣所承昭穆之統」，而非在日常生活中眞的稱兄爲父、稱父爲祖，如此既能解決家族的傳承問題，同時也能維繫家庭彝倫與所後者的情感。104 換言之，顧炎武和方東樹都認爲，所謂「爲人後者爲之子」的「爲之子」，係指「繼統」的系譜而言，並非在人倫關係上由弟變子、由父變祖（這些意見其實與《日知錄》中所云一致，惟方氏未具體摘錄原文，而是化約爲自己的說法）。105

　　方東樹的論點與堅持「統嗣合一」的程朱頗有差距，明顯受到明末以來相關思潮的影響，但他選擇以顧炎武而非其他立場相近的明清學者的觀點，作爲支撐己論的論據，並視之爲此一大公案之「定論」，反映他在過繼問題的義理闡釋上對顧氏的認同與信服，明顯有異於《漢學商兌》中批評顧氏「不肯細心窮理，潛玩程朱，所以議論多有差失，其流皆足爲學術大害」、「內聖明體處全無，說著義理處無不錯者」的嚴厲態度。

103 參張壽安，〈「爲人後」：清儒論「君統」之獨立〉，收入氏著，《十八世紀禮學考證的思想活力——禮教爭論與禮制重省》，頁144-226。
104 統、嗣二分係嘉靖初年首輔張璁的重要主張，據以支持世宗對本生父母的推尊。參張壽安，〈「爲人後」：清儒論「君統」之獨立〉，收入氏著，《十八世紀禮學考證的思想活力——禮教爭論與禮制重省》，頁151。
105 見顧炎武著，黃汝成集釋，〈仲嬰齊卒〉、〈兄弟不相爲後〉，《日知錄集釋》，卷4，頁103；卷14，頁334。

2.「養之以福」

　　又如《左傳》成公十三年三月，劉康公針對成肅公受脤不敬一事說道：「能者養之以福，不能者敗以取禍」，杜預於前句註云：「養威儀以致福」；[106]姚範抄錄杜註後，援引陸粲（1491-1551）的說法，指出《漢書‧五行志》引用首句作「能者養以之福」，「以」、「之」二字顛倒，且顏師古（581-645）、孔穎達相關註文也都呈現「養以之福」之義，釋「之」字爲「往」。[107]方東樹於此條下簡單註了六個字：「樹按：顧氏已詳」，[108]指的是顧炎武在《左傳杜解補正》中已有相關討論。查顧書，首先亦引用陸粲語及顏師古、孔穎達註文，認爲當作「養以之福」，與姚範所云大同小異；接著顧氏說：

> 今本作「養之以福」，謂「養之以致福」耳，於義亦通，但杜、顏注此云「養威儀以致福」則恐非是。竊謂「養」是養「所受之中」，蓋敬愼於動作威儀之間，乃所以養此中耳。[109]

顧氏認爲，無論作「養之以福」或「養以之福」，所養者應是內在的「所受之中」，而非皮相的「動作威儀」。這裡涉及兩個層次的問題，其一是對《左傳》文義的理解，劉康公原話爲：「吾聞之：民受天地

---

106 杜預註，孔穎達正義，〈成公十三年〉，《春秋左傳正義》，卷27，收入阮元校刻，《十三經注疏》，頁1911。

107 見姚範著，方東樹校評，〈春秋左傳三〉，《援鶉堂筆記》，卷12，頁437。陸粲語見陸粲，〈與太宰羅公論困知記書〉，《陸子餘集》（國家圖書館藏明嘉靖四十三年[1564]刊本），卷6，頁21下-22上；陸粲，《左傳附注》（國家圖書館藏明嘉靖間刊本），卷2，頁9下。

108 姚範著，方東樹校評，〈春秋左傳三〉，《援鶉堂筆記》，卷12，頁437。

109 顧炎武著，徐德明校點，《左傳杜解補正》（上海：上海古籍出版社，2012），卷中，頁59。

之中以生，所謂命也；是以有動作禮義威儀之則，以定命也。能者養
之以福，不能者敗以取禍」，[110]杜預將「養」對應第四句的「動作禮
義威儀」，顧炎武則將之對應第二句「民受天地之中以生」的「所受
之中」。其二是身心修養的對象，杜預認為應於外在的禮容下工夫，
顧炎武則認為動作威儀固當敬慎，但與天同質的內在稟賦才是更根本
的入手處。[111]可見方東樹加註「顧氏已詳」且未附帶任何但書，除了
為姚說溯源，更表明他認同顧炎武在這段話上帶出的身心修養觀念。
無論方氏是否因為顧氏所云暗合程朱理學的工夫論予以支持，對照
《漢學商兌》中屢屢尖銳地詆諆顧氏缺乏內聖工夫，此處竟贊成顧氏
的工夫論，顯然有別於《漢學商兌》予人之印象。

3.「魏建安」

　　再如顏師古註《漢書》時撰有〈敘例〉一篇，內容提及此前曾為
《漢書》作註的學者，其中在介紹文穎時說：「文穎字叔良，南陽
人，後漢末荊州從事，魏建安中為甘陵府丞。」[112]姚範在此僅對文穎
的生平略加補充，但方東樹卻順此討論另一個問題——「建安」分明
是漢獻帝的年號，緣何冠之以「魏」？

> 東樹按：顧氏亭林嘗譏師古〈敘例〉：「建安……不當遽
> 名以魏。」樹以《魏志・武紀》建安十二年、十三年大封
> 功臣，侯皆下令之，之無一語及漢帝，而鄧展、文穎又實
> 魏室私人，師古書法或本其實以示惡與？然朱子《綱目・

---

110 杜預註，孔穎達正義，〈成公十三年〉，《春秋左傳正義》，卷27，收入阮
　　元校刻，《十三經注疏》，頁1911。
111 其實這段話大體襲自陸粲，見陸粲，〈與太宰羅公論困知記書〉，《陸子餘
　　集》，卷6，頁22上。
112 班固著，顏師古註，〈敘例〉，《漢書》，頁4。

凡例》：「中歲改元，無事義者，以前爲正；其在廢興存
亡之時，關義理得失者，以後爲正」，況未改元乎？据
此，亭林譏之是也。113

顧炎武認爲，雖然建安年間係由曹操（155-220）把持國政，獻帝形
同傀儡，但名義上畢竟仍奉漢室爲正朔，因此不應作「魏建安」。方
東樹在此先提出另一種解釋：顏師古這種不合事實的書寫，是否有可
能是刻意爲之的《春秋》筆法，以此彰顯曹操當時的專橫，同時也諷
刺鄧展、文穎名爲漢官，實爲曹氏私人？114但方氏隨即又據朱子
《通鑑綱目·凡例》指出，國家興廢存亡之際年號變更當奉前者爲正
朔，是朱子堅持的原則，115況且建安年間漢祚尚存，不存在改朝換代
年號重疊的問題，因此即便出於示惡的目的，終非正軌，此處仍當以
顧炎武所論爲是。

　　數年後，方東樹爲《援鶉堂筆記》撰寫〈椠誤〉，就此問題復有
深論：

　　古人改元並是據實而書，……豈有舊君尚在、當時未嘗改

113姚範著，方東樹校評，〈漢書一〉，《援鶉堂筆記》，卷17，頁657-658。
　　按：「侯」指曹操，時爲「大將軍、武平侯」（建安元年九月封，見陳壽
　　著，裴松之註，〈武帝紀〉，《三國志》，卷1，頁13）。顧氏原文見顧炎武
　　著，黃汝成集釋，〈漢書注〉，《日知錄集釋》，卷27，頁635。
114鄧展也出現在《漢書·敘例》中，顏師古同樣謂其「魏建安中爲奮威將
　　軍」。見班固著，顏師古註，〈敘例〉，《漢書》，頁4。又，方氏所謂「示
　　惡」的假說不乏支持者，如清末孫詒讓便主張顏師古是「以（鄧）展事曹
　　氏，故繫之魏」。見孫詒讓，〈書顏師古漢書敘錄後〉，《籀廎述林》（北
　　京：中華書局，2010），卷6，頁192。
115朱子原文爲「凡中歲而改元，無事義者，以後爲正；其在廢興之際，關義
　　理得失者，以前爲正」，方氏引文誤倒「前、後」二字。見朱熹，《資治
　　通鑑綱目》，收入朱傑人等主編，〈凡例〉，《朱子全書》第11冊（上海：
　　上海古籍出版社，合肥：安徽教育出版社，2002），附錄一，頁3483。

　　命，而後人竟可豫奪以與他姓乎？……吾此言亦据顧氏之

　　說而斷之如此，詳見《日知錄》。116

值得注意的是，方氏此處重申其立場，卻未再搬出朱子的《通鑑綱
目・凡例》，而是直接且正面肯定了顧炎武《日知錄》的意見，並坦
言自己的一切論點悉源於斯。事實上，「魏建安」的用法自西晉以來
屢見於文獻，唐宋使用此詞彙者亦復不鮮，117顏師古應是順隨當時的
習慣，並非特殊筆法，亦無暗諷之意。但我們可以發現方東樹對年號
書寫的正朔問題十分介意，因此兩度發難，雖然當中曾一度引用朱子
《通鑑綱目・凡例》以爲論據，然其最終目的卻在證明顧炎武之史識
確有其理。可見顧氏的史識不但深獲方東樹贊同，在爲其所關心的議
題尋找學理支撐時，方氏最終甚至「引顧不引朱」，某種程度上顛覆
了我們對從前藉《漢學商兌》形塑的方東樹學術形象──以朱子爲絕
對標竿──的認知。

116姚範著，方東樹校評，〈桼誤〉（方東樹撰），《援鶉堂筆記》，頁1998。
117例如西晉夏侯湛所撰〈東方朔畫贊并序〉，便有「魏建安中，分厭次以爲
　　樂陵郡」一語；南北朝時庾信亦云：「自魏建安之末、晉太康以來，雕蟲
　　篆刻，其體三變」；唐代劉知幾《史通》嘗引述夏侯湛〈東方朔畫贊并
　　序〉，但對相關文字未置一詞；《新唐書・宋之問傳》也稱「魏建安後洎
　　江左，詩律屢變。」見蕭統編，六臣註，夏侯孝若（夏侯湛），〈東方朔
　　畫贊并序〉，《（日本足利學校藏宋刊明州本六臣注）文選》（北京：人民出
　　版社，2011），卷47，頁2928；庾信著，倪璠註，〈趙國公集序〉，《庾子
　　山集注》（北京：中華書局，2000），卷11，頁658；劉知幾著，浦起龍
　　註，〈邑里〉，《史通通釋》（上海：上海古籍出版社，2014），卷5，內
　　篇，頁132-133；歐陽修、宋祁，〈宋之問傳〉，《新唐書》（北京：中華書
　　局，2008），卷202，頁5751。

（三）贊成其著述態度

　　其次要呈現的是方東樹對顧炎武著述態度的贊同，這主要集中在方氏《書林揚觶》一書。該書寫作時間與《漢學商兌》相近，目的是為了呼應阮元（1764-1849）在學海堂書院的策問：「學者願箸何書？」[118]因此書中涉及各種著書立說的原則，而顧炎武的論點往往是其重要論據。

　　首先是個人著書與集體編纂的優劣問題，方東樹引《日知錄》云：

> 《日知錄》曰：「子書自孟、荀之外，如老、莊、申、韓，皆自成一家言。《呂氏春秋》、《淮南子》則不能自成，故取諸子之言，彙而為書，此子書之一變也。今人書集，一一盡出其手，必不能多，大抵如《呂覽》、《淮南》之類耳。」按：此論盱衡今古，意甚高遠。若乃擁位勢厚貲，徒為豪舉，苟欲邀大名，集淺薄無本粗士強以任之，又速以歲月，此其成書豈能決擇當理乎？如何義門譏徐東海之刻《通志堂》書，專任顧伊人者，世頗復有之也。[119]

顧炎武認為，學者憑一己之力完成的著作，較之集眾人之力彙而成書者更具價值，原因在於前者能成一家之言，有屬於作者自己的思想主軸與核心理念，後者則無之。方東樹十分認同此論，並據此對當時有

---

118 見方東樹，〈序〉，《書林揚觶》，收入《四庫未收書輯刊》第9輯第15
　　冊，卷上，頁1a；另參陳曉紅，〈方東樹著述考略〉，《古籍整理研究學
　　刊》，2010：3（長春，2010），頁22。
119 方東樹，〈著書源流〉，《書林揚觶》，收入《四庫未收書輯刊》第9輯第
　　15冊，卷上，頁5b。顧氏語見顧炎武著，黃汝成集釋，〈著書之難〉，《日
　　知錄集釋》，卷19，頁447。

權勢者大量僱人編書的舉動展開批判，認爲這類書籍不但有著顧炎武
所指出的問題，更因爲實際從事者的質量難以控管，往往有「淺薄無
本粗士」充數其中，進而導致成書質量低落。例如徐乾學（1631-
1694）延聘才學不足的顧湄校正《通志堂經解》造成諸多錯誤，因而
受到何焯（1661-1722）譏諷，便是一個很好的案例。[120] 此處是否有暗
諷阮元、畢沅（1730-1797）等人之意不得而知，但綜觀上引文內
容，除了展現方東樹對這類大型書籍的鄙薄，同時也反映了他眼中三
種有問題的著述方式——求多、求速、不能成一家之言。關於這三
點，他都援引了顧炎武的說法再予深論。

　　以「求多」爲例，雖然方東樹在《漢學商兌》中對格物的解釋偏
向漢學家，強化格物的博學面向，[121] 但此處論及書籍寫作時，他反而
不求博、求多，因爲書籍是學者學思的精華，一味求多反致不精。故
其引用顧炎武《日知錄》「二漢文人所箸絕少，……乃今人箸作，則
以多爲富。夫多則必不能工，即工亦必不皆有用於世」[122] 一段，提醒
學者不應追求著作的數量，而是應當重視書中內容能否「於修齊治平

---

120 何焯對顧湄的校正多所批評，如謂其「妄爲補全」、「校勘未當」、「大有
　　乖誤」、「滿紙皆詭謬」，見翁方綱，〈通志堂經解目錄〉，收入林慶彰、蔣
　　秋華編，《通志堂經解研究論集》（臺北：中央研究院中國文哲研究所，
　　2005），頁357、360、375、384（何氏〈通志堂經解目錄〉已佚，零星片
　　段爲翁方綱同名著作所徵引）。四庫館臣對顧湄的學術功力亦褒貶參半，
　　見永瑢等撰，〈經典釋文〉、〈六經奧論〉，《四庫全書總目》，卷33，頁
　　270、272。
121 參何威萱，〈「就其無定之中而各以近相通」——方東樹《漢學商兌》中理
　　學觀點的質變及其原因試析〉，《九州學林》，36（香港，2015），頁42-
　　45、58-59。
122 方東樹，〈著書不貴多〉，《書林揚觶》，收入《四庫未收書輯刊》第9輯
　　第15冊，卷上，頁19b。顧氏語見顧炎武著，黃汝成集釋，〈文不貴多〉，
　　《日知錄集釋》，卷19，頁445。

日用倫物之大端致力」，[123] 否則正如顧炎武的質疑：「所傳雖多，亦奚以爲？」[124]

　　又以「求速」爲例，爲了追求著作數量，在有限的人生中勢必需要加快寫作速度，這將導致書籍質量良莠不齊，[125] 爲此他又引用《日知錄》做爲證明：「書如司馬溫公《資治通鑑》、馬貴與《文獻通考》，皆以一生精力爲之，遂爲後世不可無之書，……後人書愈多而愈舛漏，愈速而愈不傳，所以然者，其視成書太易，而急於求名故也」，[126] 有價值的書籍必定是刻骨銘心的長期積累，絕非一朝一夕便能草就，因此他在顧氏此語之後總結道：「蓋雖以至聖之睿，亦必緝熙光明，然後乃有以盡一書之蘊，則聖心祇是窮理，無期必欲速成一書之意！故曰：『先難後獲。』」[127]

　　至於「成一家之言」，誠如上述，書籍之所以有久傳的價值，在於作者能「緝熙光明，然後乃有以盡一書之蘊」，此非求多、求速者可以企及。換言之，之所以會求多、求速，正緣於撰述之際缺乏個人的生命體驗與現世關照，故無法自成一家之言。方東樹一再強調著書

---

123 方東樹，〈著書不貴多〉，《書林揚觶》，收入《四庫未收書輯刊》第9輯第15冊，卷上，頁21a。

124 方東樹，〈著書不貴多〉，《書林揚觶》，收入《四庫未收書輯刊》第9輯第15冊，卷上，頁21b。顧氏語見顧炎武著，黃汝成註，〈文不貴多〉，《日知錄集釋》，卷19，頁446。

125「吾觀後世文士，著書愈勤，收名愈急，其能嶷然不入於雜焉者，何其少也？」見方東樹，〈櫟社雜篇自序〉，《攷槃集文錄》，收入《續修四庫全書》第1497冊，卷3，頁3b。

126 方東樹，〈著書不可易〉，《書林揚觶》，收入《四庫未收書輯刊》第9輯第15冊，卷上，頁15a。顧氏語見顧炎武著，黃汝成集釋，〈著書之難〉，《日知錄集釋》，卷19，頁447。

127 方東樹，〈著書不可易〉，《書林揚觶》，收入《四庫未收書輯刊》第9輯第15冊，卷上，頁16a。

立論是神聖之事，不但「必因時而作，羽翼至道」，更「必本於不得已而有言」，否則「箸書不本諸身，則只是鬻其言者耳，與賈販何異？」[128]他更引述《日知錄》這段話：「文之不可絕於天地間者，曰明道也，紀政事也，察民隱也，樂道人之善也。若此者，有益於天下，有益於將來，多一篇，多一篇之益矣！」[129]能自成一家之言，才是有益之文。方氏特別點名當時漢學家的大量著述，雖然「言言有本，字字有考」，但「反之己身本心，推之家國事物之理，毫無益處，徒使人蕩惑狂狙，失守而不得其所主」，這類的著作在他看來都是「無所欲語，非不得已而強欲箸書，皆無是處」。[130]值得注意的是，在《漢學商兌》中被視爲漢學源頭的顧炎武，其論說在此反而成爲方氏持以批評漢學家的利器了。

　　與此相關，雖然著作必須體現個人的生命體驗與現世關照，但不免會引用、參考前人的論述，方東樹主張，此時應忠實呈現前人的學術成果，不可剽竊、妄改，而他同樣是以顧炎武《日知錄》支持此論。就剽竊一事而言，方氏引《日知錄》云：「凡述古人之言，必當引其立言之人；古人又述古人，則兩引之，不可襲爲己說」，[131]又

128 方東樹，〈箸書必有宗旨〉，《書林揚觶》，收入《四庫未收書輯刊》第9輯第15冊，卷上，頁13b、11a。方氏又云：「箸書本以明道垂教，誠使有益於聖人之道，有益於天下人心學術，不猶愈於矜一己之名而獨爲君子乎？」見同書，卷下，〈語錄箸書〉，頁19b-20a。
129 方東樹，〈箸書無實用〉，《書林揚觶》，收入《四庫未收書輯刊》第九輯第15冊，卷上，頁24a。顧氏語見顧炎武著，黃汝成集釋，〈文須有益於天下〉，《日知錄集釋》，卷19，頁445。
130 方東樹，〈箸書無實用〉，《書林揚觶》，收入《四庫未收書輯刊》第9輯第15冊，卷上，頁25b、26a。類似之語見方東樹著，漆永祥彙校，《漢學商兌》，卷中之上，頁44。
131 方東樹，〈箸書凡例〉，《書林揚觶》，收入《四庫未收書輯刊》第9輯第

云：「顧亭林言：『有明一代之人，所箸書無非盜竊』」；[132]至於妄
改，方氏說：「明人好妄改古書，最足（是）淺陋，《日知錄》一條
論此最詳。」[133]他並據此推衍道：「箸書引古人之書，或記舊文不全，
妄以肊見改竄，鑿空杜撰，紕繆陋妄，最足（是）貽誤後人。」[134]這
些都是在肯定顧炎武相關說法的基礎上進行的討論。

　　事實上，方東樹在討論著述問題時，對顧炎武十分推崇與依賴，
他在《書林揚觶・箸述凡例》中就直白地說：

　　《日知錄》中所論書史數十事，皆箸書之凡例大義，學者
　　不可不知。今略舉其目：如曰〈古人集中無冗複〉、曰
　　〈書不當兩序〉、曰〈古人不爲人立傳〉、⋯⋯曰〈史文重
　　出〉、曰〈史家誤承舊文〉，皆箸書爲文凡例大義也。[135]

此處他一口氣臚列了《日知錄》中與著述有關的條目共五十條，這些
條目多集中在《日知錄》卷十九、二十、二十一、二十六，若加上
《書林揚觶》中其他直接或間接的徵引，涉及的條目至少有七八十
條。可見方東樹不但對《日知錄》極爲熟稔，信手捻來，在陳述其撰

15冊，卷下，頁36a。顧氏語見顧炎武著，黃汝成集釋，〈述古〉，《日知
　錄集釋》，卷20，頁480。

132方東樹，〈箸書不足重〉，《書林揚觶》，收入《四庫未收書輯刊》第9輯
　第15冊，卷上，頁28a。另見姚範著，方東樹校評，〈雜識五〉，《援鶉堂
　筆記》，卷49，頁1835。顧氏語見顧炎武著，黃汝成集釋，〈竊書〉，《日
　知錄集釋》，卷18，頁440。

133方東樹，〈箸書說經〉，《書林揚觶》，收入《四庫未收書輯刊》第9輯第
　15冊，卷下，頁17a。按：「足」字據文意當作「是」，疑爲形近而致的手
　民之誤。下同。

134方東樹，〈箸書凡例〉，《書林揚觶》，收入《四庫未收書輯刊》第9輯第
　15冊，卷下，頁36a-b。

135方東樹，〈箸書凡例〉，《書林揚觶》，收入《四庫未收書輯刊》第9輯第
　15冊，卷下，頁30b-31b。

著理念時，顧炎武更是他重要的取資對象。

（四）對顧炎武的回護與讚揚

從以上三點討論可發現，方東樹在《漢學商兌》之外大量引用了顧炎武的研究成果與學術意見，並在給予正面肯定的基礎上繼續發揮；而當顧氏所云與程朱義理有所出入時，他未必會像在《漢學商兌》中那樣極力捍衛程朱的正統權威，反而可能與顧炎武這位「內聖明體處全無，說著義理處無不錯」的「蔑心之祖」立場一致。這個現象透露，《漢學商兌》中對顧炎武的嚴厲批評未必代表方東樹全數的立場，他對顧炎武的態度遠比我們想像中複雜。

在此可舉一個在《漢學商兌》內、外均曾出現的事例加以對比。經前述已知，方東樹在《漢學商兌》中，對顧炎武批評宋明以來「語錄之書日增月益，而五《經》之義委之榛蕪」（見第二節第（二）點引文）深感不滿，並認為後來漢學家的「乘釁而起，變本加厲」，都是因為「祖此偏宕之論」；[136]類似的責難在同期撰寫的《書林揚觶》中同樣可見，然而，此處雖然也抨擊顧氏「其言偏宕激訐，不探本原，不與區別，輕淺如此」，[137]卻為其開脫道：

> 顧氏……殆見後來元明諸儒語錄之多而可厭，因推原於始，並程朱而譏之，不覺其失言耳！[138]

他宣稱顧氏是出於對元明儒者語錄之厭惡而波及程朱，遂「不覺其失

---

[136]方東樹著，漆永祥彙校，《漢學商兌》，卷上，頁31。
[137]方東樹，〈語錄著書〉，《書林揚觶》，收入《四庫未收書輯刊》第9輯第15冊，卷下，頁20a。
[138]方東樹，〈語錄著書〉，《書林揚觶》，收入《四庫未收書輯刊》第9輯第15冊，卷下，頁19a-b。

言」，明顯希望讀者相信顧氏心中原無詆毀程朱及相關語錄之意圖。
類似的開脫尚有一例，對於顧炎武誤認李燾本《說文》爲徐鉉本而遭
段玉裁譏諷一事，方東樹在《漢學商兌》中直白地指明顧氏的錯誤；
然其於文集中卻竭力爲之粉飾，認爲這是當時徐鉉本罕見流傳，以及
刊刻者混用二家序文所致，「其失在於刻者」，非顧氏之恣忒。[139]這些
小心回護並隱然爲之辯解的態度，與《漢學商兌》迥異其趣。

　　除此之外，方東樹也認爲《日知錄》有其獨到的價值和地位，他
藉由非難黃汝成（1799-1837）作《日知錄集釋》一事衍申道：

> 《日知錄》無用釋！後人或有所引申糾正，各存其所私箸
> 可也，政不必沾沾自喜，坿此書以掊擊詰難爲自重地
> 也。[140]

這儼然是以《日知錄》的維護者自任，反映了此書在方氏心中的分
量。更有甚者，方東樹在〈潛邱箚記書後〉和《書林揚觶》中給予了
顧炎武如此正面的評價：

> 近世言攷證之宗，首推深寧王氏、亭林顧氏、太原閻氏。
> 吾觀王、顧二家之書，體用不同，而皆足資於學者而莫能
> 廢，非獨其言覈實而無誣妄之失，亦其箸書旨趣猶有本領
> 根源故也。……王、顧兩家淵懿渟蓄，託意深厚，類例有

---

139 見方東樹著，漆永祥彙校，〈書徐氏四聲韻譜後〉，《漢學商兌》，卷中之
下，頁150-152；方東樹，《攷槃集文錄》，收入《續修四庫全書》集部第
1497冊，卷5，頁15b-16b。顧氏語見顧炎武著，黃汝成集釋，〈說文〉，
《日知錄集釋》，卷21，頁499；段氏語見段玉裁，〈汲古閣說文訂序〉，
《經韻樓集》（上海：上海古籍出版社，2008），《補編》，卷上，頁372。
140 方東樹，〈書嘉定黃氏日知錄集釋後〉，《攷槃集文錄》，收入《續修四庫
全書》第1497冊，卷5，頁46b。

倫，此固存乎其人之識與養焉已！141

王厚齊《困學紀聞》宏富該博，……然不如顧亭林《日知
錄》發明經史大義體大思精，隱然有作用，安排國計民
生、人心風俗，可以坐而言、起而行！142

方氏在《漢學商兌》中，雖不否認顧炎武在小學研究上的貢獻，也承
認他具有外王之學的形象，但更多的是斥責其見道未眞、不明義理、
全無內聖工夫，因此這種無體無根之學「皆成客氣粗疏」，徒有外王
之名而虛憍未能酬。此處雖然是與幾位考據大家相比較，但方氏認爲
顧炎武在諸人之中最爲特出，原因是他有著屬於內聖層面的「識與
養」，「體大思精」，「有本領根源」，故其學術不但「淵懿淳蓄，託
意深厚，類例有倫」，絕大部分更是可以落實於國計民生、人心風俗
的有用實學！143這種讚揚之語不太可能出現在《漢學商兌》之中。

　　應當說明的是，雖然以上諸多例證都反映方東樹對顧炎武的整體
態度有別於《漢學商兌》中那樣負面，但這並不代表他在《漢學商
兌》之外對顧氏一味追捧而毫無詬病，上文對顧氏否定語錄體的不滿
便是一例。又如在《援鶉堂筆記》中，他對顧炎武信從《公羊傳》
「三世說」不以爲然，認爲劉敞（1019-1068）否定「三世說」的主張

141方東樹，〈潛邱劄記書後〉，《攷槃集文錄》，收入《續修四庫全書》第
　1497冊，卷5，頁20b-21a。
142方東樹，〈說部著書〉，《書林揚觶》，收入《四庫未收書輯刊》第9輯第
　15冊，卷下，頁26b。
143當然方東樹也明白，《日知錄》所述大體係知識上的經世，故其於此文最
　後加上如是按語：「其說亦有必不能行、有行之必不能無弊者，存大體可
　也。」見方東樹，〈說部著書〉，《書林揚觶》，收入《四庫未收書輯刊》
　第9輯第15冊，卷下，頁26b。

「其識勝顧氏遠甚」；[144] 在《書林揚觶》中，他對顧氏關於孔廟從祀判準的意見亦有微辭；[145] 而關於氏族之亡亂究竟發生在魏晉南北朝還是唐末五代，方東樹反對持後說的顧炎武，以爲當從前說；[146] 至於論及儒家「三年之喪」的具體時間，主張應服滿三十六個月的方東樹，對支持鄭玄二十七月之說的顧炎武也有所非難，謂「其於古人制禮之意殆亦未究也」。[147] 然而，相較於《漢學商兌》的激烈言詞，這幾處對顧炎武的批評都相對含蓄而委婉，讀者仍能明顯感受到其態度的差異。

四、結論

　　雖然當前學界對清代漢宋之爭的研究日益豐富，但方東樹《漢學商兌》仍是重要的研究材料，特別是關於宋學的內容、對漢學的批駁、甚至是對方東樹個人的認識，論者無不據此書侃侃而談。然而，經本文闡析，可以明顯看到方東樹於《漢學商兌》內、外對顧炎武的

---

144 見姚範著，方東樹校評，〈春秋公羊傳〉，《援鶉堂筆記》，卷13，頁480。
145 見方東樹，〈著書說經〉，《書林揚觶》，收入《四庫未收書輯刊》第9輯第15冊，卷下，頁11b。
146 見方東樹，〈王氏族譜序〉，《攷槃集文錄》，收入《續修四庫全書》第1497冊，卷3，頁6a-b。
147 見方東樹，〈三年之喪二十五月而畢說〉，《攷槃集文錄》，收入《續修四庫全書》第1497冊，卷2，頁28b。不過方東樹於文末補記曰：「據《顧亭林集》，有〈與友人論服制書〉，偏關中至今三年喪服三十六月」，以支持其三十六月之說（頁277）。方氏雖不認同顧炎武關於喪期的意見，卻積極地從其文字中汲取可用的資源，這也反映他確曾在顧炎武著作中下過工夫。關於方東樹對三年之喪的理解，參何威萱，〈「就其無定之中而各以近相通」——方東樹《漢學商兌》中理學觀點的質變及其原因試析〉，《九州學林》，36，頁52-53。

評價有著不小的落差，此現象十分值得注意。

在《漢學商兌》中，方東樹將顧炎武定位爲乾嘉漢學的重要源頭，雖然對其小學音韻之創獲表達欣賞，但更強調這種研究方式本身的問題，及其可能造成的弊端；他也藉由討論孔廟從祀，批判顧氏過於注重知識面的漢學徑路，視之爲導致乾嘉漢學家走向「蔽罪程朱，痛斥義理，專重箸述」的罪魁禍首；同時，他亦指責顧氏對「傳心」的否定是帶領乾嘉漢學家詆毀、攻擊程朱理學之元懟，更謂其「內聖明體處全無，說著義理處無不錯」，故其爲人稱道的外王經世之學實則虛憍無根，「未足以列四科、師百世」。因此如果我們僅透過《漢學商兌》來認識方東樹的學術觀，除了極易對他產生「輕率好鬭，一意尊朱，排斥他家，惟毒詬詈罵爲能事」[148]的印象，也必然認定他眼中的顧炎武只有音韻研究稍稍可取，其餘學問鮮有可觀，並且要爲後來乾嘉學術的流弊負起責任。

但誠如上文所呈現，儻若跳脫《漢學商兌》的視域，卻會看到方東樹筆下另一種全然不同的顧炎武正面形象：他不僅廣泛援引顧氏的經史研究成果，更對其義理與史識有所認同，並大力讚揚其關於撰作的理念，同時對其學術給予相當正面的評價，不吝表達嚮慕之意。援引顧炎武經史的研究成果其實不足爲奇，畢竟他這方面的成就始終深受學界肯定，「此自是其勝場，安可與爭鋒」，即便學術立場不同，在討論經史問題時也很難全然忽視顧氏的相關論證。[149]然而其他面向

148漆永祥，〈導讀〉，收入方東樹著，漆永祥彙校，《漢學商兌》，頁32。

149仔細閱讀《援鶉堂筆記》可發現，顧炎武並非唯一被方東樹引用的漢學家，例如惠棟（1697-1758）、盧文弨（1717-1796）、錢大昕（1728-1804）之名也屢屢出現，盧文弨的校勘成果尤見推崇。然而，方氏所引用的幾乎都是他們相對應的經史文字校勘成果，絕少涉及具體的學術、義理問題，

則值得玩味，因為從上文所舉案例可以看到，當顧炎武的義理思想與程朱相衝突時，方東樹不會一味護航程朱並譴責顧氏，有時反而選擇與顧氏站在同一陣線；而面對顧氏對朱子的責難，以及顧氏的學術失誤，方東樹也試圖為之開脫，即便有所批評，也顯得含蓄而委婉。當然，這並不代表方東樹於《漢學商兌》之外對顧炎武的評價全然翻轉，在最根本的心性問題上，他絕對不會承認顧氏的論點（如否定「傳心」之說），但相對而言，整體態度趨向正面與肯定，顧炎武並非真的像《漢學商兌》說的那樣「無不錯」。這些是單獨閱讀《漢學商兌》時完全無法想像的場面。

　　為什麼方東樹對顧炎武的評價會有如此大的落差？有兩個可能的解釋。首先，這當中或許摻雜時間因素，反映其學術觀的前後變化。然而，本文主要涉及的三部方氏著作：《漢學商兌》初撰於道光六年（1826），初刊於道光十一年（1831），並於道光十八年（1838）加以刊誤補義；《援鶉堂筆記》校評於道光十三、四年（1833-34），並於道光十八年前後再予刊誤補義；《書林揚觶》初撰於道光五年（1825），初刊於道光十一年。[150]它們在時序上均有重疊，屬於同時期的學思，且這段時間方東樹的思想並未有重大轉變，[151]因此這些有關

也鮮有價值判斷，與對待顧炎武的態度明顯有別。李慈銘已經注意到方氏格外欣賞盧文弨的校勘，見李慈銘，《越縵堂讀書記》（北京：中華書局，2012），卷11，頁1161、1163。

150關於《漢學商兌》的撰作時間，參漆永祥，〈導讀〉，收入方東樹著，漆永祥彙校，《漢學商兌》，頁17、39；其餘二書時間參上文相關段落。

151以時間跨度最大的《漢學商兌》為例，虞思徵比對了初刻本與後來的《刊誤補義》，發現增補的內容非但沒有改變其尊宋黜漢的立場，反而更加強化其論點，視前尤悍。見虞思徵，〈《漢學商兌刊誤補義》發微〉，《中國經學》，22（桂林，2018），頁217-226。

顧炎武的正反面評價並非由於思想嬗變，而是同時存在其心中，這個假設基本上可以排除。

其次，必須考量方氏三本著作各有不同的性質與主題：《漢學商兌》係論證漢宋兩家的治學特色與優劣；《援鶉堂筆記》本身是討論具體學術問題的筆記，方氏的校評也都是圍繞這些學術問題展開；《書林揚觶》則是討論著書立說的利弊得失。因此三書看待顧炎武的視角自然也會有所差異。這個解釋較爲合理，卻顯得膚泛，需進一步釐清。

雖然三書之成書各有其背景和目的，但《漢學商兌》與其他二書最爲不同之處，在於它是基於學派論戰而撰作的攻擊利器，非徒闡明個人學術論點而已。不難發現，《漢學商兌》時常藉由對漢學的大量「否定」，逼顯出爲學的正確方法與目的，並在學術史的系譜中，從源頭處斬斷乾嘉漢學的合理性與正當性。因此形象多元且平時深受方東樹激賞的顧炎武，在《漢學商兌》中被特別放大了身上的漢學元素，及其在清代漢學系譜中的祖師地位，成爲該書著力批判的對象之一。但這其實是在特定脈絡下有針對性的發言，並非方氏平時對於顧炎武的整體評價。了解這點，當我們再次讀到《漢學商兌》中不起眼的「余初服膺黃、顧」一語，或許會更認眞思考其背後的含義。

這提醒了我們，從前過於依憑《漢學商兌》所看到的方東樹與漢宋之爭，很可能只是一個特定情境下的向度。就方東樹個人而言，他顯然不是「一個赤手空拳、大言自壯的衛道者」，[152] 而是在尊朱與義理優先的大前提下，多維地觀察、吸收學界的種種知識與方法，並靈活地做出相應的回應。就《漢學商兌》而言，當中存在許多出於學術

---

152 漆永祥，〈導讀〉，收入方東樹著，漆永祥彙校，《漢學商兌》，頁32。

論辨和爭奪學術話語權而刻意爲之的策略性言辭，[153]如果在此基礎上建構我們的漢宋觀，並憑此認識方東樹和漢宋之爭中的宋學，或將偏離全貌，進而加大漢宋兩家的鴻溝。因此，固然漢宋之爭的框架仍是清代學術研究的重要概念，但《漢學商兌》在當中占據的分量應當重新檢討，而方東樹的學術亦有重新研究的必要。[154]

---

153 筆者此前已有專文討論此問題，今配合本文所論觀之，更加印證此點。參何威萱，〈「就其無定之中而各以近相通」——方東樹《漢學商兌》中理學觀點的質變及其原因試析〉，《九州學林》，36，頁 57-60。

154 在拙文的其中一份審查意見中，有評語數句，竊以爲能更簡要而深刻地闡明拙文要旨，惟不敢掠美，故具引如下：「這種手法在江藩的《漢學師承記》裡早已出現。例如江藩在論述之際，往往有意凸出傳主的漢學特色而刪略其宋學成就。而方東樹正是反其道而行，以消解江藩這種凸出與刪減之間所建構的學術譜系。於是問題就來了，過往執漢宋之爭者，每據江、方針鋒相對之作經之營之，以之作爲觀察清代思想學術的重要論據。實則二人皆主觀之論，據二書以爲文獻基礎，不過黑犬白狗之交閧，於清代學術之複雜面向，難有整全之觀照。必須突破既有視域，廣泛研讀文獻，方能對所論議題，有更周全之掌握。」

徵引書目

一、傳統文獻

（漢）司馬遷,《史記》,北京:中華書局,2008。

（漢）何休註,（唐）徐彥疏,《春秋公羊傳注疏》,北京:中華書局,2003。

（漢）班固著,（唐）顏師古註,《漢書》,北京:中華書局,2008。

（漢）鄭玄註,（唐）賈公彥疏,《周禮注疏》,北京:中華書局,2003。

（晉）杜預註,（唐）・孔穎達正義,《春秋左傳正義》,北京:中華書局,
　　2003。

（晉）陳壽著,（南朝宋）裴松之註,《三國志》,北京:中華書局,2008。

（南朝宋）劉義慶著,余嘉錫註,《世說新語箋疏》,臺北:華正書局,2003。

（南朝梁）蕭統著,（唐）六臣註,《（日本足利學校藏宋刊明州本六臣注）文
　　選》,北京:人民出版社,2011。

（北周）庾信著,（清）倪璠註,《庾子山集注》,北京:中華書局,2000。

（後晉）劉昫等編,《舊唐書》,北京:中華書局,2008。

（唐）劉知幾著,（清）浦起龍註,《史通通釋》,上海:上海古籍出版社,
　　2014。

（宋）朱熹,《資治通鑑綱目》,收入朱傑人等主編,《朱子全書》,上海:上
　　海古籍出版社,合肥:安徽教育出版社,2002,第8-11冊。

（宋）程顥、程頤著,王孝魚點校,《二程集》,北京:中華書局,2006。

（宋）黃震,《黃氏日抄》,京都:中文出版社,1979。

（宋）歐陽修、宋祁,《新唐書》,北京:中華書局,2008。

（宋）鄭樵,《通志》,杭州:浙江古籍出版社,2000。

（宋）黎靖德編,《朱子語類》,北京:中華書局,2004。

（元）郝經,《續後漢書》,北京:商務印書館,1958。

（明）王世貞,《弇州山人四部稿》,臺北:偉文圖書公司,1976。

（明）胡應麟,《少氏山房筆叢》,臺北:世界書局,2014。

（明）陸粲,《左傳附注》,國家圖書館藏明嘉靖間刊本。

（明）陸粲,《陸子餘集》,國家圖書館藏明嘉靖四十三年（1564）刊本。

（清）方宗誠,《柏堂集續編》,收入《清代詩文集彙編》,上海:上海古籍出
　　版社,2010,第672冊。

（清）方東樹,《攷槃集文錄》,收入《續修四庫全書》編纂委員會編,《續修
　　四庫全書》,上海:上海古籍出版社,1995,第1497冊。

（清）方東樹，《書林揚觶》，收入《四庫未收書輯刊》，北京：北京出版社，
　　　2000，第九輯，第15冊。
（清）方東樹著，漆永祥彙校，《漢學商兌》，北京：北京聯合出版公司，
　　　2017。
（清）方苞，《史記注補正》，收入《叢書集成新編》，臺北：新文豐，1985，
　　　第111冊。
（清）王鳴盛，《十七史商榷》，收入陳文和主編，《嘉定王鳴盛全集》，北
　　　京：中華書局，2010，第4-6冊。
（清）王鳴盛，《蛾術編》，收入陳文和主編，《嘉定王鳴盛全集》，北京：中
　　　華書局，2010，第7-9冊。
（清）永瑢等編，《四庫全書總目》，北京：中華書局，2003。
（清）皮錫瑞，《經學歷史》，北京：中華書局，2008。
（清）江永，《古韻標準》，收入（清）伍崇曜輯，《粵雅堂叢書》，臺北：華
　　　文書局，1965。
（清）江藩著，漆永祥箋釋，《漢學師承記箋釋》，上海：上海古籍出版社，
　　　2006。
（清）吳騫著，虞坤林點校，《吳騫集》，浙江：浙江古籍出版社，2016，第4
　　　冊。
（清）李兆洛，《養一齋文集》，收入《續修四庫全書》編纂委員會編，《續修
　　　四庫全書》，上海：上海古籍出版社，1995，第1495冊。
（清）李慈銘，《越縵堂讀書記》，北京：中華書局，2012。
（清）姚瑩，《東溟文集》，收入《清代詩文集彙編》，上海：上海古籍出版
　　　社，2010，第549冊。
（清）姚範著，（清）方東樹校評，《援鶉堂筆記》，臺北：廣文書局，1971。
（清）段玉裁，《經韻樓集》，上海：上海古籍出版社，2008。
（清）唐鑒，《清學案小識》，臺北：臺灣商務印書館，1969。
（清）孫詒讓，《籀𢈪述林》，北京：中華書局，2010。
（清）翁方綱，〈通志堂經解目錄〉，收入林慶彰、蔣秋華編，《通志堂經解研
　　　究論集》，臺北：中央研究院中國文哲研究所，2005。
（清）張穆，《顧亭林先生年譜》，收入（清）張穆等撰，黃珅等編，《顧炎武
　　　年譜（外七種）》，上海：上海古籍出版社，2012。
（清）顧炎武，《原抄本日知錄》，臺南：唯一書業中心，1975。
（清）顧炎武，《顧亭林詩文集》，北京：中華書局，2008。
（清）顧炎武著，（清）黃汝成集釋，《日知錄集釋》，臺北：世界書局，
　　　1962。
（清）顧炎武著，徐德明校點，《左傳杜解補正》，上海：上海古籍出版社，

2012。

二、近人論著

王力，《清代古音學》，北京：中華書局，2013。
王汎森，《中國近代思想與學術的系譜》，臺北：聯經出版公司，2005。
王松木，〈墜入魔道的古音學家——論龍爲霖《本韻一得》及其音學思想〉，《清華中文學報》，8（新竹，2012），頁63-133。
王家儉，《清史研究論藪》，臺北：文史哲出版社，1994，頁61-85。
丘爲君，〈清代思想史「研究典範」的形成、特質與義涵〉，《清華學報》，24：2，（新竹，1994），頁451-491。
朱維錚，《求索眞文明——晚清學術史論》，上海：上海古籍出版社，1997。
朱鴻林，《孔廟從祀與鄉約》，北京：三聯書店，2015。
牟潤孫，《注史齋叢稿》，臺北：臺灣商務印書館，1990。
何佑森，《清代學術思潮》，臺北：國立臺灣大學出版中心，2009。
何威萱，〈「就其無定之中而各以近相通」——方東樹《漢學商兌》中理學觀點的質變及其原因試析〉，《九州學林》，36（香港，2015），頁33-64。
何威萱，〈從「傳經」到「明道」：程敏政與明代前期孔廟從祀標準的轉變〉，《臺大歷史學報》，56（臺北，2015），頁35-86。
何威萱，〈明中葉孔廟祀典嬗變的理論基礎：程敏政的〈奏考正祀典〉及與張璁孔廟改制觀的異同〉，《清華學報》，47：1（新竹，2017），頁45-84。
何威萱，〈方東樹的理學觀及其宋學立場再探——以《跋南雷文定》爲討論中心〉，《臺大文史哲學報》，86（臺北，2017），頁45-85。
余英時，《歷史人物與文化危機》，臺北：三民書局，2017，頁1-24。
余英時著，彭國翔編，《會友集——余英時序文集》，臺北：三民書局，2010。
狄百瑞（William Theodore de Bary）著，黃水嬰譯，《儒家的困境》，北京：北京大學出版社，2009。
李帆，《章太炎、劉師培、梁啓超清學史著述之研究》，北京：商務印書館，2006。
杜維明著，錢文忠、盛勤譯，《道、學、政：論儒家知識分子》，上海：上海人民出版社，2006。
呂思勉，《呂思勉讀史札記》，上海：上海古籍出版社，1982。
林慶彰，《明代經學研究論集》，臺北：文史哲出版社，1994。
林慶彰，〈方東樹對揚州學者的批評〉，收入祁龍威、林慶彰主編，《清代揚

州學術研究》，臺北：臺灣學生書局，2002，頁211-230。

柳詒徵著，柳曾符、柳定生選編，《柳詒徵史學論文續集》，上海：上海古籍
出版社，1991，頁20-34。

段志強，《顧祠——顧炎武與晚清士人政治人格的重塑》，上海：復旦大學出
版社，2015。

胡楚生，《清代學術史研究》，臺北：臺灣學生書局，1993。

胡適，《戴東原的哲學》，臺北：遠流出版公司，1986。

張循，《道術將爲天下裂：清中葉「漢宋之爭」的一個思想史研究》，桂林：
廣西師範大學出版社，2017。

張舜徽，《顧亭林學記》，武漢：華中師範大學出版社，2016。

張壽安，《十八世紀禮學考證的思想活力——禮教爭論與禮制重省》，北京：
北京大學出版社，2005，頁144-226。

張壽安，〈打破道統‧重建學統——清代學術思想史的一個新觀察〉，收入呂
妙芬主編，《明清思想與文化》，北京：世界圖書出版公司，2016，頁
186-243。

梁啓超，《清代學術概論》，臺北：臺灣書房，2008。

章太炎，《檢論》，收入氏著，《章氏叢書》，臺北：世界書局，1982。

陳垣，《日知錄校注》，合肥：安徽大學出版社，2007。

陳曉紅，〈方東樹著述考略〉，《古籍整理研究學刊》，2010：3（長春，
2010），頁21-24。

黃進興，《優入聖域：權力、信仰與正當性》，北京：中華書局，2010。

黃雅琦，〈方東樹《漢學商兌》本質的重新考察——以對顧炎武、惠棟、戴
震的批判爲例〉，《（高雄師大）國文學報》，13（高雄，2011），頁229-
254。

楊寬，《中國古代陵寢制度史研究》，上海：上海人民出版社，2003。

董同龢，《漢語音韻學》，臺北：文史哲出版社，2003。

虞思徵，〈《漢學商兌刊誤補義》發微〉，《中國經學》，22（桂林，2018），頁
217-226。

漆永祥，〈方東樹《漢學商兌》新論〉，《文史哲》，2013：2（濟南，2013），
頁127-137。

劉振，〈姚瑩與方東樹交遊述略〉，《瀋陽大學學報（社會科學版）》，17：2
（瀋陽，2015），頁208-211。

暴鴻昌，〈清代漢學與宋學關係辨析〉，《史學集刊》，1997：2（長春，
1997），頁64-70。

潘振泰，〈清代「漢宋之爭」的宋學觀點初探——以方東樹的《漢學商兌》
爲例〉，《國立政治大學歷史學報》，20（臺北，2003），頁213-235。

蔡長林，《文章自可觀風色：文人說經與清代學術》，臺北：國立臺灣大學出版中心、中央研究院中國文哲研究所，2019。

錢基博，《江蘇學風》，武漢：華中師範大學出版社，2012。

羅志田，《近代讀書人的思想世界與治學取向》，北京：北京大學出版社，2009。

龔鵬程，《六經皆文——經學史／文學史》，臺北：臺灣學生書局，2008，頁329-371。

Theodore de Bary, William. *The Message of the Mind in Neo-Confucianism*. New York: Columbia University Press, 1989.

When Gu Yanwu is No Longer Objectionable —— Rethinking Fang Dongshu's Academic Standpoint and *Hanxue Shangdui* through His Evaluation of Gu Yanwu

Wei-hsuan Ho

Abstract

When we look back on the conflict between Han Learning and Song Learning (漢宋之爭) in the mid-Qing, Fang Dongshu and his Hanxue Shangdui played an important role. The content of Song Learning and its objections to Han Learning to this day have been mostly based on this book. The image of Fang was as well. Recently, some scholars have suggested that overreliance on Hanxue Shangdui might cause blind spots in our overall view of the conflict between Han and Song Learning. However, the real risks of it were discussed insufficiently. This article analyzes Fang Dongshu's opinion of Gu Yanwu in three of Fang's texts: Hanxue Shangdui, Yuanchuntang Biji, and Shulin Yangzhi. I point out Fang's different opinions in these texts. This study represents Fang's complex academic views, and reevaluates the role of Hanxue Shangdui in Qing intellectual history.

Keywords: Fang Dongshu, Hanxue Shangdui, Yuanchuntang Biji, Shulin Yangzhi, Gu Yanwu

王廷佐與潘德輿的「人鬼說」——
清中晚期儒學生死觀與鬼神論

呂妙芬

美國加州大學洛杉磯分校（UCLA）歷史學博士，現任中央研究院近代史研究所研究員，主要研究中國近世思想文化史，代表著作包括《陽明學士人社群——歷史、思想與實踐》（2003）、《孝治天下——孝經與近世中國的政治與文化》（2011）、《成聖與家庭人倫：宗教對話脈絡下的明清之際儒學》（2017）。

王廷佐與潘德輿的「人鬼說」——
清中晚期儒學生死觀與鬼神論

呂妙芬

摘要

　　朱熹等宋儒以氣之聚散解釋生死變化，人死氣散，神也消散，個體性亦隨之消解，無論聖賢或愚凡，並無差別。這樣的生死觀在十七世紀曾受到不少質疑，許多儒者都認為人死後並非完全散盡無知，個人的道德修養會影響死後的情狀。

　　本文欲探討上述的論辯在十九世紀儒學中的發展，主要分析王廷佐（1745-1775）四篇〈人鬼說〉的內容，以及潘德輿（1785-1839）反駁王廷佐的論點，說明兩者思想的差異。接著，再舉吳廷棟（1793-1873）、方潛（1805-1868）、魏源（1794-1857）等儒者有關生死與鬼神的論述，提供理解王、潘二人思想的學術史脈絡。

關鍵詞：王廷佐、潘德輿、吳廷棟、方潛、生死

＊　本文研究受科技部專題研究計畫「清代儒學關於人觀與生死觀的討論」
　　（MOST 109-2410-H-001-059）補助，特此致謝。

一、前言

　　王廷佐（1745-1775）和潘德輿（1785-1839）都是江蘇山陽地方的儒士。潘德輿較著名，舉道光戊子（1828）江南鄉試第一，交友廣闊，是清代詩壇的重要人物，其詩論主言志詩教傳統，反對袁枚（1716-1797）的性靈詩派，[1] 著作流傳亦較廣。現代點校本《潘德輿全集》於2016年出版，我們在潘德輿的著作中可以看到四篇〈論王仲衡人鬼說〉，這些文章著於嘉慶二十三年（1818），[2] 是潘德輿根據朱熹（1130-1200）的觀點反駁王廷佐的〈人鬼說〉，他尤其反對王廷佐「個人之神死後不亡」的論點。

　　若非配合王廷佐的原文，潘德輿之文並不容易解讀，幸好王廷佐四篇〈人鬼說〉尚存，收錄於《王莘民雜著》，現藏南京圖書館。透過解讀兩人的文本，我們可以清楚讀出他們對於人觀、生死觀的差異，而這些看法與差異又有豐富的學術史背景。本文將首先分析王廷佐、潘德輿兩人的論述，再衍伸討論清代中晚期儒學生死觀與鬼神論。

1　劉咸炘說潘德輿詩風骨清蒼真，不爲纖媚洮淺之語，文亦健拔，其論學語較不精湛，僅沿程朱之說，辨理不夠精湛。劉咸炘著，黃曙輝編校，《劉咸炘學術論集：子學編》（桂林：廣西師範大學出版社，2007），冊下，頁629-635。潘德輿詩論，見丁憶如，〈「忠愛隨地施」——潘德輿《養一齋詩話》的論詩特色〉，《興大中文學報》，47（臺中，2011），頁63-92；吳宗海，〈潘德輿的思想歷程與《養一齋詩話》的定稿〉，《鎮江師專學報（社會科學版）》，1991：3（鎮江，1991），頁17-23。

2　朱德慈，《潘德輿年譜考略》（北京：中國社會科學出版社，2009），頁100-101。

二、王廷佐的〈人鬼說〉

　　王廷佐，字仲衡，號莘民，是山陽地方生員，有志於聖賢之學，然早卒而名不彰於世。[3]他與邱逢年、曹鑣（1744生）[4]等人相交，其遺稿後由陳師濂（1793舉人）整理編輯，於嘉慶十一年（1806）出版爲《王莘民雜著》。[5]王廷佐的傳記資料很簡短，但他在〈與友人書〉中有一段詳細的自述，值得一錄：

> 佐自廿一歲與吾兄同學，亦第揣摩文章以博科名耳。既而
> 挈家館於遠，寥落無可與語，乃感於昌黎用功也深，收名
> 也遠之言。發憤而求聖人之經，于是悉陳諸書，日夕尋
> 究，稍稍於諸儒議論有所發明。積三、四年，疑義益以
> 多，而心之所通益以廣，因愈自負有書可著，以爲立名之
> 地矣。顧以爲母老居貧不能淡于祿仕，時復降心爲文章，
> 以庶幾于一得，而屢試屢躓，不能一當于主文者之心。乃

3　陳師濂，〈王莘民遺集序〉，收入王廷佐著，陳師濂輯，《王莘民雜著》（南京圖書館藏嘉慶十一年版），卷首。亦收入邱沅修、段朝端等纂，《民國續纂山陽縣志》，收入《中國地方志集成・江蘇府縣志輯》第55冊（南京：鳳凰出版社，2008），藝文卷4，頁775b-776a。陳師濂字步溪，號齋堂，爲陳灝學堂弟，其傳見張兆棟修，何紹基纂，《重修山陽縣志》，收入《中國地方志集成・江蘇府縣志輯》第55冊，卷14，頁28b-29b。
4　曹鑣，字琢文，號礪庵，恩貢生，其生年據王廷佐〈曹琢文三十生日〉推算，見王廷佐著，陳師濂輯，《王莘民雜著》，頁56a。邱逢年，字蘭成，號湘亭，歲貢生。邱、曹二人傳，參見張兆棟修、何紹基纂，《重修山陽縣志》，收入《中國地方志集成・江蘇府縣志輯》第55冊，卷14，頁5b-6b、18a-b。
5　陳師濂，〈王莘民遺集序〉，收入王廷佐著，陳師濂輯，《王莘民雜著》，書卷首。陳師濂在〈序〉中說王廷佐遺著共四卷，分別爲：經說、雜著、答問、詩文，他擇其言之切要者爲《雜著》。

復自思人生不過六、七十歲，百歲而止。縱使早歷顯榮，
亦僅如草木之有華，炫燿于一瞬，即留區區姓字爲後人之
所識，抑於我何與焉？況乎夢寐紛紜以僥倖于所不可必。
未有以加于身而已憂于心；未有以譽于後而已辱于今，奈
之何不幡然自悔其無謂也。自去年來，息心默坐而求古人
之用心，因念諸葛公澹泊明志，寧靜致遠之言，而知利不
可求，並名亦不可好。……蓋人稟五行之氣而爲天地之
心，苟能聰明正直而壹，則即其生也而已神矣。《記》
曰：「清明在躬，志氣如神。」《傳》又曰：「是以有精爽
至于神明。」解之曰：積精以至于神，積爽以至于明。古
君子之所以安身而立命者，惟恃乎此，而決非貧賤富貴天
壽之所得而與也。6

　　從王廷佐的自述，可知其早年從事舉業，後有感於韓愈（768-
824）之用功而廣讀經書，又屢經科舉失敗而思考人生終極意義，體
悟到人生不過百歲，縱有顯榮，亦如草木之華；即使能留名青史，又
與我何與焉？因而致力於道德性命之修養，息心默坐以求古人之用
心，最終體悟到人生的意義不在求利求名，而是精神生命的精進，古
君子之所以安身立命者，惟恃於此。此般人生經歷及體悟與〈人鬼
說〉的內容密切相關，反映了他對於人生價值、生死觀的信念。王廷
佐共撰寫了四篇〈人鬼說〉，寫作時間約在1772年。7邱逢年對這些文

6　王廷佐著，陳師濂輯，《王莘民雜著》，頁43a-44b。
7　王廷佐說自己於庚寅年（1770）冬奮然有志乎聖人之道，當時神氣清明，
　　深究性命之旨，遂若有所見，後因疾而擱置，至壬辰（1772）秋重新思
　　考，確認先前所見，才行諸文字。王廷佐著，陳師濂輯，《王莘民雜
　　著》，頁27b。

章有相當高的評價，認爲：「四篇全以一片精心，從經傳中鑽研而
出，無大不窮，無微不入。……擴前賢所未發，是集中第一大著
作。」8以下綜論王廷佐四篇〈人鬼說〉的主要內容。

（一）人的組成：形、氣、理、神

王廷佐說人的組成可分爲形、氣、理、神四部分，並定義如下：

> 形者，四體百骸。氣者，能運動流行者也。理者，仁義禮
> 智信。神者，運用此理者也。9

他又說明形、氣、理、神之作用與關係：

> 形本木石相似，必得氣而後靈。理本寂寞無端，必得神而
> 後運。氣可以靈夫形矣，而不能知有理而運之也，以理之
> 運由神也。神可以運夫理矣，而不能命夫形而靈之也，以
> 形之靈由氣也。氣與形附，神與理附，各從其類，互爲其
> 根。一動之間，相因俱至。10

形、氣是構成人肉體骸骨及其知覺活動的成分，形指血肉骸骨有
形的身體，氣則是賦予身體運動和感知的能力，但不能知理，故曰
「形得氣而後靈」、「氣可以靈夫形矣，而不能知有理而運之也」。
理、神是構成人精神性的元素，理是天理（仁義禮智信），寂寞無
端，唯神能運理。氣附於形，神附於理；形氣與理神不相混，但會彼
此影響。王廷佐鮮明二元論的人觀相當特殊，雖然宋代的黃榦（1152-
1221）也曾說：「此身只是形氣神理，理精於神，神精於氣，氣精於

8　王廷佐著，陳師濂輯，《王莘民雜著》，頁29a。
9　王廷佐著，陳師濂輯，《王莘民雜著》，頁18a。
10　王廷佐著，陳師濂輯，《王莘民雜著》，頁18a。

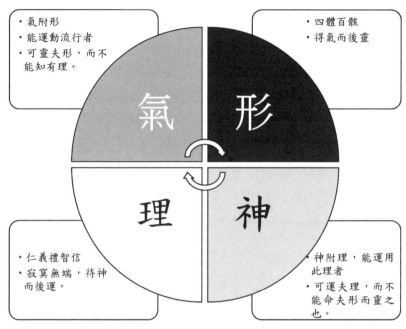

圖一：王廷佐的形氣神理觀示意圖

形。」[11]但黃榦的說法接近氣論的身體觀，不同於王廷佐嚴格區分形氣／神理的看法。

　　王廷佐的人觀具有鮮明形體／精神二分的架構，並能兼顧公共性與個體性。形氣構成人的身體與感官知覺，魂魄是氣之靈，會隨著人死形腐而消散。但是除此之外，人還有永不朽滅的精神性元素，即神

11　黃榦，《勉齋集》，收入紀昀等總纂，《景印文淵閣四庫全書》第1168冊（臺北：臺灣商務印書館，1985），卷13，頁5a；亦收入胡廣等奉敕撰，《性理大全書》，收入紀昀等總纂，《景印文淵閣四庫全書》第710冊，卷34，頁32b；李光地等奉敕纂，《御纂性理精義》，收入紀昀等總纂，《景印文淵閣四庫全書》第719冊，卷9，頁25b-26a。

理。理即是天理，是宇宙公共之理，具有公共性，也是所有人善良本性的共同來源；相對的，神的概念則具有獨特的個體性，王廷佐以「神運乎理」的方式說明每個人會因道德修養之差異而有個體化之神，即某某人之神。12

　　王廷佐在〈人鬼說二〉中進一步論述屬於知覺和精神層次的「神智魂魄」。他將「神」定義為「統魂魄神智變化而言者」。13當人在母腹中，由精血逐漸化生四體五臟七竅，這是魄之所為；等到人身體長成後能運動啼笑、有知覺，則是魂之所為。王廷佐說，魄、魂都是自然之靈，兩者之異在於：魄附於血、魂附於氣；魄陰、魂陽；魄之靈不可知，魂之靈有可見。14換言之，魄是構成血肉身軀，而魂則是身體之感知能力。

表一　據王廷佐〈人鬼說二〉

神統魄魂神智變化而言	魄	人生始化為四體五臟七竅，是魄所為	自然之靈（無靈之靈）不可知	附乎血附乎形	陰、靜	屬金，主收斂，藏於肺（肺統氣，屬陽）	土
	魂	耳目感官暨啼笑動作之能，是魂所為	自然之靈（無靈之靈）有可見	附乎氣附乎形	陽、動	屬木，主發動，藏於肝（肝統血，屬陰）	
	神	能盡乎理者	有靈之靈	附乎理		屬火，藏乎心（知來之本）	
	智		有靈之靈	附乎理		屬水，藏乎腎（藏往之根）	
人之生：智→神→魂→魄　　人之成：魄→魂→神→智							

12 見下文。
13 王廷佐著，陳師濂輯，《王莘民雜著》，頁20a。
14 王廷佐著，陳師濂輯，《王莘民雜著》，頁20b。

　　王廷佐又說到魂、魄、神、智之屬性，及其與人身之關係：

　　蓋人之生也，得乎五行之氣以化形，即得五行之神以存
　　理。水之神清，而人得之以爲智；火之神明，而人得之以
　　爲神；木之神行，而人得之以爲魂；金之神定，而人得之
　　以爲魄；土之神咸在，而人得之以保合四者而成變化。[15]

就生命之根源與成長而言，魂、魄、神、智四者的先後次序有別。人
生命之根源在道（天理），故王廷佐說人之生，智最先得，[16] 神次之，
魂又次之，最後才是魄。然而以生命的形成與成長而言，次序則相
反：魄最先成，魂次之，神再次之，最後才是智。[17] 這樣的思想有長
遠的傳統，與道教內丹的身體觀及理學都有密切關係，《朱子語類》
中也論及人生之初先有形魄，後有精神知覺，即子產所謂「人生始化
曰魄，既生魄，陽曰魂」以及魂屬木、魄屬金等。[18] 不過，王廷佐並
不完全同意朱熹之說，此將在下文討論。

　　王廷佐說魂魄雖有靈，但是依附於無知之形體，故稱其爲「無靈
之靈」；相對地，神智是附於理之靈，是更高層次的「有靈之靈」。[19]
因此，神智之常存又勝於魂魄。[20] 他也以「魂魄神智」來說明物種的
差異：金石有魄而無魂，故能靜而不能動；草木有魂，故能扶疏蔓

15　王廷佐著，陳師濂輯，《王莘民雜著》，頁22b。
16　王廷佐並未太多說明「智」，我想應該是仁義禮智等道德之智，即是天理。
17　王廷佐著，陳師濂輯，《王莘民雜著》，頁21b。
18　黎靖德編，王星賢點校，《朱子語類》第1冊（臺北：華世出版社，
　　1987），卷3，頁41-42；杜預注，孔穎達疏，《春秋左傳注疏》，收入阮元
　　校，《十三經注疏》第6冊（臺北：藝文印書館，1976），卷44，頁13b。
19　王廷佐著，陳師濂輯，《王莘民雜著》，頁21b。
20　王廷佐：「神智之必常存，更著於魂魄矣。」見氏著，陳師濂輯，《王莘民
　　雜著》，頁22b。

衍，然懵然無知，是因為無神智；禽獸和人類都有神智，只是禽獸的
神智有限，唯有人類之神可以無不到、智可以無不藏，故也只有人類
可以化民育物，動天地而感鬼神，能制作發明各種器物和制度。[21]

　　綜言之，王廷佐的人觀是鮮明的二元架構，形、氣構成人身體與
感官知覺的部分；神、理則是人性與精神元素。形氣與神理分屬不同
的範疇，但會互相影響，共同構成一個活生生的人。

（二）人死神理不亡

　　王廷佐說人死後，形氣會消散而身歸於盡，但神理不亡。[22]他說：

> 人之生也，魄在上而下攝夫魂，魂在下而上抱夫魄，所謂
> 地天泰也。及其死也，魄反落于魂之下而歸乎地；魂反升
> 于魄之上而歸乎天，所謂天地否也。《舜典》以死為殂
> 落，釋者謂為魂升魄降，是魂魄不滅也。[23]

人活著時，魄上魂下緊密地在一起；死亡時，魂魄分離，魄下降歸於
地，魂上升歸於天。《舜典》稱死亡為「殂落」，意即人命盡時就像
草木落葉一般，而佛教則相信魂魄不滅，輪迴轉生。王廷佐舉喪禮中
的招魂復魄之法，認為既可招魂復魄，可見魂魄不滅；又引經書子產
謂伯有為厲「用物精多則魂魄強」，說明形氣雖敝，魂魄自存。[24]他說
人之生死乃陰陽聚散之變化，「生則相因而俱麗于顯，死則相因而俱
藏于幽」，無論顯或幽，魂魄神智俱不滅。[25]

21　王廷佐著，陳師濂輯，《王莘民雜著》，頁22a。
22　王廷佐著，陳師濂輯，《王莘民雜著》，頁19a。
23　王廷佐著，陳師濂輯，《王莘民雜著》，頁21a。
24　王廷佐著，陳師濂輯，《王莘民雜著》，頁21a-b。
25　王廷佐著，陳師濂輯，《王莘民雜著》，頁23a。

　　人的身體具有個別性，每個人都有一獨特的身軀；天理則有公共性，是宇宙公共之理，秉具天理的人性也是聖凡一致的，具有普遍性和平等性。但是，王廷佐透過「神運乎理」來說明個體的差異性與獨特性，也據此解釋君子與小人之別。他說人之神若能運乎理而臻於清明，則「其理能日由神運而暨於昭著」，又因神理相固，其氣亦受影響而至於充周，「其形亦因之以造於光大」，此便是君子。相反地，小人之神不能運乎理而運乎欲，則「其理不由神運而爲欲所蔽」，又因神理相　，「其氣亦由之以至於消阻」，其形亦因之而至鄙陋。可見精神與肉體之間會彼此影響。他又說：君子之心逸日休，而爲吉人；小人則心勞日拙，而爲凶人。故王廷佐認爲吉凶並非由外至，而是人所自取。[26]

　　而君子與小人之神於死後的情狀也大不相同：

> 至於有生則有死，氣散而形瘁者，君子小人之所同也。惟
> 君子者，形氣雖散而其神與理之相爲凝結者，則自精靈炳
> 著于天地之間，與陰陽造化相維持。若小人也，則其形氣
> 一散而其神與理之久不相合者，遂自墮於窅冥昏默之中，
> 而或與禽獸蟲怪相依附，亦其理之自然也。[27]

王廷佐說君子死後，其神理將凝結而精靈炳著于天地之間；小人則不然，其神理將不能相合，結果或墮於窅冥昏默之中，或與禽獸蟲怪相依附。[28]他認爲人之神理可獨立於其形氣而存在，人死後身體形氣雖

---

26 王廷佐著，陳師濂輯，《王莘民雜著》，頁 18a-b。
27 王廷佐著，陳師濂輯，《王莘民雜著》，頁 18b-19a。
28 這種想法中國古代已有，《史記》記載被呂后毒死的趙王之靈被附在一隻怪獸身上爲祟，咬傷呂后。司馬遷撰，裴駰集解，司馬貞索隱，張守節正義，瞿方梅補正，錢大昕考異，《史記》，收入王德毅，徐芹庭斷句，《斷

腐朽，神理則會隨著人生前道德的狀況而有不同的歸屬。

（三）批評朱熹以鬼神為氣

　　王廷佐〈人鬼說三〉與〈人鬼說四〉主要批評朱熹的鬼神觀。朱熹的基本看法是：鬼神是氣。[29]生死主要是氣的變化：氣聚則生，氣散則死。[30]人死後，魂氣歸於天，形魄歸於地。魄降魂升即氣之消散，氣散雖遲速不同，但終究會完全消散，個體性亦不再可辨。以下僅舉數例朱熹論及生死的文字說明：

> 人所以生，精氣聚也。人只有許多氣，須有箇盡時，盡則魂氣歸於天，形魄歸於地而死矣。人將死時，熱氣上出，所謂魂升也；下體漸冷，所謂魄降也。此所以有生必有死，有始必有終也。[31]
>
> 問：人之死也，不知魂魄便散否？曰：固是散。[32]

　　朱熹又說：「所謂精神魂魄有知有覺者，氣也。故聚則有，散則無。」[33]他說釋、道二氏因為自私，希望透過修煉以追求死而不亡，儒家聖賢則夭壽不貳，修身俟之，故能安於死。[34]

句本二十五史》第1冊（臺北：新文豐出版公司，1975），卷9，頁8b。

29　黎靖德編，王星賢點校，《朱子語類》第1冊，卷3，頁34。

30　黎靖德編，王星賢點校，《朱子語類》第1冊，卷3，頁36。

31　黎靖德編，王星賢點校，《朱子語類》第1冊，卷3，頁37。

32　黎靖德編，王星賢點校，《朱子語類》第1冊，卷3，頁47。

33　黎靖德編，王星賢點校，《朱子語類》第1冊，卷3，頁46。

34　黎靖德編，王星賢點校，《朱子語類》第1冊，卷3，頁39、44。朱熹在答廖子晦的書中詳細說明他的看法：性即理，理不可以聚散言，但理亦非有我之私；精神魂魄有知覺者氣之所有，故人死氣散則無知，人之所以想追求個人精神永存，其實是私意所致。他告訴廖子晦：「來書疑著生死鬼神之說，此無可說，只緣有箇私字分了界至，故放不下耳。」見朱熹，

王廷佐反駁朱熹的觀點曰：

> 愚謂：朱子此言若是，不但經傳所謂鬼神都成虛假，祭祀
> 禮制盡屬荒唐，即所謂無爲而爲之，聖賢亦未免于愚也。
> 蓋人既均于一死，則憂勤以終身，誠不如逸樂以終身也。
> 遯世不見知而不悔，只算白白苦死，夷齊比干一輩皆大愚
> 人也，而莊子之書乃眞勝于孔氏之書矣。豈非欲杜異端而
> 反導人以異端，欲去私意之尤而反滅天理之公乎？[35]

王廷佐認爲，若眞如朱熹所言眾人死後同歸一盡，那麼人爲什麼
要憂勤奮鬥而不逸樂終身呢？若果眞如此，那些遯世不見知的有德
者，就是白白苦死，而伯夷、叔齊、比干等人也成了世上大愚之人，
因他們堅持信念而死，但那些信念並沒有帶出終極的差異，死亡散盡
就是眾人最後的結局。王廷佐認爲朱熹的說法不符合天理，也無法滿
足人公平正義的信念，將驅使人捨儒學而就其他宗教。

生死是自然的現象？抑或死後還有來世，甚至賞罰？這是一個古
老而普遍的問題，在上古已有不同的想像。佛教入華後，帶入輪迴與
地獄新觀念，魏晉時期士人關於神滅或不滅的爭論更多。[36]晚明士人
也有不少討論，高攀龍（1562-1626）同樣質疑宋儒的生死觀有礙教

〈答廖子晦〉，收入氏著，《晦菴集》，收入紀昀等總纂，《景印文淵閣四庫
全書》第1144冊，卷45，頁32a-34b、71a。

35 王廷佐著，陳師濂輯，《王萃民雜著》，頁24a-b。

36 余英時，《東漢生死觀》（臺北：聯經出版公司，2008），頁101-141；杜
正勝，《從眉壽到長生：醫療文化與中國古代生命觀》（臺北：三民書
局，2005），頁307-339。最近曾龍生根據漢代墓葬的習俗以及墓葬文獻，
認爲漢代人普遍相信一元論的靈魂觀，以及死後靈魂歸地等，提出與魂魄
二元觀不同的看法。曾龍生，〈從禮儀看信仰——再論漢代普遍流行的靈
魂觀〉，《漢學研究》，37：1（臺北，2019），頁1-38。

化：「自古忠臣義士何曾亡滅？避佛氏之說而謂賢愚善惡同歸於盡，非所以教也。」[37]而天主教傳講靈魂不朽、天堂地獄、終末的審判，對中國士人也有一定的衝擊。李之藻（1565-1630）說雖然天主教所言天堂地獄未見諸經傳，但理所必有，否則「顏貧夭，跖富壽，令不天堂、不地獄也可哉？」[38]

　　與明末清初許多士人反對朱熹生死觀的看法類似，[39]王廷佐說：「謂聖賢不計功效則可，謂爲之而初無功效，則不可也。」[40]他相信聖賢的道德必有功效，應與愚凡人有眞實的差異。雖然聖賢行事以義爲主，義之所在，雖千萬人吾往矣，並不以追求功效爲目標，但我們不能因此否認道德的功效。王廷佐也指出朱熹的說法有矛盾，朱熹也有「想是聖人稟得清明純粹之氣，故死而上合于天」、「文王陟降，在帝左右，聖人如此說，便是有此理」之說，[41]但因朱熹不願意承認所有的人死後神仍存在，故其祭祀理論有難解之處。王廷佐對朱熹鬼神說

---

37 高攀龍著，陳龍正編，《高子遺書》，卷1，頁20b-21a，收入紀昀等總纂，《景印文淵閣四庫全書》第1292冊，頁341。

38 李之藻，〈畸人十篇後跋〉，收入氏著，鄭誠輯校，《李之藻集》（北京：中華書局，2018），頁70。

39 詳見呂妙芬，《成聖與家庭人倫：宗教對話脈絡下的明清之際儒學》（臺北：聯經出版公司，2017），第1章。

40 王廷佐著，陳師濂輯，《王莘民雜著》，頁24b。

41 引文見王廷佐著，陳師濂輯，《王莘民雜著》，頁24b。不過，黎靖德編，王星賢點校，《朱子語類》（第1冊，卷3，頁48）原文略有不同，見下：
問：〈下武〉詩「三后在天」，先生解云：「在天，言其既沒而精神上合於天」此是如何？曰：「便是又有此理。」用之云：「恐只是此理上合於天耳。」曰：「既有此理，便有此氣」。或曰：「想是聖人稟得清明純粹之氣，故其死也，其氣上合於天。」曰：「也是如此。這事又微妙難說，要人自看得。世間道理有正當易見者，又有變化無常不可窺測者，如此方看得這箇道理活。又如云：『文王陟降，在帝左右』。如今若說文王眞箇在上帝之左右，眞有箇上帝如世間所塑之像，固不可。然聖人如此說，便是有此理。」

的主要批評是：

> 蓋朱子以氣求鬼神，而不知憑乎氣者爲鬼神，故其說之前
> 後相戾如此也。[42]

王廷佐認爲鬼神不是氣，而是憑乎氣、運乎形氣之間的靈（氣、靈分屬不同範疇）。他相信鬼神可以離形氣而獨存。他說《中庸》「視之而弗見，聽之而弗聞，體物而不可遺」才是鬼神的定解，朱熹誤認鬼神爲氣，才會說人死氣散，魂魄神亦隨之消散。事實上，魄、魂、精、神屬氣的觀念在中國有長遠的傳統，即氣一元論的生命觀，[43]直到中古時期，佛、道交涉融合後才逐漸發展出二元架構的生命觀。[44]即使如此，以魄魂鬼神爲氣仍是普遍的觀念，此可見於許多道教內丹的書籍。王廷佐卻堅定認爲朱熹以鬼神爲氣是錯誤的，他的批評不禁令人想起耶穌會士對儒學的批評。利瑪竇（Matteo Ricci, 1552-1610）在《天主實義》中以相當的篇幅論述鬼神靈魂非氣，說明靈魂與鬼神的區別，又引用亞里斯多德的範疇論說明物種的分類。[45]孫璋（Alexandre de la Charme, 1695-1767）《性理眞詮》開篇便討論以人之神屬氣之誤，強調「神係靈體、陰陽係氣體，非可以陰陽之氣體誤認爲鬼神之靈體」；[46]《眞道自著》也批評歷代儒者以神爲氣

---

42 王廷佐著，陳師濂輯，《王莘民雜著》，頁25a-b。

43 杜正勝，〈形體、精氣與魂魄──中國傳統對「人」認識的形成〉，《新史學》，2：3（臺北，1991），頁1-65。

44 島田虔次著，鄧江譯，《中國思想史研究》（上海：上海古籍出版社，2009），頁219-231；林永勝，〈佛道交融視域下的道教身體觀──以重玄學派爲中心〉，《輔仁宗教研究》，27（臺北，2013），頁1-34。

45 利瑪竇著，梅謙立注，《天主實義今注》（北京：商務印書館，2014），頁124-131。

46 孫璋，《性理眞詮》，收入王美秀、任延黎主編，《東傳福音》第4冊（合肥：黃山書社，2005），卷首，頁366。

之誤：「夫神之于氣也，有迥相別也，而易于辨。神無質，氣有質，質斯形矣。且氣似無形而實有形，故術數得以究其量；神爲無形眞無形，故聖哲不能窺其蘊。」[47]雖然我們無法因此認定天主教的觀念是王廷佐思想的資源，從其自述爲學經驗看來，他或許更多受到道教內丹的影響，不過天主教傳教士從不同範疇的角度來嚴格區分鬼神靈魂與氣，這種思維是否在近世儒學中引發影響？這是值得未來再深入研究的課題。

　　王廷佐在〈人鬼說四〉中繼續批評朱熹誤認鬼神是氣。他認爲朱熹詮釋程子「鬼神，天地之功用，造化之跡也」時，以「寒來暑往」訓「功用」，以「風雨露雷」訓「跡」，都是錯誤的。[48]他強調鬼神不是氣，是天地之精靈、造化之司，是能主導運行氣之聚散者。他又以人身比喻天地，說明人之神明與天地鬼神相通：

> 天地之中，明有人而幽有鬼神者，猶人身之中，明有心而幽有神明也。人之神明舍于心而管乎身之上下，無不在也；天地之鬼神，依于人而攝乎上下之間，無不存也。人之有聲光、呼吸、津潤而不得亂發者，神明司之也；天之有日月、風雷、雨露而不得妄行者，鬼神司之也。人之神

47 無名氏，《眞道自著》，收入鐘鳴旦（Nicolas Standaert）、杜鼎克（Ad Dudink）、王仁芳主編，《徐家滙藏書樓明清天主教文獻續編》第2冊（臺北：利氏學社，2013），頁436-438。
48 王廷佐著，陳師濂輯，《王莘民雜著》，頁25a。朱熹的原文與王廷佐的轉述不完全相同，朱熹舉樹上忽生出花葉、空中忽然有雷霆風雨，說明造化之跡。又說：「鬼神者，有屈伸往來之瀨。如寒來暑往，日往月來，春生夏長，秋收冬藏，皆鬼神之功用，此皆可見也。忽然而來，忽然而往，方如此又如彼，使人不可測知，鬼神之妙用也。」見黎靖德編，王星賢點校，《朱子語類》第1冊，卷3，頁37；第5冊，卷68，頁1685。

明與天地之鬼神本相通而合一，但天地之鬼神純乎健順之
德，人之神明亦必用理精熟，而后真與之相通，真與之合
一。49

人之神明與天地鬼神本相通，但隨著人後天道德修爲之不同而有
所區別：君子因心意均能依理而起，故其神明真能與天地鬼神合一；
小人則受到私欲蔽固，私意競起，其心遂變，終不能與天地鬼神相通
合一。王廷佐又說：「天人之神，初無彼此之間，生一人而其神不爲
之增，死一人而其神不爲之減。語其大，則塞乎宇宙；語其小，則入
于毫芒，非若此形氣之軀，截然六尺而爲一也。」50簡言之，鬼神不是
形氣物質，沒有質量，不占空間，故朱熹所謂神鬼若在，「自開闢以
來，積至於今，其重併積疊，計已無地之可容矣」之疑，並不是問
題，正因朱熹以氣來想像鬼神，才會有此疑。51最後，王廷佐批評佛
教輪迴、張載（1020-1077）與程朱的鬼神觀，認爲均非合理之說：

嗚呼，從釋氏輪迴之說，則古今只有許多鬼，來來去去，
改名換姓，若做戲一般。從橫渠泥彈之說，則將許多鬼捉
來，收做一團，而后復行捏造。從程朱氣散之說，則前一
番鬼沒了，後一番鬼又沒了，實則有人而無鬼。而依朱子
有鬼之疑，則又必一箇靠一箇，一箇壓一箇，而將無容之
地。此夫子所以不欲言神與？52

他說若按佛教輪迴觀，古今人來人往，彷彿改名換姓演戲一番；

49 王廷佐著，陳師濂輯，《王莘民雜著》，頁26a-b。
50 王廷佐著，陳師濂輯，《王莘民雜著》，頁27a。
51 朱熹，〈答廖子晦〉，《晦菴集》，收入紀昀等總纂，《景印文淵閣四庫全
書》第1144冊，卷45，頁33b。
52 王廷佐著，陳師濂輯，《王莘民雜著》，頁27a-b。

張載的想法像是氣回歸太虛，重新組合成人物；程朱的人死氣散說，則實際上否認鬼的存在。與上述諸家不同，王廷佐強調每個人的神明都是與天俱來，本與天地鬼神相通的，但後天的道德修養會決定人是否最終能眞正達到與天地鬼神合一之境，抑或爲私欲私意所蔽，終落入窅冥昏默之中。

綜上所論，王廷佐〈人鬼說〉的主要論點如下：

(1) 人的組成可分爲形、氣、理、神四部分。形、氣屬身體和感官知覺；理、神指人性與精神元素。四者雖各有所屬，概念上不相類，但實際上會互相影響。形、氣會隨人死亡而消散；理、神則永遠長存。理是普遍長存的天理，也是人類善性的根源，神運乎理則因人而異，故有君子、小人之別。王廷佐相信個人之神永遠存在，君子、小人死後其神之境況不同。君子之神理精靈炳著於天地間，小人之神理不能久合，最終或墮入窅冥昏默之境，或附於禽獸蟲怪作祟。

(2) 魂、魄是依附於形氣的無靈之靈；神、智是依附於理的有靈之靈。人之生死乃陰陽聚散之變化，生相因而俱麗於顯，死相因而俱藏於幽，無論顯或幽，魂魄神智俱不滅。

(3) 王廷佐認爲朱熹以鬼神爲氣是錯誤的，他主張鬼神是附於氣之靈，而不是氣，也不會隨氣散而滅。他也因此反對朱熹「人死氣散無知」的看法，相信人死後仍有知，因爲個人之神仍存在。

(4) 人之神明與天地鬼神相通，天理貫通幽明，人通過修身可以達到與天地鬼神合一的境界。

至於王廷佐的思想立場，其思想基調無疑是儒學，且批評二氏。

他說儒家講究神理形氣，四者相因俱至，君子能盡理，遂能全其四者。相對而言，佛教只見神之可貴，而不知神與理爲體，又不知理存於形氣，遂厭棄形氣而專講存神；道家講求守氣，卻不知氣必散而不可得而守之，故徒勞無功。[53]他認爲二氏之教均陷於一偏，不若儒學中正周全。儘管如此，他對於生命及生死的看法仍可能受到道教內丹學的影響。道教的內丹學本是高度三教融合的產物，雖然道教的身體觀以氣論爲主，但也有「神／形」、「性／命」或「先天／後天」等二元架構的生命觀，相信人除了形體生命外，還有精神生命。內丹學講究性命雙修，透過煉精化氣、煉氣化神、煉神還虛、煉虛合道等逆本還原的工夫，追求永恆的精神生命，最終達到與道合一的境界。[54]雖然王廷佐批判道家修煉，也宣稱〈人鬼說〉的內容主要是自己修身而深究性命之旨後的心得，但近世內丹學的發展及其在士人修身文化中的普遍性存在，仍是值得重視的思想背景與脈絡。而王廷佐相信每個人都有永恆不朽的精神性，此信念接近個體不朽的靈魂觀，此在中國儒學傳統中不多見，在明清儒學中則偶有所見，但尚待更全面而深入的研究。[55]

三、潘德輿駁論王廷佐

潘德輿，字彥輔，號四農，別號艮亭居士、念石道人，1828年江南鄉試第一人，六度參與會試均未能獲功名，後致力於理學，在詩

---

53 王廷佐著，陳師濂輯，《王莘民雜著》，頁19b-20a。
54 戈國龍，《道教內丹學探微》（北京：中央編譯出版社，2012），頁47-69、131-142。
55 例如楊屾之見，參見呂妙芬，〈楊屾《知本提綱》研究：十八世紀儒學與外來宗教融合之例〉，《中央研究院中國文哲研究所集刊》，40期（臺北，2012），頁83-127。

文方面亦享有盛名。56潘德輿是王廷佐同鄉後輩，他曾編輯《邱湘亭
王莘民雜著合訂》一書，在〈序〉文中表達對邱逢年、王廷佐兩位鄉
賢的欽佩感懷之意。他對王廷佐的評價爲：「仲衡初亦隨俗制文，繼
乃拔出輩流，奮求經傳之旨，顧用意太銳，往往傷駁雜。」57潘德輿在
讀到王廷佐〈人鬼說〉後感到「百疑叢集」，認爲有許多背離朱熹、
不中於道的看法，他也擔心王廷佐的說法會讓後學困惑，因而針對王
廷佐〈人鬼說〉四篇文章，撰寫四篇駁論的文章。58

　　潘德輿清楚地掌握了王廷佐的論旨，他在駁論展開前即先簡述各
文宗旨，並說明自己論辯的態度：

　　仲衡瀾翻數千言，撮其大意，曰論神理形氣，曰論神智魂
　　魄，曰論鬼神。其論神理形氣、神智魂魄也，以死而不亡
　　之說爲主。其論鬼神也，以鬼非氣而附於氣之說爲主，大
　　率皆與朱子爲難。仲衡沈潛於宋五子書，不待予奉朱子之
　　言以制伏之，然有朱子所以得而仲衡所以失者，不敢不
　　辨。至朱子之說未愜鄙懷者，予亦僭從而參論之，而仲衡
　　有論之當者，予亦不忍沒也。仲衡說凡四首，予說亦四
　　首。雖繁冗，皆義理所由考見焉。59

56 潘德輿生平，見朱德慈，《潘德輿年譜考略》；錢穆，《中國近三百年學術
　　史》（臺北：臺灣商務印書館，1990），冊下，頁 563-568。
57《邱湘亭王莘民雜著合訂》爲道光4年（1824）刊本，現藏臺北國家圖書
　　館。引文見潘德輿，〈邱湘亭王莘民雜著合訂序〉，在書卷首。
58 此四文著於1818年，時潘德輿34歲。潘德輿，《養一齋集》，收入氏著，
　　朱德慈輯校，《潘德輿全集》（北京：人民文學出版社，2016）第1冊，卷
　　14，頁327-339；李德慈，《潘德輿年譜考略》，頁101。
59 潘德輿，《養一齋集》，收入氏著，朱德慈輯校，《潘德輿全集》第1冊，
　　卷14，頁327。

潘德輿指出王廷佐〈人鬼說〉分別討論神理形氣、神智魂魄、鬼神，其說主要闡述兩個觀點：1. 人死而不亡；2. 鬼神非氣。此二觀點均不同於朱熹之說。潘德輿基本認同朱熹之見，他的駁論也多根據朱熹，但他也承認朱熹部分觀點不合宜，而王廷佐的部分觀點可接受，因此他會以己意仲裁申論。以下依各主題來進一步說明。

（一）潘德輿的「形氣神理」觀

潘德輿可以接受「人之生有神理形氣」之說，但他的定義和王廷佐不同。他持程朱理氣二元的觀點：理是天理，長存而不亡，人性即理，人心具眾理而應萬事；氣充盈於太虛，氣聚則成形。他又引朱熹之言論證理與氣合便能知覺，理在氣中即神。[60]他說：

> 夫無形則無氣，無氣則形腐，故形與氣附猶可言也。神即氣之靈，氣之靈即理所運。今云神理與氣分有所附，不可言也。何也？神非他，即理在氣中，而氣之所以靈爾。豈理氣之外別有神邪？[61]

潘德輿將「神」定義為「理在氣中」，神即氣之靈。他反對王廷佐以神為氣之外的另一範疇，或神可獨立於氣而存在的看法，他也不贊同王廷佐以氣為形之靈的說法，認為神理才是形氣之靈。

---

60 潘德輿舉朱熹之言如「不專是氣，是先有知覺之理。理未知覺，氣聚成形，理與氣合，便能知覺」；「所覺者，心之理也；能覺者，氣之靈也」。見黎靖德編，王星賢點校，《朱子語類》第 1 冊，卷 5，頁 85；潘德輿，《養一齋集》，收入氏著，朱德慈輯校，《潘德輿全集》第 1 冊，卷 14，頁 328。

61 潘德輿，《養一齋集》，收入氏著，朱德慈輯校，《潘德輿全集》第 1 冊，卷 14，頁 327。

圖二：潘德輿的形氣神理觀示意圖

　　針對王廷佐在〈人鬼說二〉中對於魂魄神智的分析，潘德輿認為概念混淆不通。他批評道：

> 夫仲衡既以神、理、形、氣分爲四者矣，又以神、智、魂、魄皆屬諸神，而旋又謂神、智附乎理，魂、魄附乎形。嗚虖！何其紛紛然參差繁複而不畫一也。……使神、智、魂、魄果分配金、木、水、火而確不可移，則四者何又兼統以神也？兼爲神，何旋又謂神智之常存更著於魂魄也？然則仲衡之無旳見亦明矣。[62]

---

62 潘德輿，《養一齋集》，收入氏著，朱德慈輯校，《潘德輿全集》第1冊，卷14，頁329-330。

　　潘德輿首先指出，王廷佐以「神」統「神智魂魄之變化」，兩個
「神」字的意涵不完全相同，便造成概念上的混淆。但更根本的差異
則是潘、王兩人對於人之組成、魂魄與氣的概念定義均不相同。潘德
輿申論自己的想法曰：

　　以余論之，在人身言，統言之則神，分言之則魂魄，皆氣
　　之靈處也，一物也，何爲紛紛哉？[63]

　　潘德輿認爲神與魂魄都是氣之靈者，統言之謂神，分言之則魂
魄，實則一物，並無差別；王廷佐則明顯區別魂魄與神爲二物。潘德
輿引《朱子語類》之記載：「口鼻之所以噓吸者爲魂，耳目之所以聰
明者爲魄。」說明朱熹並不單以魂魄爲氣，而是指使口鼻耳目之所以
能噓吸聰明者，亦即魂魄是氣之靈（理在氣中）。[64]他又指出朱熹曾說
鬼神「不盡是氣，看來似氣裡面神靈」，[65]他說王廷佐沒有留意朱熹這
方面的說法，遂認爲朱熹以鬼神爲氣，這是王廷佐對朱熹的誤解。

　　潘德輿又說鬼神即理在氣中，故能「視而不見，聽而不聞，體物
而不遺」。不過，雖然在概念上可以區別鬼神與氣，但就實際存有而
言，鬼神就在氣中，是氣之所以靈者，鬼神不能離氣而獨存，故他又

63　潘德輿，《養一齋集》，收入氏著，朱德慈輯校，《潘德輿全集》第1冊，
　　卷14，頁330。
64　潘德輿，《養一齋集》，收入氏著，朱德慈輯校，《潘德輿全集》第1冊，
　　卷14，頁330。《朱子語類》的記載是門人問朱熹：「頃聞先生言『耳目之
　　精明者爲魄，口鼻之噓吸者爲魂』，以此語是而未盡。耳目之所以能精明
　　者爲魄，口鼻之所以能噓吸者爲魂，是否？」朱熹回答然。不過，朱熹說
　　「魂魄是神氣之精英，謂之靈」，又說魂魄不是附在形氣上，而是形氣之精
　　英。見黎靖德編，王星賢點校，《朱子語類》第6冊，卷87，頁2258-
　　2260。
65　潘德輿，《養一齋集》，收入氏著，朱德慈輯校，《潘德輿全集》第1冊，
　　卷14，頁332。

說「鬼神未嘗非氣」、「鬼神與氣即成一物」。[66]他也因此反駁王廷佐
「鬼神附於氣」之說：

> 或曰：「鬼神爲氣之靈，即仲衡非氣而附於氣之說，而何
> 異焉，而何駁焉？」曰：不同也。鬼神爲氣之靈，是鬼神
> 與氣一物也。鬼神非氣而附於氣，是鬼神與氣二物也。一
> 物故即散而即聚，二物則必先不散而後可以聚，此仲衡所
> 以力持死而不亡之說也。曰：「既散矣，何以即可聚？」
> 曰：充天地之間無非氣，充天地之氣無非理，理在氣中而
> 爲氣之所以靈，即鬼神。故生而聚，死而散；死而散，祭
> 而聚。此皆理之所以妙乎氣也，理在即氣在也。[67]

　　潘德輿說鬼神與氣是一物，因爲理氣始終不離，鬼神不能離氣而
獨存。故人死氣散，理亦隨之而散，當祭祀感格時，祖先的魂氣會再
聚，但祭後便再散亡。此與朱熹觀點同，而異於王廷佐。王廷佐認爲
「鬼神非氣而附於氣」，是以鬼神是與氣爲不同範疇、可以各自獨立
存在之物，人死氣散之後，此人之神將脫離形氣而存在，這也是王廷
佐力持死而不亡之說的理據。潘德輿則批評王廷佐的思想墮入異端修
仙成佛之論，並非正統儒學。[68]

---

66 潘德輿，《養一齋集》，收入氏著，朱德慈輯校，《潘德輿全集》第1冊，
　　卷14，頁332。
67 潘德輿，《養一齋集》，收入氏著，朱德慈輯校，《潘德輿全集》第1冊，
　　卷14，頁333。
68 潘德輿，《養一齋集》，收入氏著，朱德慈輯校，《潘德輿全集》第1冊，
　　卷14，頁334。

（二）反對人死後神不亡

　　潘德輿反對王廷佐死而不亡的看法，認為王廷佐個體之神的概念，及君子之神、小人之神在死後有不同歸趨的想法，都是錯誤的。他更認同朱熹的說法，亦即無論君子或小人，死後氣都散回太虛，並無區別。他的說明如下：

> 夫太虛祇此氣耳，聚而為人，復散而太虛，此造化之所以微妙而恆久也。君子之散也，太虛也；小人之散也，亦太虛也，無異也。君子死，而其一生所行之理千萬古而不散；小人死耳死耳，無一理為其所有而可以不散也，異在此耳。故君子曰終，小人曰死。今公然謂君子死有君子之神，小人死有小人之神，君子則依陰陽造化，小人則附禽獸蟲怪，此與天堂六道之說相去幾何也？如曰：吾非天堂六道之說也，吾論君子小人之神之附於氣者，其異如此耳。然則此君子小人之神，猶其某姓某名、某州某邑之人之神邪？抑與陰陽造化、禽獸蟲怪混而為一而不可別識邪？混為一，則猶之散焉耳矣；不混為一，則無形並無氣，而此人之神何以自別為某姓某名、某州某邑之人之神也？且神無形，陰陽造化亦無形，其附與不附不可猝辨詰，若禽獸蟲怪則物之有形者也，吾未見其有附之者也。毋亦凡今之禽獸百蟲之為怪者，皆前古之小人所附邪？亦太詭誕矣。揆仲衡之意，非好創此詭誕之論，特彼專欲以死而不亡一語為立說之主，而遂不覺其說之遽至於此

也。69

　　和朱熹一致，潘德輿認為氣聚而有生命，死後氣散回太虛，君子與小人並無差別。不過，君子生前行合乎天理，其生命價值便在於此；小人行不合理，死則死耳。他批評王廷佐說君子死後「形氣散而神與理之相凝結者，自精靈炳著，與陰陽造化相維持」，以及小人死後「形氣敝而神與理之久不相依者，遂角於杳冥昏默，而與禽獸蟲怪相依附」之說，近似佛教，非儒學正統。70

　　潘德輿說，若個人之神與陰陽造化、禽獸蟲怪混而為一，其實與朱熹所謂「散」無異。他又說明為何不能接受個體性之神（某姓某名某州某邑之人之神）在死後仍存在的想法，因為人死形氣已散敝，在無形無氣的情況下，如何能辨別個體性之差異呢？如果小人之神可附於禽獸百蟲，難道今日所見的昆蟲動物都是從前小人之神所附的嗎？潘德輿認為此說太詭誕而不可信，並指出王廷佐是因執著「死而不亡」之信念，故有此怪誕之想。

　　潘德輿進一步說明自己為何支持朱熹的看法。他說對朱熹而言，死而不亡者是天理，不是神。儒家聖賢夭壽不二，修身以俟之，其道德之行乃義之所在，專以理之得不得為主，絕無利之考量；佛道二氏以生死為念，追求個人之死而不亡，實私意之尤。71他說王佐廷因為只關注「神理之亡不亡」，才會認為朱熹之說不見聖賢之功效。他認為朱熹專以「理之得不得」為考量，實則更重要，因此乃關乎現在當

---

69 潘德輿，《養一齋集》，收入氏著，朱德慈輯校，《潘德輿全集》第1冊，卷14，頁328。

70 王廷佐之說見註27。

71 朱熹的原文，參見氏著，〈答廖子晦〉，《晦菴集》，收入紀昀等總纂，《景印文淵閣四庫全書》第1144冊，卷45，頁34a。

下，而非後來之事，且聖賢之功效主要在於修齊治平、綱常名教，絕
非個人之死而不亡。潘德輿又説：

> 吾謂專求理則理自不亡，其性情、容止、聲譽、節烈，千
> 秋萬歲，洋洋即乎人心者，雖謂聖賢之形氣至今存可也，
> 豈獨神哉？謂神必不亡，則無論形氣一散神亦太虛，而並
> 其求神理之相爲凝結者，理先非理矣。凡此皆由其剖析形
> 氣爲一端，神理爲一端，而後以神理能舍形氣而獨留，自
> 以爲所見能得周、孔之眞，而不知孔勝於莊者，在理之醇
> 駁，而不關死之存亡。[72]

潘德輿認爲儒家聖賢與二氏不同，不專求自身之不亡，一切求合天理
而行。他批評王廷佐之錯誤在於「剖析形氣爲一端，神理爲一端」，
以爲神理能離形氣而獨留，最終落入離形氣而求神理。他又批評王廷
佐「鬼神不是氣，只是附於氣；魂魄也非氣血，只是附於氣血」之
説，是混魂魄鬼神爲一物。潘德輿強調鬼神不可與魂魄相混言：魂魄
是就生人之精神而言，人死爲鬼，則不可再稱魂魄。[73]基於這樣的定
義，他更試圖透過經典詮釋來瓦解王廷佐有關人死神不亡的論點。舉
例而言，對於《禮記‧祭義》以下這段話：

> 宰我曰：「吾聞鬼神之名，而不知其所謂。」子曰：「氣也
> 者，神之盛也；魄也者，鬼之盛也；合鬼與神，教之至
> 也。眾生必死，死必歸土：此之謂鬼。骨肉斃於下，陰爲
> 野土；其氣發揚于上，爲昭明，焄蒿，淒愴，此百物之精

---

72 潘德輿，《養一齋集》，收入氏著，朱德慈輯校，《潘德輿全集》第1冊，
卷14，頁329。

73 潘德輿，《養一齋集》，收入氏著，朱德慈輯校，《潘德輿全集》第1冊，
卷14，頁330。

也，神之著也。因物之精，制爲之極，明命鬼神，以爲黔
首則。百眾以畏，萬民以服。」[74]

　　潘德輿贊同朱熹的解釋，以爲「氣也者，神之盛也；魄也者，鬼
之盛也」意指魂魄；「眾生必死」以下的經文乃言鬼神。因此，他說
「其氣發揚于上爲昭明，焄蒿，淒愴」，是指鬼神昭然於人心，而非
王廷佐認爲的魂魄不亡。他又針對「魂升魄降」、「游魂爲變」、「招
魂報魄」、「魂氣無不之」、「魂魄強」等經文，逐一說明，強調這些
經文均非意指死後神不散亡。[75]

　　潘德輿也說明何謂氣散神亡：

　　　余所謂亡者，言散而之太虛也。骨肉爲野土，神氣爲虛
　　　空，對生時之精神而言，非亡而何？若仲衡所言，並非散
　　　而之太虛，而別有所附，猶居然得完其人之神也者。此所
　　　謂不亡，乃仲衡之說，而非六經之說也。[76]

　　所謂「亡」並非無，而是氣散回歸太虛。人死後，形氣既已朽
滅，精神亦無所附著，故必然消散。[77]若眞要說有死而不亡者，是理
而非神。[78]氣之聚散是大化流形中顯微幽明之變化，天理則常存不
變，但理氣始終不離，故當個人之形氣散回太虛時，個人之神亦散回

---

74 鄭玄注，孔穎達疏，《禮記注疏》，收入阮元校，《十三經注疏》第5冊，
　　卷47，頁14a-15a。
75 潘德輿，《養一齋集》，收入氏著，朱德慈輯校，《潘德輿全集》第1冊，
　　卷14，頁338。
76 潘德輿，《養一齋集》，收入氏著，朱德慈輯校，《潘德輿全集》第1冊，
　　卷14，頁331。
77 潘德輿，〈地獄輪迴無有而不足信〉，收入氏著，《黜邪家誡》，見氏著，
　　朱德慈輯校，《潘德輿全集》第5冊，頁2485。
78 潘德輿，《養一齋集》，收入氏著，朱德慈輯校，《潘德輿全集》第1冊，
　　卷14，頁328。

天地公共之理，個體性亦消失。

　　至於王廷佐「若非死而不亡，則聖賢亦不免於大愚，憂勤以終誠不如逸樂以終身」的看法，潘德輿的反駁是：若照王廷佐的說法，似乎人做任何事都只為死後計，而非順道而行；難道人處君臣、父子之間，無一毫本心之發，只為死而不亡計？聖賢之功效亦不在修齊治平、綱常名教，而專在死而不亡也？此不符合聖人之心，故朱熹批評此為「私意之尤」。朱熹說人應專求於理，理自不亡，聖賢之性情、容止、聲譽、節烈亦千秋萬世存於人心，而此才是「死而不亡」的真義。

　　綜言之，潘德輿認為神是氣之靈，是理在氣中，神不可能離氣而獨存；王廷佐則不僅在概念上區分形氣與神理，神理非氣，神附於理而不朽，相信當人死氣散後，個人之神仍存。兩人的差異也在於人死後是否仍有個體性的存在的不同看法，潘德輿認為沒有，王廷佐則相信有。

（三）潘德輿部分修正朱熹的觀點

　　雖然潘德輿基本贊同朱熹，但對於朱熹等宋儒以氣詮釋鬼神的說法，則表示反對。他指出王廷佐實際上還是受了朱熹的影響，才會有「氣之伸者，神為之；氣之歸者，鬼為之」的說法。他說古代皆是從祭祀的角度來談鬼神，未嘗以陰陽二氣來指鬼神；[79]古人制祭祀之禮，求諸陰陽二氣之中，但未曾言一切陰陽皆鬼神把持。簡言之，他認為鬼神確為陰陽之靈，但不能說鬼神司天地間所有造化。鬼只是人

---

79 潘德輿，《養一齋集》，收入氏著，朱德慈輯校，《潘德輿全集》第 1 冊，卷 14，頁 334-338。

死後之稱，不應有司天地造化之權。人類才是天地之心，人能致中和而化育天地萬物，不應將鬼神視爲天地之精靈與造化之司。[80]

　　至於儒家經典中有「天之神道」、「神無方」、「神之所爲」等說法，似意指造化之神。潘德輿的看法是：專言「神」字，確實有時指聖人之神，如「神明其德」；或言天之神，如「神之所爲」。此皆讚美之詞，故可借以指稱造化之美。但若對言「鬼神」時，則必然指祭祀而言，故不可以鬼神指稱天地造化。[81]潘德輿也舉《禮記》、《左傳》、《中庸》、《孟子》，以及董仲舒（179 BCE-104 BCE）、韓愈等言鬼神之文，說明這些文字均指祭祀而言，不可泛指天地造化。[82]他說：

> 自程、張、朱子之說出，講《中庸》者遂有陰陽之鬼神、
> 祭祀之鬼神、屋漏之鬼神名目，而經文語氣不融矣。[83]

　　潘德輿主張以祭祀言鬼神，於經文語脈更接近。他認爲宋儒之說令人疑惑，可能本於鄭玄（127-200）、孔穎達（574-648）注疏《中庸》之言，他舉鄭玄注「體物而不可遺」、「質諸鬼神而無疑」，以及孔穎達之疏有陰陽鬼神，及「木火之神生物，金水之鬼成物。以七八之神生物，九六之鬼成物」等說爲證。[84]他批評鄭、孔之語支離奇

---

80 潘德輿，《養一齋集》，收入氏著，朱德慈輯校，《潘德輿全集》第1冊，卷14，頁335。

81 潘德輿，《養一齋集》，收入氏著，朱德慈輯校，《潘德輿全集》第1冊，卷14，頁336。

82 潘德輿，《養一齋集》，收入氏著，朱德慈輯校，《潘德輿全集》第1冊，卷14，頁336-337。

83 潘德輿，《養一齋集》，收入氏著，朱德慈輯校，《潘德輿全集》第1冊，卷14，頁337。

84 注疏之文，見鄭玄注，孔穎達疏，《禮記注疏》，收入阮元校，《十三經注疏》第5冊，卷52，頁12b-13a。

詭，令人駭怪；又說朱熹解經並不輕易引注疏，不明白為何獨於鬼神一項，會沿注疏之失。[85]

　　最後，潘德輿在反駁王廷佐之餘，亦讚許王廷佐以下三論乃精確不苟之見：

(1) 以君子神日運乎理而臻於清明，其形氣亦因之以光大充周，其心逸日休而為吉人；小人則神不運乎理而運乎欲，形氣因之鄙陋消阻，心勞日拙而為凶人。吉凶非由外至，自取之也。

(2) 批評佛教厭棄形氣以求獨完其神，道家不僅守氣，亦求神之不散。

(3) 人之生也，魄在上而下攝乎魂，魂在下而上抱乎魄，所謂天地泰也。及其死也，魄反落乎魂之下而歸於地，魂反升於魄之上而歸於天，所謂天地否也。

　　潘德輿也稱許王廷佐之學確能見天地萬物之精妙，於河洛、理數亦有所見，[86]只是「氣散而神不散」之說有違程朱之教，他無法同意。最後，潘德輿總結自己和王廷佐鬼神觀的差異曰：

　　　　仲衡曰：人之生也，統神智魂魄者謂神，神非氣也。故人
　　　　死氣散而神獨不散，附陰陽二氣以流行而為鬼神，鬼神即
　　　　神智魂魄也，天地之精靈造化之司也。予曰：人之生也，
　　　　其神曰魂魄，即理在一身之氣中，而氣之所以靈也。故人
　　　　死氣散而神亦散，惟理可以常在，理在天、地、人之氣
　　　　中。而氣之所以靈者，是為鬼神，鬼神非魂魄也。天、

---

85 潘德輿，《養一齋集》，收入氏著，朱德慈輯校，《潘德輿全集》第1冊，卷14，頁337-338。

86 潘德輿，《養一齋集》，收入氏著，朱德慈輯校，《潘德輿全集》第1冊，卷14，頁338。

地、人之所以通，誠不可掩也。87

　　綜上所論，潘德輿基本贊同朱熹的立場，並以此反駁王廷佐。他持理氣二元的思想，認為理在氣中即是神，即是氣之靈。生死是氣之聚散，理雖永遠長存，但理氣始終不離，人死氣散後，理亦隨之消散，故沒有個體之神不朽的概念。潘德輿秉持儒家義利之辨，支持朱熹等宋儒的看法，認為追求死而不亡與二氏無異，是私意之尤。不過，他也不認同宋儒以陰陽之氣釋鬼神的觀點，他認為經書中所有「鬼神」均指祭祀而言，人死為鬼，鬼神是氣之靈，但沒有司天地造化之權能。

四、從明清儒學看王、潘二人論述的思想脈絡

　　潘德輿活躍於道咸年間程朱理學復興的時代，他和當時不少儒者一樣，基本上認同朱熹的觀點。王廷佐相信個人之神長存、死而不亡，明確挑戰程朱官學的觀點，然而置諸明清儒學史中，王廷佐卻非孤例，不僅十七世紀有不少儒者有類似之論，十九世紀的儒者中也不乏接近的思想。因此，本節希望列舉更多有關「人死而不亡」的論述，藉此提供我們解讀王廷佐、潘德輿兩人思想更豐富的學術史脈絡。

　　王廷佐與朱熹生死觀的差異，也是潘德輿反駁王廷佐的關鍵論點，在於：人死後個體性的精神元素是否仍存留？君子、小人死後的歸趨是否一致？程朱學既是官學，其鬼神觀與生死觀也載於朝廷頒布的《性理大全》，在一定程度上代表著中國儒學的主流觀點。此亦反

---

87 潘德輿，《養一齋集》，收入氏著，朱德慈輯校，《潘德輿全集》第 1 冊，卷 14，頁 339。

映於天主教漢學著作中，例如《天主實義》中對於宋明理學的反
駁。[88]《三山論學記》中記葉向高（1559-1627）和艾儒略（Giulio
Aleni, 1582-1649）的問答，其中關於靈魂的討論如下：

> 相國曰：人之善惡不齊，生前賞罰未盡，必在身後，固
> 宜。然或謂人之靈魂乃精氣耳，氣聚則生，氣散則死，安
> 見身後復有賞罰耶？縱人之靈氣或有精爽不散者，形軀既
> 無，苦樂何所受？賞罰何所施耶？[89]

引文中的「相國」即葉向高，從上引文及接著的幾則問答中可
見，葉向高認同人之善罪在死後仍應接受賞罰，但他對於人如何在死
後接受賞罰感到困惑。他說靈魂屬精氣，氣聚則生，氣散則亡，人死
氣散之後，如何還能接受賞罰？即使死後靈氣不散，但已無形軀，又
如何能接受賞罰而有苦樂呢？艾儒略以天主教的立場回應，強調靈魂
屬靈而非氣、靈魂永存不朽、人承受賞罰苦樂主要在靈魂而不在肉體
形軀。可見靈魂是氣或非氣，葉向高和艾儒略的觀點不同，此也構成
他們對於人死後是否有知、是否接受賞罰的不同想法。最後，葉向高
表現出存而不論的態度，說道：「執賞罰為趨避，斯釋氏報應之說，
吾儒所不喜道者，如置之不論何如？」[90]我們從葉向高的發言可見，
他大致接受朱熹「人死氣散」的觀點及「存而不論」的態度。相對
的，奉教士人朱宗元（約1616生）則站在天主教立場，批評中國儒

---

88 利瑪竇著，梅謙立注，《天主實義今注》，頁104-144；張曉林，《天主實
　　義與中國學統——文化互動與詮釋》（上海：學林出版社，2005），頁
　　158-186。
89 艾儒略，《三山論學記》，收入吳湘相主編，《天主教東傳文獻續編》第1
　　冊（臺北：學生書局，1966），頁469。
90 艾儒略，《三山論學記》，收入吳湘相主編，《天主教東傳文獻續編》第1
　　冊，頁470-478。

家「人死魂亡」不合理，認爲此是將人視做禽獸、草木，未能看見人類之尊貴，且「善惡同歸一盡」，有失公平之義。[91]從其批評，亦可見他也以「人死魂亡」爲中國儒者的主流看法。

在耶穌會士眼中，程朱官學代表著中國儒家的主流觀點，也是他們主要反駁的對象。這樣的見解延續到十九世紀末新教傳教士，美國傳教士明恩溥（Arthur Hendersun Smith, 1845-1932）在《中國人的素質》中也說：中國下層階級雖充滿多神論與泛神論，但上層階級卻是無神者。他稱中國儒家學者是這個地球上「最爲徹底的一群受過教育和教化的不可知者論和無神論者」。[92]明恩溥如此評論儒家學者應即是針對程朱理學家而發。另外，我們從理雅各（James Legge, 1815-1897）在《中國人關於神與靈的觀念》中反駁文惠廉（William Jones Boone, 1811-1864）的文字，也可以看出朱熹等宋儒的著作是他們重要的參考，雖然他知道宋儒的上帝觀和鬼神觀不同於先秦，也未能全面影響中國宗教之建立，但因其官方正統的地位，在儒家士大夫之中具有重要影響力。[93]

以上說明朱熹的鬼神觀與生死觀在明清時期持續居於主流官學的地位，可以想見其影響力。儘管如此，不少儒家士人仍對此提出質疑，我曾撰寫專文討論明末清初的儒者有別於朱熹的生死觀，[94]以下舉數例說明。黃宗羲（1610-1695）說：「吾謂有聚必散者，爲愚凡而

---

91 朱宗元，《答客問》，收入鄭安德編，《明末清初耶穌會思想文獻彙編》第31冊（北京：北京大學出版社，2003），卷3，頁284-528。

92 明恩溥是美國公理會傳教士，1872年來華。見明恩溥著，秦悦譯，《中國人的素質》（上海：學林出版社，1999），頁256-257。

93 理雅各著，齊英豪譯，《中國人關於神與靈的觀念》（福州：福建教育出版社，2018），頁131-140。

94 呂妙芬，《成聖與家庭人倫》，頁39-69。

言也。聖賢之精神，長留天地，寧有散理？」95謝文洊（1616-1682）
則言：「古之志士仁人，其精光與日星河嶽，並歸無盡。若無志之
士，不仁之人，……究如奄奄泉下人耳，倏忽之間與草木同腐。」又
言：「天地間惟道明德立，心靜氣正之人，死有精爽，至於神明。」96
李光地（1642-1718）說人的義理之性不隨形毀而滅，又說：「人雖死
而神理常存。」97從以上引文可見，這些明清之際的士人和王廷佐的想
法類似，都相信人的精神元素並不會隨形體死亡而完全消散，君子與
小人死後的境遇不同，志士仁人之精神與造化爲徒，小人之神則或與
草木同腐，或與凡塵爲徒。

　　讓我們再看一些與王廷佐、潘德輿年代相近的儒者論述。在道咸
年間程朱理學復興的時期，有不少墨守程朱觀點的學者，其中代表人
物之一是吳廷棟（1793-1873）。98吳廷棟，字彥甫，號竹如，晚號拙
修，安徽霍山人，同治初年曾仕大理寺卿、邢部侍郎，與倭仁（1804-

---

95 黃宗羲著，沈善洪主編，《黃宗羲全集》（杭州：浙江古籍出版社，1985）
　　第1冊，頁197。
96 謝文洊，《謝程山集》，收入四庫全書存目叢書編纂委員會編（後略編
　　者），《四庫全書存目叢書》集部第209冊（臺南：莊嚴文化事業公司，
　　1997），卷4，頁35a、卷3，頁3a-b。
97 李光地著，陳祖武點校，《榕村語錄》（北京：中華書局，1995），頁
　　446、466-467。李光地也說人可分爲形氣神理四部分，形氣是身體，神是
　　心，理是性。乍看近似王廷佐之論，但他又說形氣神理是一物而四名，形
　　精氣精，神理比氣更精，神是氣之精者，心爲神之會聚，理爲神之至，盈
　　天地之間均是氣，可見主要是氣一元論的想法。另外，李光地又說鬼神非
　　理非氣、在理氣之間，他也說到人死後以類相從，或清明剛正，與明神合
　　而爲神，或幽暗乖戾，與鬼怪合而爲鬼，又講聖賢轉生等。見李光地，
　　《榕村集》，收入紀昀等總纂，《景印文淵閣四庫全書》第1324冊，卷2，
　　15a；李光地著，陳祖武點校，《榕村語錄》，頁121、464、467-468。
98 龔書鐸主編，張昭軍著，《清代理學史》（廣州：廣東教育出版社，
　　2007），卷下，頁52-195。

1871）、李棠階（1798-1865）等在京師講學，共同提倡正學，有「海內三賢」的美聲。[99]吳廷棟與桐城士人方潛（1805-1868）有數十封論學的書信，保留於方潛《辨性心書》，這些書信清楚反映兩人的差異觀點，而這些差異也呼應了王廷佐與潘德輿的差異。

　　方潛和吳廷棟論學有兩個大主題：一辨性即理，二辨心無生滅。方潛曾浸潤陸王佛老之學，對於心學有所體悟，對於程朱「性即理也」則在疑信之間反復不斷，在與吳廷棟論辯的過程，他嘗試以折中調停的態度來理解良知心體與天理的關係；不過吳廷棟始終不贊同，堅持不可以虛靈不昧者為理為性，也不應以佛教的語詞觀念來討論儒學。[100]方潛後來接受了吳廷棟的想法，屢次強調他終於體悟「性即理也」的聖學意涵。[101]與本文主題相關的是在《辨性心書下》關於「心無生滅」的討論。方潛主張心不是氣，而是氣之靈；心即理，是無生滅的。[102]吳廷棟認為方潛此說接近佛教認心作性，故極力反對。[103]

　　吳廷棟力持人死氣散之說，方潛在尚未被吳廷棟說服之前，則強調個人工夫修養應追求上契天心、明白原始反終之理、盡心性而合神理的境界。[104]方潛相信人心所稟之神與天地無窮之神相通，又說：「性之理無窮，即心之神亦無方。」人因自己私小而與天隔，故應極

99 胡憶紅，〈晚清「海內三賢」略議〉，《歷史教學》，2008：24（天津，2008），頁47-50。
100 方潛，《辨心性書上》，收入氏著，《毋不敬齋全書》（北京清華大學圖書館藏光緒15年己丑開雕於濟南、光緒丁酉年重校續印本），卷1，頁54b。
101 方潛和吳廷棟論學大約五年後才比較明確接受其程朱學的立場，時約在同治元年（1862）。方潛，〈毋不敬齋全書總序〉，收入《毋不敬齋全書》，卷首，頁2b。關於方潛終未能完全被吳廷棟所改變，見下文。
102 方潛，《辨心性書下》，收入《毋不敬齋全書》，卷2，頁2a。
103 方潛，《辨心性書下》，收入《毋不敬齋全書》，卷2，頁3a。
104 方潛，《辨心性書下》，收入《毋不敬齋全書》，卷2，頁14a-b。

力追求與天合一。我們從方潛寫於咸豐四年（1854）的〈心述舊序〉可以清楚讀出他早期折中於三教的心學傾向。[105] 他說：人心是貫古今包天地之虛靈，具乎性而宰乎形者，實與太虛圓靈合爲一體；但人心受限於形氣，若不能靠後天修養以合天心，則可能蔽乎理，流於情欲，使虛者塞、靈者滯。他認爲不僅在天之神是歷古今而無生滅者，人心之神亦同樣不隨形氣以爲始終，人只要能合外內之道，通晝夜、化物我、渾天人，人心自然能上與天心合，故他主張心無生滅。他還描述一種人虛靈之心在形體消亡後繼續存在的情形：「形亡，無所附麗，各逐其情欲之所繫，流轉沉淪於太虛圓靈之中，歷千萬劫、受千萬苦，而鮮能歸根復命。」[106] 方潛的工夫論不僅強調實證心體，也強調自信本心、自主自成。[107]

　　吳廷棟強烈反對方潛「心無生滅」的看法，認爲此是受佛教影響的觀念，不符合程朱正學，其中一個關鍵點就是個體之神能否超越死亡而存在。吳廷棟給方潛的信曰：

> 原始反終，故知死生之說，而程子謂人生以上不容說者，誠以人生以上尚屬天命，而無與於人，非可指爲一己之性也。由原始反終可知，人死以後，其屈伸消息亦已屬乎大化，而無與於人，豈可復認爲一己之心哉。且既云天人合一，即此心性神理初與大化無間，則所謂全受全歸者，自

---

105 方潛，《心述舊序》，收入《毋不敬齋全書》，卷18，頁4a-7b。
106 方潛，《心述舊序》，收入《毋不敬齋全書》，卷18，頁4b。
107 方潛：「人之心即天地之心，……何不敢自信乎？自信乃能自主，自主乃能自成。佛家不見理卻能自信，自信所以立地成佛；儒家知窮理，每不敢自信，不敢自信，所以終身不能窺聖。」方潛，《辨心性書下》，收入《毋不敬齋全書》，卷2，頁38a-b。方潛記方東樹臨終前顧門人曰：「身有盡，此心無盡」，亦有類似想法。見同書，卷20，頁16a-b。

是一惟天所主而人不得參也,於此而曰「心無生滅」,此
自私之尤者也。世謂釋氏能了生死,正是不能打破此
關,……始視了生死爲一大事實,終未窺及妖壽不貳修身
以俟之旨矣。所以程子曰:「釋氏之與吾儒句句合、事事
合,然而不同」,非知道者,不知此言之精也。弟近讀朱
子文集,見其與連嵩卿、廖子晦等歷辨此旨甚明,不暇噍
述,惟與張南軒、呂東萊兩先生論知言疑義,朱子曰:
「心無生死,則幾於釋氏輪回之說矣。天地生物,人得其
秀而最靈,所謂心,乃人虛靈知覺之性,猶耳目之有見聞
耳,在天地則通古今而無成壞,在人物則隨形氣以爲始
終。」知其理一而分殊,則亦何必爲是心無生死之說以駭
學者之聽乎?朱子此語自是顛撲不破,而弟前言信非臆度
矣。108

吳廷棟接受程朱「人死氣終散」的想法,當人死氣散回歸大化流
形,屬於個體一己之心亦不復存在。故就天的層次而言,天理始終爲
一,永存不變,天地之心亦通古今而無成壞,氣之形化則生生不息;
就個體人物而言,其神隨形氣而始終,亦即個體性消失。吳廷棟又批
評方潛以心爲氣之靈,非形下之物,故主無生滅之說;他說心仍是
氣,是「氣之精英」。真正讓心有靈知的是性(理)、不是心
(氣);109是理無生滅,非心無生滅。他強調儒學的主旨在性即理,絕
不能離性而講心。110吳廷棟的批評類似潘德輿對王廷佐的批評,他們
都強調心(神)是氣,不是非氣範疇的靈,故不可能離氣而獨存,也

---

108 方潛,《辨心性書下》,收入《毋不敬齋全書》,卷2,頁40b-41b。
109 方潛,《辨心性書下》,收入《毋不敬齋全書》,卷2,頁41b。
110 方潛,《辨心性書下》,收入《毋不敬齋全書》,卷2,頁10b。

都反對人死神不亡的看法。

　　方潛其實沒有那麼容易被說服，他說自己遍讀《大全》、《大學》、《中庸或問》等書，仍覺得先儒未嘗不言心體，未必如吳廷棟那麼嚴苛區分性與心。更有意思的是，他從清初大儒陸隴其（1630-1692）的《四書講義困勉錄》中，讀到陸隴其援引王陽明、王畿（1498-1583）、耿定向（1524-1597）、王肯堂（1638卒）等人的說法，立場顯然不若吳廷棟堅持，陸隴其的按語還透露著不同於程朱的想法。方潛指出：

> 稼書先生按之曰：「王、耿諸說大約謂有生死者形，無生死者靈明之體，雖本西來之意，猶未與吾儒之理大背。」又曰：「聞道則生順死安，生順是形生，而靈明之體與之俱生；死安是形死，而靈明之體不與之俱死。」又曰：「無生死者以知言也，生順死安者兼行言也；無生死者以體言也，生順死安者兼用言也。朱子之說可以包王、耿諸說，王、耿之說不可以包朱子之說。」按此，則稼書先生於向上一層未嘗不洞澈，亦未嘗因矯釋氏之偏而并諱言無生滅之心體矣。[111]

　　方潛指出陸隴其的按語透露著人靈明之體不與形俱死的信念，陸隴其說祭祀時，來享者是氣之未盡散者，並非氣散而復聚，此說便不同於朱熹。[112]方潛又說：「聖賢之氣浩然塞天地，配道義，生則澤流

---

111 方潛，《辨心性書下》，收入《毋不敬齋全書》，卷2，頁63a。方潛所言與原文有少數文字之異，原文見陸隴其，《四書講義困勉錄》，收入紀昀等總纂，《景印文淵閣四庫全書》第209冊，卷7，頁12a-14a。
112 方潛，《辨心性書下》，收入《毋不敬齋全書》，卷2，頁63b-64a。

天下，沒則神在萬世，無死生，無聚散，而獨行於古今者也。」[113] 不過，此時的方潛並沒有據陸隴其的說法再次堅持自己原來的說法，只說若依程朱正學，「則稼書先生於死生之說，鬼神之情狀似尚有未盡知者」，「是格致未到至處」，但也不能說陸隴其「於向上之事概乎未之見也」。方潛在此信中又言及朱子門人罕有洞見本原者，自己已年近六十，人生「舍此一大事外，更復何足歆羨？何足希冀？」[114] 方潛顯然並未完全被吳廷棟說服，放棄自己先前重視心體工夫的看法。[115]

　　陸隴其是清初第一位入祀孔廟的大儒，他的說法並不完全同於朱熹，吳廷棟如何解釋？吳廷棟在回信中簡單回應：

> 夫清獻固篤守朱子者也，而竟有取於龍溪等之言，而下及於譚子，且明謂是西來之意不大背於聖人，抑足異矣。或謂《四書大全》、《困勉錄》皆早年未定之書，否則亦是格致偶有未精，而為近理亂真之言所眩耳。[116]

---

113 方潛，《辨心性書下》，收入《毋不敬齋全書》，卷2，頁64a。類似的看法在17世紀並不少見，清初許多程朱學者亦反對朱熹生死觀的現象，我已在另文中討論，參見呂妙芬，《成聖與家庭人倫》，第1章。

114 方潛，《辨心性書下》，收入《毋不敬齋全書》，卷2，頁64a-66a。

115 倭仁說方潛是在自己身上認得一個「精神魂魄有知有覺之物，把持作弄到死，不肯放舍，謂之死而不亡」。見倭仁，《倭文端公遺書》，卷7，頁9a-b，收入沈雲龍主編，《近代中國史料叢刊》第333冊（臺北：文海，1969），頁635-636。倭仁與吳廷棟之交友，見李細珠，〈倭仁與吳廷棟交誼略論〉，《安徽史學》，1999：2（合肥，1999），頁42-47。1868年吳廷棟76歲，他在批閱方潛《毋不敬齋全書》時，也感覺到自己未能真正說服方潛，他聞知方潛病危時，還特地寫信去論學，希望方潛能在有生之日真正辨明心性，不致有終生之憾。見方宗誠，《吳竹如先生年譜》，收入吳廷棟，《拙修集續編》，收入《清代詩文集彙編》編纂委員會編，《清代詩文集彙編》第583冊（上海：上海古籍出版社，2010），卷4，頁67a-b。

116 方潛，《辨心性書下》，收入《毋不敬齋全書》，卷2，頁68b。

　　吳廷棟說若陸隴其果眞有此說，恐怕是早年未定之論，或格物偶有未精使然吧。吳廷棟重申朱熹的主張，再次強調聖賢不希望人因生死利害之計而修德，也擔心對中才之人宣講心無生死、自信能透向上一層等信念，會使人馳心高遠而不踏實，不如守定下學塗轍，循序漸進，才是儒學的正道。從以上吳廷棟和方潛的論辯可見，吳廷棟嚴守程朱的立場近似潘德輿，方潛思想雖然不同於王廷佐，不過他相信個人之神死而不亡，與王廷佐接近，而他在閱讀清初陸隴其的作品發現近似死而不亡的論述，即上文所說十七世紀有一波檢討程朱生死觀的思潮。

　　其他尚有一些清中晚期的儒士也曾提出不同於朱熹生死觀的看法，雖然他們的思想未必與王廷佐有關，但作爲廣義的學術史背景，仍值得留意。例如，魏源（1794-1857）在《默觚》一書中言及生死與魂魄，雖然魏源在1828年皈依佛教，其晚年思想應以佛教爲主，《默觚》所載的關於魂魄的說法並未見明顯佛教色彩，但清楚展現不同於程朱宋儒的觀點。[117] 魏源說宋儒以鬼神爲二氣之良能是主張「無鬼」，此不符先秦經典與宗廟祭祀之教，也不利於教化，將使小人爲惡而無忌憚。[118] 魏源說道德仁性能超越形氣之生死，[119] 也說到個人死後神不滅的情狀：

　　　　人之生也，有形神，有魂魄。於魂魄合離聚散謂之生死，

---

[117] 有關《默觚》一書的內容及成書時間，據賀廣如研究指出，此書非一時之作，是日積月累的讀書心得，大約始作於1824年，終於1856年。賀廣如，《魏默深思想探究──以傳統經典的詮說爲討論中心》（臺北：臺大出版委員會，1999），頁237-257。

[118] 魏源，《古微堂內集》（臺北：文海出版社，1969），卷1，頁3b-5a。

[119] 魏源，《古微堂內集》，卷2，頁28a。

於其生死謂之人鬼，於其魂魄靈蠢壽夭苦樂清濁謂之升
降，於其升降謂之勸戒。雖然其聚散合離升降勸戒以何爲
本？以何爲歸乎？曰：以天爲本，以天爲歸。黃帝、堯、
舜、文王、箕子、周公、仲尼、傅說，其生也自上天，其
死也反上天。其生也教民語必稱天，歸其所本，反其所
自，生取舍於此。大本本天，大歸歸天，天故爲群言
極。[120]

　　魏源說黃帝、堯、舜、孔子等聖賢，其生來自天，其死反歸於
天，他們教民的學說也都以天爲本，此即儒學本天之意涵。他把人的
出生與在世的道德表現分成光明與黑暗兩類，兩類人物在世的表現不
同，死後的情狀也大異。他說：

其道而純陽與。其生也，與日月合其明；其殁也，其氣發
揚于上爲昭明。文王在上，於昭于天，五方之帝之佐皆聖
賢。既沒之神爲之堯，乘白雲而歸帝鄉，傅說騎箕尾而爲
列星。其次者猶祀于礜宗方社四嶽，各如其德業之大小爲
秩之尊卑。地祇與天神相升降焉，故曰「君子上達」。其
道而純陰與。其生也，與鬼蜮合其幽；其殁也，魄降于
地，精氣爲物，游魂爲變。鯀化黃熊，伯有爲厲，彭生爲
豕，方相氏儺屬而毆之，鼎鑄神奸而象之，故曰「小人下
達」。[121]

　　文王、傅說等聖賢，生稟陽道，死後魂上升於天，或在帝左右，
或爲列星，其他君子忠臣也會依其德業之大小而至相應的終極境地，

<hr>

[120]魏源，《古微堂內集》，卷1，頁5b-6a。
[121]魏源，《古微堂內集》，卷2，頁31a-b。

魏源認為此即「君子上達」。相反地，小人稟陰道，死後魄降於地，魂則游而變，可能成為動物或厲鬼，此即所謂「小人下達」。這種說法是以結局來判斷其出生是稟陽道或陰道，似乎帶有某種命定論的看法，又如何與儒家性善論、人皆可學而成聖的主張相符呢？但魏源也有強調人道德自主性的說法，他說人身後之名如蜉蝣，惟性命修德可以使人最終反回於穆之天，又說：「故此數十年中，惟人所自用也，用之天則天矣，用之物則物矣。太虛者，萬物之眞宅也。」[122] 人美好的終極歸屬在太虛，唯有自己通過修德之路可以到達，他也批評宋儒人死「氣散為太虛而賢愚同盡」的說法。既然人死後，神仍存在，祭祀則是溝通幽明的管道，魏源說聖人因通于幽明之理，故制禮作樂以饗帝饗親，進退百神，是以祭祀輔王治而成教化。[123]

龔自珍（1792-1841）在〈釋魂魄〉文中也論及魂魄生死：

> 渾言之，人死曰鬼，鬼謂之魂魄；析言之，魂有知者也，魄無知者也。質言之，猶曰神形矣。《易》曰：「精氣為物」，此言聖智之魂之情狀；曰：「游魂為變」，此言凡民之魂之情狀。《詩》曰：「文王在上，於昭于天」，此頌文王之精氣能不與魄俱死。孔子告子游曰：「體魄則降」，此言聖智與凡民所同者；曰：「知氣在上」，此言聖智所不與民同者。[124]

龔自珍以魂為神、魄為形。他說魂有知，故禮書有招魂之制；魄無知，故周禮不墓祭。體魄下降、肉體腐朽的部分，聖賢與凡民同；凡

---

122 魏源，《古微堂內集》，卷2，頁32b-33a。
123 魏源，《古微堂內集》，卷2，頁31a。
124 龔自珍，〈釋魂魄〉，收入氏著，王佩諍校，《龔自珍全集》（上海：上海古籍出版社，1975），頁126。

民之魂不能上升於天，唯聖智者之魂能夠不與體魄俱死而上升，《詩》所謂「文王在上，於昭于天」正是頌讚文王之精氣在天長存不滅。[125]

　　姚瑩（1785-1853）是姚鼐（1785-1853）的姪孫，[126]也是魏源和潘德輿的朋友，[127]對於魂魄、生死、鬼神也有論述。他說魂魄是氣，兩者的區別為：魂是氣之陽，是清靈而上浮者，是神；魄是氣之陰，是濁滯而下降者，是形。至人魂強，故能以魂斂魄，以神運形，而形安神定；反之，若魂強而斂魂，以形運神，則神燥而形敝。此即聖賢與愚凡之別，而其間之關鍵在乎一心，故聖人強調治心，心治則魂魄形神皆治。[128]姚瑩同樣把道德修養與魂魄形神作緊密的聯繫，人通過心的修養，可以達到神魂清靈、形魄安穩的境界。

　　姚瑩雖然相信人死肉體腐朽之後仍有靈的存在，但他並沒有魂或靈魂不朽的概念。魂魄既屬氣，必然隨天地之氣生生不息而變化。他

125龔自珍，收入氏著，王佩諍校，〈釋魂魄〉，《龔自珍全集》，頁126。
126姚瑩，字石甫，號明叔，晚號展和，又號幸翁，安徽桐城人。師從姚鼐學古文法，與梅曾亮、方東樹、管同並稱姚門四子。早年曾在廣東遊幕，嘉慶二十一年謁選福建平和知縣，調龍溪、臺灣，兼理海防同知，攝噶瑪蘭通判事，後陞任臺灣道。咸豐初年奉旨出任廣西按察使，參與剿太平軍之役，後以湖南按察使病死於軍營。姚瑩主張文章經世，是繼方苞之後，對桐城派文風向經世轉變的重要人物。姚瑩傳見中華書局編委會編，《清史列傳》（臺北：中華書局，1962）第10冊，卷73，頁9b-10b。
127姚瑩和魏源於道光初年在京師訂交，見姚瑩，〈湯海秋傳〉，《東溟文後集》，卷11，收入氏著，施立業點校，《姚瑩集》，收入嚴雲綬、施立業、江小角主編，《桐城派名家文集》第6冊（合肥：安徽教育出版社，2014），頁322。姚瑩和潘德輿因詩訂交，兩人曾在1836-1837年間見面。詳見，姚瑩，〈潘四農詩序〉，《東溟文後集》，卷9，同前書，頁291-292。
128姚瑩，〈心說〉，《東溟文集》，收入氏著，施立業點校，《姚瑩集》，頁10。亦參見姚瑩，〈說鬼〉，《東溟外集》，同前書，頁109-110。

在〈鬼神篇〉中說到：人與風雨雷電山川萬物都是天地之氣亭毒化育而成的，人除了形體，尚有精神性元素在死後存留。人死形毀後，仍有「鬼」悠邈恍惚於天地之間，而風雨雷電山川之中則有「神」。[129]不過，無論鬼神或魂魄都不離天地陰陽一氣之流行變化：

> 不見夫天地之化機乎？物無不化，物各自化，物物又相爲化。……俄而爲風雨者，俄而爲雷電矣，又俄而爲山川矣，則亦俄而爲神，則亦俄而以爲神者爲人，吾烏知其人耶？風雨耶？雷電與山川耶？鬼與神耶？一陰陽耳，一氣耳，物乃或一之，或萬之，是強分其區別者也。惟天地能一其萬，亦能萬其一，吾不知其所以化也，而知其所以一。凡物無不然，獨鬼神乎哉。[130]

可見鬼神不是永恆不變，而是陰陽一氣流行變化中的現象。類似的觀念也見於李元度（1821-1887）。李元度，字次青，湖南平江縣人。早年在嶽麓書院讀書，師從歐陽厚均（1766-1846）[131]，道光年間遊歷北京，與曾國藩（1811-1872）、孫鼎臣（1819-1859）[132]、吳敏樹

---

129 姚瑩：「其形既毀，其物且凝而不散，悠邈恍惚於天地之間，感物而能憑焉，則是其所以爲鬼也。」姚瑩，〈鬼神篇〉，《東溟文集》，收入氏著，施立業點校，《姚瑩集》，頁14。

130 姚瑩，〈鬼神篇〉，《東溟文集》，收入氏著，施立業點校，《姚瑩集》，頁14-15。

131 歐陽厚均，字福田，號坦齋，湖南衡州人，嘉慶四年進士，出任戶部貴州司主事、戶部郎中、浙江道監察禦史、嶽麓書院院長等。丁善慶等纂，《長沙嶽麓書院續志》，收入姜亞沙、經莉、陳湛綺編，《中國書院志》第6冊（北京：全國圖書館文獻縮微複製中心，2005），卷2，頁5b-6a。

132 孫鼎臣，字子餘，號芝爵房，湖南善化縣人，道光二十五年進士。中華書局編委會編，《清史列傳》第10冊，卷73，頁46b-47a。

（1805-1873）[133]、楊彝珍（180-?）[134]等交友，後投筆從戎，爲曾國藩湘
軍集團的重要將領。[135]

　　李元度雖與曾國藩等人交往密切，也尊崇朱子學，但他與吳廷棟
等嚴格的朱子學者不同，他反對強烈的學派意識。[136]他也不同意朱熹
對於魂魄與生死的看法，他說儒者雖不言輪迴與因果，但事實上天地
自然萬物無不在輪迴之中，人類亦不能例外，他心目中的「輪迴」是
日月代明、四季變化、薪盡火傳、雲雨和水流之循環、人身血氣之循
環，以及天地元會運世之循環等。他說：「人生天地間，萬物之一

---

[133] 吳敏樹，湖南嶽陽人，字本琛，號南屏，晚號樂生翁、桮湖漁叟，1832年
舉於鄉，曾任瀏陽縣訓導。中華書局編委會編，《清史列傳》第10冊，卷
73，頁47a。

[134] 楊彝珍，字性農，號季涵，湖南常德府人，道光三十年進士，歷任翰林院
庶吉士、兵部主事、陝西同州府學訓導、國子監助教等。其傳見趙爾巽
編，清史稿校註編纂小組編纂，《清史稿校註》（臺北：國史館出版，
1986），頁11219。

[135] 後來湘軍大敗於徽州，李元度受到曾國藩的彈劾，遭革職。同治二年，李
元度結束十餘年的軍旅生活，回到家鄉，潛心著述，完成《國朝先正事
略》、《名賢遺事錄》、《四書講義》、《國朝彤史略》等書。清朝平定太平
天國之後，李元度再度被起用，赴貴州剿匪，建立軍功，授官雲南按察
使。光緒十年（1884），李元度再次出山，升任貴州布政使兼按察使，籌
立蠶桑局，議辦清溪縣鐵礦等，政績斐然。光緒十三年，卒於貴州布政使
公署。李元度生平，參見陳董言，〈李元度生平及其散文研究〉（蘭州：
蘭州大學碩士論文，2013）。

[136] 李元度〈書方望溪與李剛主書後〉中言及：方苞在李塨喪子後寫信給李塨
勉勵其應恐懼修省，說正因爲其多訾警朱子才會無嗣，又說：「自陽明以
來，凡詆朱子者多絕世不祀，習齋、西河其尤也。」李元度對方苞之說相
當不以爲然，認爲此已是黨同伐異的行爲，朱熹本人必不認同。他又說朱
子雖賢視孔孟，但其言也未必絲毫無失。李元度，《天岳山館文鈔》，收
入《續修四庫全書》第1549冊（上海：上海古籍出版社，1995），卷30，
頁23a-24a。

耳，然則緜生而長而壯而老而死，死而又生，固其常也，何足訝哉？」[137]李元度強調輪迴並非二氏所屬，儒家經典本有，如《易》象陰陽之變化、「生寄死歸」之說，又說：

> 蘇子曰：「其生也有自來，其逝也有所爲」；「幽則爲鬼神，而明則復爲人，此理之常，無是（應作「足」——引者按）怪者」。烏虖！此皆儒者之言也，世之陋儒自附闢佛老，必從而非之，信斯言也，則人死必泯然無知，且澌然同盡而後可，古聖人曷爲有廟饗之禮乎？若謂不泯滅亦不輪迴，則自開闢以來，死者不止恆河沙數，將何地以容之？……曰：「原始反終，故知死生之說。」夫終而曰反，則死必有所歸；始而曰原，則生必有所自，可知也。曰：「精氣爲物，游魂爲變，是故知鬼神之情狀。」夫既能爲物變，則出入往來自不出陰陽之外；既有情狀，則非一死即漸減以盡，可知也。然則人之死爲鬼，鬼之生復爲人，正猶寒暑晝夜之遞遭於前，無二理也。[138]

引文中的蘇子是蘇軾（1037-1101），蘇軾在〈潮州韓文公廟碑〉中說到：「必有不依形而立，不恃力而行，不待生而存，不隨死而亡者矣。是在天爲星辰，在地爲河岳，幽則爲鬼神，而明復爲人。」[139]李元度認爲生死是自然生生不息之大道流行的現象，雖然物之情狀有

---

137 李元度，〈輪迴〉，《天岳山館文鈔》，收入《續修四庫全書》第 1549 冊，卷 38，頁 21a-b。
138 李元度，〈輪迴〉，《天岳山館文鈔》，收入《續修四庫全書》第 1549 冊，卷 38，頁 22a-b。
139 蘇軾，〈潮州韓文公廟碑〉，收入氏著，茅維編，孔凡禮點校，《蘇軾文集》（北京：中華書局，2008），頁 508-509。

所變化,但不是「漸滅以盡」,而是「原始反終」之輪迴流轉。他相
信生必有所自,死必有所歸;也相信生而為人、死為鬼神,雖幽明不
同,然都只是自然輪迴變化的過程而已。他說朱熹等宋儒為了闢佛老
而堅持人死氣散無知,此觀點並不符合先秦儒學,也不能解釋祭祀之
禮。

　　李元度講因果,除了承認天自有定數的一面,也強調人可以改變
因果的一面,他說:「自我為之也,人定可以勝天,聖賢所以有立命
之學,有造命之權。」[140]他相信人生前的修養會影響死後的情狀,他
在兩篇論魂魄的文章中,對於人的構造和生死情狀之變有清楚的說
明:

> 魄者形也,魂者神也。形神合則生,形神離則死,故人死
> 則魂升於天,魄降於地也。人秉陰陽之氣以生,得氣之陽
> 者魂,得氣之陰者魄,是故魂清而魄濁,魂靈而魄蠢,魂
> 善而魄惡,魂屬氣而魄屬血,魂屬性而魄屬質也。凡秉氣
> 之清而智慧慈祥者,魂勝魄也,為鬼為神為仙為佛,皆魂
> 為之;秉氣之濁而愚頑暴戾者,魄勝魂也,為惡為逆為孽
> 為殃,皆魄為之。[141]

　　這段話有鮮明魂/魄、神/形二元論的色彩。魄是人物質性存在
的部分,與口腹感官之欲有關,蠢而不靈;魂是精神層面的存在,靈
而神,也是道德義理之性。人之生必然是神形魂魄之合,但因兩者屬
性不同,故也必有彼此攻克節制的過程。道德修養中的存理節制、盡

---

140 李元度,〈因果〉,《天岳山館文鈔》,收入《續修四庫全書》第1549冊,
　　卷38,頁24b。
141 李元度,〈魂魄〉,《天岳山館文鈔》,收入《續修四庫全書》第1549冊,
　　卷38,頁25a。

性踐形，即養魂以勝魄的工夫。142若魂能勝魄，則其魂能上升，其靈
享祀而為鬼神仙佛，相反則作惡逆孽殃。論到養魂，李元度說：

> 至人養魂，眾人養魄。養魂則陽息而陰消，如朔後之月，
> 明日長而闇日微；養魄則陰息而陽消，如望後之月，闇日
> 甚而明日蝕。是故澹嗜慾、省思慮，所以養魂也；恣情
> 欲、逞意氣，所以養魄也。養魂者，鍊魄以歸魂，死則魂
> 挾魄而上升；養魄者，汩魂以就魄，死則魄挾魂而下
> 墜。143

又說：

> 所謂魂升而魄降者，魂非能乘雲升天也，其靈能揚能浮，
> 可以歆享祀，可以入輪迴，變化無方，故曰「遊魂為
> 變」。魄非即沉溟水土也，其靈常依家藏，骨柝則反於
> 無，歸根而不復命，故曰「精氣為物」。物即魄也，息者
> 魂魄之交也，息屬而魂魄合，息絕而魂魄解，老子所謂谷
> 神是也。眾人任息，真人定息，任息者聽其絕續為生死，
> 定息者綿綿若存，能養其出入而操絕續之權，使魂強而魄
> 弱，心勝而氣微也。然而舊魂得新魄可以復生，道家所以
> 有奪舍之術也。死魄得生氣亦可以復生，元女所以有鍊尸
> 之法也。144

---

142 李元度，〈魂魄〉，《天岳山館文鈔》，收入《續修四庫全書》第1549冊，
卷38，頁25b-26a。
143 李元度，〈魂魄二〉，《天岳山館文鈔》，收入《續修四庫全書》第1549
冊，卷38，頁27a。
144 李元度，〈魂魄二〉，《天岳山館文鈔》，收入《續修四庫全書》第1549
冊，卷38，頁27b。

　　至人養魂，若魂勝魄，死後其靈能上升。李元度特別強調人死後魂升魄降，並不是魂與魄之全體的升降，而是「魂之靈」與「魄之靈」的升降。魂之靈上升可以歆享祭祀，可以再入輪迴；魄之靈則常依家藏，並不隨肉體腐朽而消亡。他又論到道教內丹的修練，修到定息綿綿若存的狀態，能夠以自己之舊魂去奪新魄再生，就此而言，可以說人有個體不朽之神。不過內丹學的終極境界是煉虛合道，即追求超越個體性的限制，融入大道之境，因此保有不散的個體性並非更高的境界。至於儒家聖賢的道德修養工夫，可以達到魂之靈上升，「可以歆享祀，可以入輪迴」，若配合前文所言人與天地萬物俱在輪迴之中，李元度應該認為即使人死後個體性之靈可以存在一段時日，但終究會輪迴再生，此時個體性亦消失。不過，李元度也說到魂勝魄者「爲鬼爲神爲仙爲佛」，仙佛是道教和佛教的修練成果，鬼神之別似乎意指一般中國儒家傳統中道德修養帶出的終末差異，死後爲神者是否不再入輪迴？李元度並沒有清楚的說明。不過，相信幽明同道，大道生生不息，即使鬼神亦非永恆不變的存在，這樣的思想在中國以《易》爲本的宇宙生命觀中相當普遍。

　　李元度的生死觀明顯異於程朱等宋儒，其「至人養魂，眾人養魄」的觀念與清末孔教領袖陳煥章（1880-1933）相近，[145] 又類似清初浙江士人王嗣槐（1620生）。[146] 王嗣槐強調儒學重視人道德修養的自主權，說人一切行爲均與死生禍福相關，此近似李元度的因果

---

145 陳煥章說信奉孔教者可以保存靈魂，又說師孔子者，可以長生天地之間，雖死而不亡。他也強調養魂的重要。陳煥章著，周軍標點，《陳煥章文錄》（長沙：嶽麓書院，2015），頁144-145。

146 關於王嗣槐的思想，參見呂妙芬，〈王嗣槐《太極圖說論》研究〉，《臺大文史哲學報》，79（臺北，2013），頁1-34。

論。[147]王嗣槐也說人死後氣散、形體腐朽,但有不亡者存,「為鬼為神」;[148]鬼神的狀態同樣會歷經生滅的變化:「鬼神亦隨數而生死于陰陽之間」、[149]「天下無智愚賢不肖之人,生而死,無不為鬼為神。死而生,生而復死,亦無不為鬼為神。」[150]以上的觀念都與李元度相近。

　　綜言之,本節試圖以十七世紀和十九世紀儒者的論點,作為進一步理解王廷佐與潘德輿觀點的學術史背景。即使我們無法清楚斷定王廷佐的思想淵源,但是他的想法在清代儒學史中並非孤例,從清初到晚清,挑戰宋儒生死觀的儒者時而有之,他們主張人死後仍有個體性之精神元素存留,君子與小人的終末境遇應該不同。而從潘德輿、吳廷棟的論述,我們也清楚看見宋儒講究義利之辨、不追求個體形神不朽的觀念,以及敬鬼神又存而不論的態度,仍有忠實支持者。

五、結語

　　本文主要根據王廷佐〈人鬼說〉、潘德輿〈論王仲衡人鬼說〉討論兩人思想的差異。王廷佐以「形氣理神」說明人的組成,他的人觀具有鮮明的二元論架構,強調人的精神元素(理、神)不屬氣,能離形氣而獨存,故人死形毀之後,其神仍存。他又藉由「神運乎理」以

---

147 王嗣槐:「人一生之進止動作,無事不與死生禍福相倚伏。」王嗣槐,《太極圖說論》,收入《四庫全書存目叢書》子部第1冊(臺南:莊嚴文化事業公司,1995),卷2,頁12b、25b。

148 王嗣槐,《太極圖說論》,收入《四庫全書存目叢書》子部第1冊,卷2,頁16a-b。

149 王嗣槐,〈後序〉,《太極圖說論》,收入《四庫全書存目叢書》子部第1冊,頁32a。

150 王嗣槐,《太極圖說論》,收入《四庫全書存目叢書》子部第1冊,卷13,頁21a-b。

及與形氣交相作用的關係,強調具個人獨特性的「神」,並批評朱熹
氣論的鬼神觀與生死觀。潘德輿雖然敬重鄉賢王廷佐,但不能認同其
〈人鬼說〉的觀點,主要依據朱熹的觀點來反駁之,強調理氣不即不
離,人之精神元素不能離形氣而獨存,故不支持人死神不亡的看法。
他堅守儒家義利之辨,譴責追求個體生命長存的動機爲自私,並重申
儒家聖賢修身俟命、生順死安的精神。

　　本文亦舉清儒相關的論述,提供進一步理解潘德輿、王廷佐思想
的學術史脈絡,說明兩人的關懷與思想上的差異在學術史上並非孤
例。我們從清儒言論中可以看到不少挑戰宋儒生死觀的論述,但也有
像潘德輿、吳廷棟這樣強烈擁護程朱的聲音。這些論辯與豐富多元的
想法,反映著中國近世士人長期浸潤於三教融合的修身文化中,以及
在天主教個體靈魂不朽觀、天堂地獄與末後審判等觀念的衝擊下,對
於儒學生命之道的不斷反省與創發。

徵引書目

一、傳統文獻

（漢）司馬遷撰，（劉宋）裴駰集解，（唐）司馬貞索隱，（唐）張守節正義，
　　（清）瞿方梅補正，（清）錢大昕考異，《史記》，收入王德毅，徐芹庭斷
　　句，《斷句本二十五史》，臺北：新文豐出版公司，1975。

（漢）鄭玄注，（唐）孔穎達疏，《禮記注疏》，收入（清）阮元校，《十三經
　　注疏》，臺北：藝文印書館，1976，第5冊。

（晉）杜預注，（唐）孔穎達疏，《春秋左傳注疏》，收入（清）阮元校，《十
　　三經注疏》，臺北：藝文印書館，1976，第6冊。

（宋）朱熹，《晦菴集》，收入（清）紀昀等總纂，《景印文淵閣四庫全書》，
　　臺北：臺灣商務印書館，1985，第1144冊。

（宋）黃榦，《勉齋集》，收入（清）紀昀等總纂，《景印文淵閣四庫全書》，
　　臺北：臺灣商務印書館，1985，第1168冊。

（宋）黎靖德編，王星賢點校，《朱子語類》，臺北：華世出版社，1987。

（宋）蘇軾著，茅維編，孔凡禮點校，《蘇軾文集》，北京：中華書局，2008。

（明）艾儒略，《三山論學記》，收入吳湘相主編，《天主教東傳文獻續編》，
　　臺北：學生書局，1966，第1冊。

（明）利瑪竇著，梅謙立注，《天主實義今注》，北京：商務印書館，2014。

（明）李之藻著，鄭誠輯校，《李之藻集》，北京：中華書局，2018。

（明）胡廣等奉敕撰，《性理大全書》，（清）紀昀等總纂，《景印文淵閣四庫
　　全書》，臺北：臺灣商務印書館，1985，第710冊。

（明）高攀龍著，陳龍正編，《高子遺書》，收入紀昀等總纂，《景印文淵閣四庫
　　全書》，臺北：臺灣商務印書館，1985，第1292冊。

（清）方宗誠，《吳竹如先生年譜》，收入吳棣棟，《拙修集續編》，收入《清
　　代詩文集彙編》編纂委員會編，《清代詩文集彙編》，上海：上海古籍出
　　版社，2010，第583冊。

（清）方潛，《辨心性書》，收入氏著，《毋不敬齋全書》，光緒十五年己丑開
　　雕於濟南、光緒丁酉年重校續印本，北京清華大學圖書館藏。

（清）王廷佐著，陳師濂輯，《王莘民雜著》，嘉慶十一年版，南京圖書館藏。

（清）王嗣槐，《太極圖說論》，收入《四庫全書存目叢書》，臺南：莊嚴文化
　　事業公司，1995，子部第1冊。

（清）朱宗元，《答客問》，收入鄭安德編，《明末清初耶穌會思想文獻彙

編》，北京：北京大學出版社，2003，第31冊。

（清）李光地等奉敕纂，《御纂性理精義》，收入（清）紀昀等總纂，《景印文淵閣四庫全書》，臺北：臺灣商務印書館，1985，第719冊。

（清）李元度，《天岳山館文鈔》，收入《續修四庫全書》，上海：上海古籍出版社，1995，第1549冊。

（清）李光地，《榕村集》，收入（清）紀昀等總纂，《景印文淵閣四庫全書》，臺北：臺灣商務印書館，1985，第1324冊。

（清）李光地著，陳祖武點校，《榕村語錄》，北京：中華書局，1995。

（清）姚瑩，《東溟文集》、《東溟文後集》、《東溟外集》，收入氏著，施立業點校，《姚瑩集》，收入嚴雲綬、施立業、江小角主編，《桐城派名家文集》，合肥：安徽教育出版社，2014，第6冊。

（清）倭仁，《倭文端公遺書》，收入沈雲龍主編，《近代中國史料叢刊》，臺北：文海，1969，第333冊。

（清）孫璋，《性理真詮》，收入王美秀、任延黎主編，《東傳福音》，合肥：黃山書社，2005，第4冊。

（清）張兆棟修、何紹基纂，《重修山陽縣志》，收入《中國地方志集成‧江蘇府縣志輯》，第55冊。

（清）陸隴其，《四書講義困勉錄》，收入（清）紀昀等總纂，《景印文淵閣四庫全書》，臺北：臺灣商務印書館，1985，第209冊。

（清）無名氏，《真道自著》，收入鐘鳴旦（Nicolas Standaert）、杜鼎克（Ad Dudink）、王仁芳主編，《徐家滙藏書樓明清天主教文獻續編》，臺北：利氏學社，2013，第2冊。

（清）黃宗羲著，沈善洪主編，《黃宗羲全集》，杭州：浙江古籍出版社，1985。

（清）潘德輿著，朱德慈輯校，《潘德輿全集》，北京：人民文學出版社，2016。

（清）謝文洊，《謝程山集》，收入四庫全書存目叢書編纂委員會編，《四庫全書存目叢書‧集部‧別集類》，臺南：莊嚴文化事業公司，1997，第209冊。

（清）魏源，《古微堂內集》，臺北：文海出版社，1969。

（清）龔自珍著，王佩諍校，《龔自珍全集》，上海：上海古籍出版社，1975。

丁善慶等纂，《長沙嶽麓書院續志》，收入姜亞沙、經莉、陳湛綺編，《中國書院志》，北京：全國圖書館文獻縮微複製中心，2005，第6冊。

邱沅修、段朝端等纂，《民國續纂山陽縣志》，《中國地方志集成‧江蘇府縣志輯》，南京：鳳凰出版社，2008，第55冊。

陳煥章著，周軍標點，《陳煥章文錄》，長沙：嶽麓書院，2015。

趙爾巽編，清史稿校註編纂小組編纂，《清史稿校註》，臺北：國史館出版，
　　1986。

劉咸炘著，黃曙輝編校，《劉咸炘學術論集：子學編》，桂林：廣西師範大學
　　出版社，2007。

中華書局編委會編，《清史列傳》，冊10，臺北：中華書局，1962。

《邱湘亭王莘民雜著合訂》，道光四年（1824）刊本，臺北國家圖書館藏。

二、近人論著

丁憶如，〈「忠愛隨地施」——潘德輿《養一齋詩話》的論詩特色〉，《興大中
　　文學報》，47（臺中，2011），頁63-92。

戈國龍，《道教內丹學探微》，北京：中央編譯出版社，2012。

朱德慈，《潘德輿年譜考略》，北京：中國社會科學出版社，2009。

余英時，《東漢生死觀》，臺北：聯經出版公司，2008。

杜正勝，〈形體、精氣與魂魄——中國傳統對「人」認識的形成〉，《新史
　　學》，2：3（臺北，1991），頁1-65。

杜正勝，《從眉壽到長生：醫療文化與中國古代生命觀》，臺北：三民書局，
　　2005。

呂妙芬，〈王嗣槐《太極圖說論》研究〉，《臺大文史哲學報》，79（臺北，
　　2013），頁1-34。

呂妙芬，《成聖與家庭人倫：宗教對話脈絡下的明清之際儒學》，臺北：聯經
　　出版公司，2017。

李細珠，〈倭仁與吳廷棟交誼略論〉，《安徽史學》，1999：2（合肥，1999），
　　頁42-47。

吳宗海，〈潘德輿的思想歷程與《養一齋詩話》的定稿〉，《鎮江師專學報
　　（社會科學版）》，1991：3（鎮江，1991），頁17-23。

林永勝，〈佛道交融視域下的道教身體觀——以重玄學派為中心〉，《輔仁宗
　　教研究》，27（臺北，2013），頁1-34。

明恩溥著，秦悅譯，《中國人的素質》，上海：學林出版社，1999。

胡憶紅，〈晚清「海內三賢」略議〉，《歷史教學》，2008：24（天津，
　　2008），頁47-50。

張曉林，《天主實義與中國學統——文化互動與詮釋》，上海：學林出版社，
　　2005。

陳董言，〈李元度生平及其散文研究〉，蘭州：蘭州大學碩士論文，2013。

理雅各著，齊英豪譯，《中國人關於神與靈的觀念》，福州：福建教育出版
　　社，2018。

賀廣如，《魏默深思想探究——以傳統經典的詮説爲討論中心》，臺北：臺大
　　出版委員會，1999。
曾龍生，〈從禮儀看信仰——再論漢代普遍流行的靈魂觀〉，《漢學研究》，
　　37：1（臺北，2019），頁1-38。
錢穆，《中國近三百年學術史》，臺北：臺灣商務印書館，1990。
龔書鐸主編，張昭軍著，《清代理學史》，廣州：廣東教育出版社，2007。
島田虔次著，鄧江譯，《中國思想史研究》，上海：上海古籍出版社，2009。
呂妙芬，〈楊屾《知本提綱》研究：十八世紀儒家與外來宗教融合之例〉，
　　《中央研究院中國文哲研究所集刊》，40期（台北，2012），頁83-127。

Wang Tingzuo's "On Humans and Ghosts" and Pan Deyu's Refutations ——Discourses on Life and Death, Spirits and Ghosts, in Mid- and Late Qing Neo-Confucianism

Lu Miaw-fen

Abstract

According to Zhu Xi (1130-1200), life and death is due to the transformation of *qi*. A person's *qi* disperses after death and rejoins the great *Qi* of the cosmos. As this happens, one's individual identity fades. This view of the afterlife suggested that there was no fundamental difference between the postmortem fates of sages and common people. This view was challenged by many seventeenth-century Confucians, who argued for the possibility of preserving one's spirit after death through moral cultivation.

This article examines the continuous discussions of this issue in nineteenth-century Chinese Neo-Confucianism, focusing on the ideas of Wang Tingzuo (1745-1775) and Pan Deyu (1785-1839). Wang Tingzuo wrote four essays on humans and ghosts (*rengui shuo*). His ideas about life and death, containing a concept similar to the eternal individual soul, were unusual in Confucianism. Troubled by Wang's unorthodox ideas, Pan Deyu wrote another four essays to refute Wang. This article analyzes their arguments in detail. In order to better understand the intellectual contexts of Wang and Pan, this article also discusses other nineteenth-century Neo-Confucians' ideas about this issue, including those of Wu Tingdong (1793-1873), Fang Qian (1805-1868), and Wei Yuan

(1794-1857).

**Keywords: Wang Tingzuo, Pan Deyu, Wu Tingdong, Fang Qian, life
and death**

吳廷棟校訂《《理學宗傳》辨正》的經世意涵

丘文豪

國立臺灣大學歷史系博士,主要研究領域為近、現代思想史。博士論文〈十九世紀的理學經世:吳廷棟及其學侶的嚴格化程朱學〉(2021)。著作曾於《國史館館刊》等學術期刊發表。

吳廷棟校訂《《理學宗傳》辨正》的經世意涵

丘文豪

摘要

在十九世紀的經世風潮下，朝野士人重新提倡理學，普遍以不分門戶、不關心心性理氣之辨，但求實踐與實際爲特色。然而，北京理學圈在唐鑑以後的領導人物吳廷棟卻致力於辨析心性與義利。吳廷棟晚年與學友們校訂刊行劉廷詔《理學宗傳》辨正》，並大量抄錄羅澤南《姚江學辨》作爲附錄，此校刊活動是了解吳廷棟經世思想的重要線索。吳廷棟鑑於十九世紀的政教失序，且欲矯正當時調和、實踐與權變的理學傾向，藉由校刊《《理學宗傳》辨正》，整合劉廷詔與羅澤南的思想，既斥責陸王心學爲禪學，並更加嚴格地防範理學家言「心」。他強調必須以「理」與「性」作爲經世活動的依據與根源，方能確保道德與政治的秩序。本文以吳廷棟的活動爲例，呈現出十九世紀有一群跨越省籍、以理學爲認同的程朱學者，他們結合理學義理之辨與經世思考，抱持著嚴格的「性即理」立場並付諸行動。同時，本文在探討吳廷棟及其學友的經世思想之外，亦透過與崇尚實用而和同朱陸的河南理學學風進行比較，展現兩種不同的經世態度。

關鍵詞：吳廷棟、程朱陸王、心性、經世、《《理學宗傳》辨正》

一、前言

在充滿著混亂、模糊與偶然性的十九世紀，士人追求道德與政治的秩序與確定性，多以余英時（1930-2021）所謂「紀綱世界」之經世為目標。[1]伴隨著經世風潮，朝野士人重新提倡理學，普遍以不分門戶，但求實踐與實際為特色。[2]程朱陸王與心性理氣之辨已不再是理學家關心的焦點。[3]

然而，令人費解的是，1840年代幾個理學復興的標誌性人物與著作，並非以漢學為主要攻擊對象，反倒是持嚴格的朱子學立場，嚴分心、性、理、氣，強調義利之辨，試圖清理出一條純正的程朱理學系譜，尖銳地攻擊「攪金銀銅鐵為一器」的現象，並憂慮陸王學的復興。[4]本文不斷然將其活動視為持門戶之見的逞意氣保守之舉，[5]而是透

1　余英時，〈經世致用〉，收入韋政通主編，《中國哲學辭典大全》（北京：世界圖書出版公司，1989），頁694。

2　如余英時便指出理學與經世學二者統一在「實踐」的觀念之下，為一事之兩面。余英時，〈曾國藩與士大夫之學〉，收入氏著，《現代儒學的回顧與展望》（北京：生活・讀書・新知三聯書店，2012），頁298。

3　梁啓超，《中國近三百年學術史（附《清代學術概論》）》（臺北：里仁出版社，1995），頁77；胡適，《戴東原的哲學》（臺北：臺灣商務印書館，1963），頁194-196；余英時，〈序〉，收入黃進興著，郝素玲，楊慧娟譯，《李紱與清代陸王學派》（南京：江蘇教育出版社，2010），頁1-2；黃克武，〈理學與經世——清初「切問齋文鈔」學術立場之分析〉，《中央研究院近代史研究所集刊》，16（臺北，1987），頁62-64。

4　如唐鑑《學案小識》（1843-1845）與何桂珍（1817-1855）在唐氏吩附下所作的《續理學正宗》（1845），便是不斷強調程朱學之正統地位；方東樹於《漢學商兌》之後作的〈辨道論〉（約道光中期）也是直攻心學，預防其害；羅澤南《姚江學辨》（1844）攻擊陽明之事功僅為「權術」；劉蓉（1816-1873）《思辨錄疑義》（1846）逐條批評陸世儀（1611-1672）的王學傾向，並擔憂王學的復興正在發生；夏炘（1789-1871）《述朱質疑》（1850）花許多篇幅駁斥朱熹出入禪學以及與金谿未會而同之論。

5　史革新，《晚清理學研究》（北京：商務印書館，2007），頁50；張昭軍

過吳廷棟（1793-1873）校訂《《理學宗傳》辨正》這一活動，探究其
嚴格辨析陸王、心性與義利，背後蘊藏的紀綱世紀之關懷。

　　張灝指出經世包含儒家的入世精神、治體與治法三個層次。[6]然
而，十九世紀經世風氣代表作《皇朝經世文編》，是以制度、財政、
軍事與工程等為主，目前學界的討論也多集中於此，對於十九世紀經
世之學的研究並未深入探討「治體」的面向。[7]本文欲說明吳廷棟以嚴
辨陸王與心性為特色的經世方案，並藉此說明當時程朱學者對於經世
之治體層次的思考。

　　目前學界對於十九世紀理學復興的研究，主要關注北京理學圈的
核心人物唐鑑（1778-1861），以及作為兩種理學典型代表的倭仁
（1804-1871）與曾國藩（1811-1872），[8]本文則以吳廷棟為主要研究對
象。吳氏同樣活躍於北京理學圈，於道光二十年代（1840s）便與倭
仁及竇垿（1807-1865）緊密論學，[9]更在唐鑑離京之後，成為論學群

　　著，龔書鐸主編，《清代理學史》（廣州：廣東教育出版社，2007），冊
　　下，頁555。
6　張灝，〈宋明以來儒家經世思想試釋〉，收入中央研究院近代史研究所
　　編，《近世中國經世思想研討會論文集》（臺北：中央研究院近代史研究
　　所，1984），頁3-19。
7　黃克武，〈經世文編與中國近代經世思想研究〉，《近代中國史研究通
　　訊》，2（臺北，1986），頁83-96；　廣京、周啓榮，〈皇朝經世文編關於
　　「經世之學」的理論〉，《中央研究院近代史研究所集刊》，15上（臺北，
　　1986），頁33-99。
8　史革新，《晚清理學研究》；Wei-Chun Chiu（丘為君），"Morality as Politics:
　　The Restoration of Ch'eng-Chu Neo-Confucianism in Late Imperial China"
　　（Ph. D. Dissertation, Ohio University, 1992）.
9　吳廷棟，〈庚子都中與執夫子垣兩弟書〉，《拙修集》，收入《清代詩文集
　　彙編》編纂委員會編（後略編者），《清代詩文集彙編》第583冊（上海：
　　上海古籍出版社，2010），卷10，頁1b-2a。

體的領袖，持續吸引年輕士人前來問學，影響力直至1870年代。[10]

　　吳廷棟一生的思想以嚴格的「性即理」爲核心，並以此展開學術論辯與其他相關活動。他親手校訂《拙修集》中的〈箚記〉，[11]內容環繞心性理氣與義利之辨兩個主題，這也正是世人對他的主要評價。[12]對吳氏而言，治身處世原則與學術思想並非分開的主題，[13]而是交織在其思想與實踐之中。[14]本文主要研究經吳廷棟校訂後的劉廷詔（?-1856）《《理學宗傳》辨正》一書，從中可以清楚理解吳氏何以堅持性即理，以及他如何將形上本體之辨緊密結合在經世思考之中。[15]同

---

10 方宗誠，《年譜》，收入吳廷棟，《拙修集續編》，見《清代詩文集彙編》第583冊，卷4，頁71b。

11 方宗誠，《年譜》，收入吳廷棟，《拙修集續編》，卷4，頁70a。

12 方宗誠，《年譜》，收入吳廷棟，《拙修集續編》，卷4，頁72b、77b-79a。

13 他人在描述吳廷棟時，往往將這兩個主題分爲兩個部分進行論述。如方宗誠代筆的〈墓誌銘〉便稱吳廷棟爲人「生平進退取與必嚴義利之界」，至論及《拙修集》時則稱吳氏「於理氣心性之辨……皎然於日月之明」。李鴻章，〈墓誌銘〉，收入吳廷棟，《拙修集續編》，卷4，頁77b、79a。禮部同意吳廷棟從祀安徽鄉賢祠時，也稱吳氏「進退取與尤嚴義利之防」，著作則「於理氣心性之辨……最爲明晰」。〈附禮部議復疏〉，收入吳廷棟，《拙修集續編》，卷3，頁14b-15a。或如請祀名宦祠時，則僅稱吳氏「常以論是非不顧利害，爲生平居官涉世之準」。參見〈附山東請祀名宦祠疏〉，收入吳廷棟，《拙修集續編》，卷3，頁8a。

14 用吳廷棟自己的説法便是：「欲以明德爲體，而不矜語靈明；以新民爲用，而不馳騖管商。」吳廷棟，〈與方存之學博書‧辛酉〉，《拙修集》，卷9，頁16a。

15 誠如陳祖武所言，孫奇逢《理學宗傳》旨在爲陽明學爭正統，將周子、朱子而王陽明的傳衍視爲宋明理學的必然發展過程。而劉廷詔創作《《理學宗傳》辨正》之旨，便是以《理學宗傳》作爲假想敵，重建以程朱爲正統之脈絡，屛除心學者於道統之外，並引錄孫氏的按語逐條反駁。陳祖武，〈蕺山南學與夏峰北學〉，收入氏著，《清儒學案拾零》（長沙：湖南人民出版社，2002），頁15；田富美，《清代中晚期理學研究——思想轉化、群體建構與實踐》（臺北：萬卷樓圖書公司，2018），頁132-136。

時，也以此爲例說明程朱學者批判陸王學背後，所蘊含的經世思考與
實踐。

　　《《理學宗傳》辨正》乃一跨地域的統合之作。時居金陵的安徽
人吳廷棟，挖掘、校刊於河南沒沒無聞的劉廷詔原著，並大量抄錄湖
南人羅澤南（1807-1856）《姚江學辨》作爲附錄，[16]同時也以附加按
語的方式加入己見，方才形成《《理學宗傳》辨正》的最終樣貌。吳
廷棟的親密學友亦共同參與校刊活動，[17]此書不但反映他個人思想的
晚年定論，[18]更可視爲當時一批嚴格化程朱學群體的集體成果。[19]以

---

[16] 羅澤南《姚江學辨》以抄錄陽明原文，後加上羅氏評語的方式組成。由於
　　吳廷棟是以羅氏之語附於《《理學宗傳》辨正》中陽明天泉證道的部分以
　　正視聽，因此多抄錄其論體用、心性以及駁斥陽明事功之語爲主。

[17] 除了有吳廷棟、倭仁掛名校訂外，同樣負責具體任務的還有楊德亨擔任校
　　對，洪汝奎查明作者身分，並由刊行了群體成員大部分編著的涂宗瀛負責
　　校刊。此外，方宗誠等人也必定閱讀討論了該書，楊德亨也打算在刻成後
　　贈與友人。楊德亨，〈復陳心泉觀察〉，《尚志居集》，收入《清代詩文集
　　彙編》第620冊，卷3，頁16a-16b。

[18] 值得注意的是，同治七年（1868），吳廷棟著手〈校訂《《理學宗傳》辨
　　正》按語〉的同時，其主要活動便是以程朱「性即理」爲標準評議諸儒。
　　如吳氏以「佛氏主心」、「吾儒主性」的判準，批閱在其眼中始終「不知
　　性」的方潛之《毋不敬齋全集》，總結二人自咸豐七年（1857）以來針對
　　「心即理」與「心之生滅」的辨論。吳廷棟並以「程朱之心源」爲原則評
　　閱《王船山先生遺書》，認爲如此方能得王氏立論之根柢與用意，而非如
　　同世人僅震於王氏議論之奇僻與忠憤。吳氏更於同年校定方宗誠與楊德亨
　　爲其刪訂之全集，不但藉此梳理一生學術源淵，更透過方宗誠之語指出集
　　中以辨論心性、剖析儒釋爲特色。方宗誠，《年譜》，收入吳廷棟，《拙修
　　集續編》，卷4，頁66a、69a、70a-71b。

[19] 學者已多留意劉廷詔《《理學宗傳》辨正》爲代表程朱立場的著作。近來
　　田富美以專章討論劉廷詔駁斥孫奇逢《理學宗傳》，以及建構程朱理學正
　　統、嚴斥陸王學的特色。然而，田氏的研究並不側重吳廷棟及其學友所扮
　　演的角色。筆者認爲，現今所見的《《理學宗傳》辨正》經吳廷棟等人加
　　工而成，吳廷棟除了少部分調動原書順序外（如後文將提及書寫程顥的部

下，將先說明吳廷棟、劉廷詔與羅澤南三人的心性之辨所蘊含的強烈現實關懷；接著，藉由吳廷棟校訂後的《《理學宗傳》辨正》，討論他如何將義利之分判建立在心性之別上。吳廷棟強調以性即理為本，經世方有合法性與成功的保證，並以此確保儒家倫理秩序與規範的絕對性。

二、校訂本《《理學宗傳》辨正》的誕生

　　刊刻於同治十一年（1872）的校訂本《《理學宗傳》辨正》，包含了吳廷棟、劉廷詔與羅澤南對十九世紀下半時局的深刻反省。早在道光二十年代，他們三人便不約而同的以嚴格程朱學為標準，進行學術著作活動。

　　在北京的吳廷棟除了參與北京理學圈的論學外，也以性即理為原則，折衷明清朱子學著作。[20] 分處河南與湖南的劉廷詔與羅澤南，則分別於道光廿四年（1844）創作《姚江學辨》，[21] 以及咸豐二年（1852）以前完成《《理學宗傳》辨正》原作。[22] 同治七年至九年

分），更在他認為思想稍有涉及陸王之處，附加按語說明並提醒。更重要的是，吳廷棟加入《姚江學辨》及自身按語作為附錄，成為現今《《理學宗傳》辨正》之樣貌。故本文將焦點集中於吳廷棟校訂《《理學宗傳》辨正》這一活動，而不單單討論劉廷詔之思想。史革新，《晚清理學研究》，頁19、50；張昭軍著，龔書鐸主編，《清代理學史》，冊下，頁28、94-95；田富美，《清代中晚期理學研究》，頁123-152。

20 方宗誠，《年譜》，收入吳廷棟，《拙修集續編》，卷4，頁8a。

21 郭嵩燾編，《羅忠節公年譜》，收入北京圖書館出版社影印室輯，《晚清名儒年譜》第3冊（北京：北京圖書館出版社，2006），卷上，頁10a。

22 李棠階至少在咸豐二年（1852）十二月時，便已知道劉氏著有《《理學宗傳》辨正》一書。李棠階著，穆易校點，《李文清公日記》（長沙：嶽麓書社，2010），頁814。

（1868-1870），吳廷棟帶領學友共同校訂《《理學宗傳》辨正》，並加入《姚江學辨》爲附錄。倭仁認爲經過吳廷棟校訂後，《《理學宗傳》辨正》方成爲一本完備的著作。[23] 本節主要討論劉廷詔寫作《《理學宗傳》辨正》與吳廷棟校訂該書的背景，以及吳廷棟校訂活動所反映的時代意義。另外，劉廷詔出身河南，嚴格朱子學的立場並非當地普遍學風，本節亦將指出河南學風實爲劉廷詔與吳廷棟的具體批評對象。

（一）理學之辨的現實關懷

經吳廷棟校訂後的《《理學宗傳》辨正》，包含了原作者劉廷詔、附錄作者羅澤南與吳廷棟三人對當時學風以及社會秩序的考量。因此，討論校訂本《《理學宗傳》辨正》前，應先考量十九世紀整體社會失序的問題。

在康雍乾盛世之後，十九世紀嘉道時期清朝開始由盛轉衰。時人如洪亮吉（1746-1809）、龔自珍（1792-1841）與魏源（1794-1857）等人注意到種種政治、社會與經濟問題。林滿紅將這一連串的危機稱爲「中國整體的秩序變動」（China upside down），[24] 並從宏觀的全球貨幣供需變化解釋危機的形成。梅爾清（Tobie Meyer-Fong）則細緻地指出，在十九世紀中葉的內戰中，太平天國服飾、髮型的混亂、僭越，明顯衝擊清廷及儒家禮制秩序；戰後怵目驚心的屍體，也提醒著

---

23 倭仁，〈校訂《《理學宗傳》辨正》敍〉，收入劉廷詔，《《理學宗傳》辨正》，見北京圖書館出版社古籍影印室編（後略編者），《叢書人物傳記資料類編・學林卷》第4冊（北京：北京圖書館出版社，2006），頁 1a。

24 Man-houng Lin（林滿紅），*China Upside Down: Currency, Society, and Ideologies, 1808-1856*（Cambridge, Mass.: Harvard University Asia Center, 2006）, p. 1.

士人社會人倫秩序的崩解。25在種種的混亂與戰火造成人心的煎熬與困惑，以及戰爭激發的宗教熱情下，明清以來混和儒、釋、道的大眾化儒學也更為流行，紛紛以善書、放生、講因果等措施收拾人心、維繫秩序。26從此可見，士人為了應對危機，往往超出程朱理學的固有疆域，從傳統思想資源中謀求經世之道。以理學而言，便是主要展現在調和、兼採陸王思想元素上。27這些現象無疑促使一部分持守程朱理學的士人，苦思如何以其心目中的正統儒學導正社會秩序。

劉廷詔即是在此趨勢下，出於不滿孫奇逢（1585-1675）調節程朱陸王的主張，及其所具有的巨大影響力，因此編纂《《理學宗傳》辨正》反駁《理學宗傳》。28儘管劉廷詔在當時聲名不顯，然他尊崇陸隴其（1630-1692）與張履祥（1611-1674），29以「本天」與「本心」分判儒、釋，以及嚴守程朱學、批判陸王的立場，都與吳廷棟相契合。劉廷詔的《《理學宗傳》辨正》在河南並未受到重視，咸豐年間劉氏後人甚至在戰亂中失去該書，30而擁有抄本的倭仁也僅是藏於篋中。

---

25 Tobie Meyer-Fong, *What Remains: Coming to Terms with Civil War in 19th Century China*（Stanford: Stanford University Press, 2013），pp. 65-134.

26 Rebecca Nedostup, *Superstitious Regimes: Religion and the Politics of Chinese Modernity*（Cambridge, Mass.: Harvard University Asia Center, 2009），pp. 12-13; Tobie Meyer-Fong, *What Remains: Coming to Terms with Civil War in 19th Century China,* pp. 21-63.

27 道咸時期甚至還有發揮陸王心學，並旁通三教而成的「教團」出現，在地方上具有強大號召力。王汎森，〈道咸年間民間性儒家學派——太谷學派的研究〉，收入氏著，《中國近代思想與學術的系譜》（長春：吉林出版集團有限責任公司，2010），頁39-59。

28 〈劉廷詔〉，收入李時燦等編，《中州先哲傳》，見江慶柏主編，《清代地方人物傳記叢刊》第2冊（揚州：廣陵書社，2007），卷21，頁41a-42b。

29 〈劉廷詔〉，收入李時燦等編，《中州先哲傳》，卷21，頁41a。

30 吳廷棟，〈識語〉，收入劉廷詔，《《理學宗傳》辨正》，見《叢書人物傳記

《《理學宗傳》辨正》直到同治年間才因吳廷棟的賞識而刊布於世，
發揚其辨正學術是非的意義。

　　羅澤南的學問立場和吳廷棟相近，他與劉蓉（1816-1873）於道
光十八年（1838）相識，後成爲親密學友，兩人對於當時王學的復甦
均感到警惕。[31]羅氏於道光廿四年（1844）作《姚江學辨》，他當時還
僅是「湘鄉一醇儒」，[32]尚未目睹戰爭的慘況，咸豐六年（1856）殉難
後，才成爲學者眼中理學復興之代表人物。[33]學者多關注羅澤南篤守
程朱、嚴辨陸王，以及突出的經世面向。[34]羅澤南模仿朱熹（1130-
1200）《雜學辨》著成《姚江學辨》，以性、理至上，以及朱子的格
物致知論，批判王守仁（陽明，1472-1529）的良知心學，[35]都相當符

資料類編・學林卷》第4冊，頁1b。

31 劉蓉因擔心陽明學復甦，著書反對其眼中參雜陸王思想的陸世儀。范廣
　 欣，〈劉蓉的「門户之見」與理學家的經世觀念〉，《學術月刊》，8（上
　 海，2016），頁141-151。

32 張晨怡，《羅澤南理學思想研究》（西安：三秦出版社，2007），頁7-8。

33 梁啓超，《中國近三百年學術史（附《清代學術概論》）》，頁37。

34 錢穆，〈羅羅山學述〉，收入氏著，《中國學術思想史論叢》第8冊（北
　 京：九州出版社，2011），頁445-455；陸寶千，〈論羅澤南的經世思
　 想〉，《中央研究院近代史研究所集刊》，15下（臺北，1986），頁67-79；
　 史革新，《晚清理學研究》，頁61-67；張晨怡，《羅澤南理學思想研究》。
　 范廣欣研究湖南理學群體時，指出以「理學經世」爲框架，光就理學看理
　 學，會造成誤差。因此在羅澤南的章節不談羅氏辨陸王的部分，專注於羅
　 氏「經學」等理學之外的知識資源。此外，亦指出羅氏在太平天國戰爭前
　 後，對經世的態度有一從「批判」到「參與」的轉變，並具體有教化百姓
　 與政治實務的兩條政治參與進路。不同於范氏由「理學」擴大的「經學」
　 的取徑，筆者認爲若深入探討「理學」內部的細微理論差異，也能增加我
　 們對十九世紀「理學」與「經世」風氣的理解。范廣欣，《以經術爲治
　 術：晚清湖南理學家的經世思想》（南京：南京大學出版社，2016），頁
　 87-167。

35 張晨怡，《羅澤南理學思想研究》，頁104。

合吳廷棟的學術傾向。此後，羅澤南以顯赫的事功表現扭轉時人對宋
學的輕蔑，所謂「以書生犯大難成功名」，[36]成為吳廷棟心目中有體有
用之代表。

羅澤南主要著作由好友郭嵩燾（1818-1891）刊於咸豐九年
（1859），全集的刊行則在咸豐十一年（1861）。[37]吳廷棟於羅澤南逝世
後，意識到羅氏學行的意義，他和學友們皆十分關注羅氏的遺著，於
全集刊行後次年便有閱讀與討論。方宗誠（1818-1888）記錄其與吳
廷棟閱讀後的心得：

> 《讀孟子札記》嚴於義利之辨，近代諸儒自楊園、稼書兩
> 先生外，未有能及之者也。義理精醇，規模宏闊，而文筆
> 又足以達之，使留為天地間昌明正學，興起人才，其益於
> 天下後世豈可量哉？先生嘗稱為體立用行，洵知言也。[38]

可見吳廷棟盛讚羅澤南「體立用行」，使得羅氏在吳氏學友中有相當
的名聲，而特別讚揚他於當世闡明孟子義利之辨的一面。稍後，方宗
誠推薦方潛（1809-1868）閱讀羅氏遺書，方潛閱讀後認為羅氏「體
明用達，擔當世道之儒」，也讚許《孟子箚記》與《姚江學辨》「剖
利闢異，俱足以維世運，閑正道」。[39]此後，方宗誠更計畫將「體明用
達，確為程朱正脈」的羅澤南送入孔廟。[40]

---

36 梁啟超，《中國近三百年學術史（附《清代學術概論》)》，頁37。

37 張晨怡，《羅澤南理學思想研究》，頁45-46。

38 方宗誠，〈與吳竹如先生〉，《柏堂集外編》，收入《清代詩文集彙編》第
672冊，卷6，頁1a-b。

39 方潛，〈復存之書〉，《顧庸集》，收入氏著，《毋不敬齋全書》冊11（光緒
十五年己丑開雕於濟南、光緒丁酉年重校續印本，北京清華大學圖書館
藏），卷27，頁5b。

40 方宗誠，〈復楊石泉中丞〉，《柏堂集外編》，卷10，頁18b-19b。

至於主導校訂工作的吳廷棟，不但經歷十九世紀上半士風趨向務實而講求不分門戶的風氣，更親眼目睹戰爭的慘況與社會騷亂。吳氏之親族於戰亂饑病中凋零殆盡，[41]他自身也與在上位領導作戰與重建的曾國藩，以及在下位親身體驗戰爭的生離死別，戰後探訪忠烈的方宗誠頻繁往來。這都成爲他反省政教失序以及重建秩序的思考背景。

同治年間，晚年的吳廷棟注意到劉廷詔與羅澤南的著作有益於政教秩序。《《理學宗傳》辨正》若非得到吳廷棟的青睞，極有可能隨著時間消失在浩瀚的書海中。此書先是倭仁從同年友河南永城人丁彥儔（1801-1851）處獲得，倭仁收藏數年後，於同治年間爲吳廷棟所見。吳廷棟認爲《《理學宗傳》辨正》辨正學術的內容有益後學，欲廣布其影響力，於是召集金陵學友楊德亨（1805-1876）與涂宗瀛（1812-1894）等人參與校訂與刊刻，更去信河南探訪作者身分。[42]接著，吳廷棟又將羅澤南《姚江學辨》以附錄的形式加入《《理學宗傳》辨正》。楊德亨曾說吳廷棟是因爲「心惡禪學以事爲障，以理爲障」，故欲「借羅山之語以發明己意」，挽救人心與世運。[43]

---

41 吳廷棟在咸豐八年（1858）與好友竇埡的信中提到：「家鄉屢遭殘破，……鄉里人民十存一二，或合族顛覆。丙辰冬月，家口始得逃出，兩叔母率諸弟，七房親丁數十，流離轉徙，陸續來至東省。迄今尚多有未能避出者。但得營救一生存，即多保全骨肉，而族戚中之或死於饑，或死於病，爲力所不能及者，乃不能不付之於數耳。」吳廷棟，〈復竇蘭泉侍御同年書·戊午〉，《拙修集》，卷8，頁21a-b。
42 見倭仁，〈校訂《《理學宗傳》辨正》敘〉，收入劉廷詔，《《理學宗傳》辨正》，見《叢書人物傳記資料類編·學林卷》第4冊；吳廷棟，〈識語〉，收入劉廷詔，《《理學宗傳》辨正》，頁1a-2a；涂宗瀛，〈跋〉，收入劉廷詔，《《理學宗傳》辨正》，收入《叢書人物傳記資料類編·學林卷》第5冊，頁85a-b。
43 吳廷棟，《拙修集》，卷5，〈校訂《《理學宗傳》辨正》按語〉，楊德亨，〈識語〉，頁63a。

　　最終出版之校訂本《《理學宗傳》辨正》是在吳廷棟的主導下完成，劉廷詔的著作也因吳廷棟而得以廣傳於世。吳廷棟不僅呼應劉廷詔與羅澤南的看法，又以按語的形式加入自己的意見，藉此闡明正學。總而言之，整個校訂出版的活動是以吳廷棟爲主的學術群體應對十九世紀失序的思想展現，也是他們提出的經世方案。

（二）河南的調和與權變風氣

　　儘管劉廷詔貶斥陽明學的立場受到吳廷棟與倭仁的欣賞，但卻與河南主流學風有相當距離。河南著名理學家李棠階（1798-1865）不贊同劉氏著書批判孫其逢，以及爭辨程朱陸王門戶之舉；[44]反之，李棠階推許《理學宗傳》爲《近思錄》後的佳作。[45]

　　綜觀清代河南的理學史，調和折衷朱王的學風實爲主流，孫奇逢、湯斌（1627-1687）等人即爲代表。方宗誠描述河南一地之學風曰：[46]

> 夏峯孫徵君先生崛起北方，避亂河朔，惡學者之紛爭，一
> 以和合朱王之旨爲其宗。其奇節偉行居德善俗，又足以風
> 動乎一世，於是中州之學大都以夏峯爲師，而不純乎朱
> 子，以上溯二程夫子之所傳矣。其間惟儀封張清恪公論學
> 一本程朱，然力不足以勝之。[47]

---

44 李棠階著，穆易校點，《李文清公日記》，頁814。
45 李棠階，〈勸士條約〉，《李文清公遺書》，收入《清代詩文集彙編》第598冊，卷5，頁14b。
46 方宗誠相當熟悉歷代理學傳衍的情況，他一生採訪各地理學人物與書籍，更於咸豐十一年（1861）擔任河南巡撫嚴澍森（1814-1876）幕友。
47 方宗誠，〈鄢陵栩建朱子祠堂碑記〉，《柏堂集續編》，收入《清代詩文集

可見，清代河南學風始終籠罩在孫奇逢的影響之下，即使篤守程朱之
理學名臣張伯行（1651-1725）也難以改變。官方在1820年代褒揚孫
奇逢「學無門戶兼傳朱陸之宗」，[48]更是鼓勵此種傾向，清中晚期的李
棠階即繼承此風。方宗誠言：

> 孫徵君之學以調停朱陸異同爲宗，其篤行苦節涵養省察之
> 功，實可爲百世師，其講學之言則不如程朱之精萃醇正，
> 學者分別以爲師法可矣。湯潛菴先生之學亦然。近代河內
> 李文清公確是徵君、潛菴一派。羅忠節公、吳竹如先生確
> 是朱子、陸清獻一派。倭文端公則確是薛文清公一派。[49]

在方宗誠的眼中，與吳廷棟、倭仁齊名爲「三大賢」的李棠階，其學
遙承孫奇逢與湯斌，具心學特色，與吳廷棟、倭仁等不同。[50]方宗誠
晚年編輯師友遺書時，也明言李棠階爲河南孫、湯二人「後一人」，
並指出河南曾有不苟同陸王之說者與李氏相諍。[51]

　　理學家的門戶立場與義理看法差異，導致他們面對經世時有不同
的態度。堅持性即理的吳廷棟與倭仁一再強調要以「性」作爲紀綱世
界之標準與依據，他們反對心學的立場，認爲心學家權變的態度、強
調以心應事的看法，不足爲取。[52]與之相對的，李棠階則看重心在面

彙編》第672冊，卷18，頁4a-b。
48 〈孫奇逢從祀議〉，收入龐鍾璐，《文廟祀典考》，見耿素麗、陳其泰選
　　編，《歷代文廟研究資料彙編》第10冊（北京：國家圖書館出版社，
　　2012），卷49，頁24b-26b。
49 方宗誠，〈論從祀賢儒學術事蹟〉，《志學錄》（臺北：藝文印書館，
　　1971），卷8，頁31a-31b。
50 方宗誠，〈編校李文清公遺文跋〉，《柏堂集後編》，收入《清代詩文集彙
　　編》第672冊，卷6，頁10b。
51 方宗誠，〈《文清先生言行錄》跋〉，《柏堂集後編》，卷7，頁3b-4a。
52 如吳廷棟曾言陽明「況陽明以機變之才肆其雄辨，高明之士無不入其彀

對經驗世界，以及實踐時的主動性與彈性。他除了以實踐爲由反對
《《理學宗傳》辨正》之作，也屢屢提醒不必在語言與文字上議論，
僅需「反躬實體」。[53]此外，李氏認爲若能「實力爲己，程朱陸王何所
不可？」[54]也鼓勵學者儘管「腳踏實地做去」，縱使語言文字間有不
合，「亦可相悅以解，不待煩言」。[55]他強調「此心洞然，何患不能應
物？」[56]又言「只怕心不明，不怕事難辦」。[57]因此，李氏推崇鄉賢馬
時芳（1761-1837），馬氏不但以陸王爲宗，更有濃厚權謀機智色彩，
且不諱言功利。[58]

　　吳廷棟不滿河南調和的學風，極力欲將之導向程朱正學。方宗誠
亦然，例如，他引于錦堂（生卒年不詳）向吳廷棟學習，並將此詮
釋爲吳廷棟導正于氏轉向「程朱正宗」。方宗誠指出于錦堂在河南受
到陽明學的吸引，進而向李棠階求教，但未能滿足。于氏因此決心前

<hr />

中」。吳廷棟，〈與方存之大令論《大學》條貫〉，《拙修集》，卷4，頁
　25a。
53 李棠階，〈復任菜生書〉，《李文清公遺書》，卷2，頁3a。
54 李棠階，〈復王子涵昆仲書〉，《李文清公遺書》，卷2，頁10a。
55 李棠階，〈復張舜卿書〉，《李文清公遺書》，卷2，頁17a-b。
56 李棠階，〈語錄〉，《李文清公遺書》，卷6，頁9a。
57 李棠階，〈勸士條約〉，《李文清公遺書》，卷5，頁15b。
58 李棠階，〈樸麗子敘〉，《李文清公遺書》，卷3，頁15a-b。〈馬時芳〉，收
　入李時燦等編，《中州先哲傳》，卷20，頁21a-23a。馬時芳曾作〈道學
　論〉，言「道學無形……權謀術數、出神入鬼，應變道學也」；並有《馬氏
　心書》，其理學立場可見一斑。關於馬時芳的研究可見嵇文甫，〈孫夏峯
　學派的後勁——馬平泉的學術〉，收入氏著，鄭州大學嵇文甫文集編輯組
　編，《嵇文甫文集》（鄭州：河南人民出版社，1990），冊中，頁438-
　453。嵇氏指出，陸王學派「實用主義」的成分，蘊含著清初「經世致用」
　的學風，孫奇逢正爲陸、王到顏、李的橋梁。承繼孫奇逢的馬時芳展現了
　「權謀機應皆造道，空明澄澈不是禪」的特色，不但不諱言功利，更試圖
　打破程朱理學之狹義道統。

往盛京向同鄉倭仁學習「程朱之正脈」，[59]而後於途中結交方宗誠，在方氏的推薦下轉而拜訪吳廷棟。最終，吳廷棟帶領于錦棠研讀朱子學，使他豁然於「陸王之辨」，吳廷棟並命于氏返回河南「挽救」同志。[60]

咸豐十一年（1861）前後，方宗誠在河南結識另一理學家蘇源生（1808-1870）。《中州先哲傳》稱蘇源生「恪守程朱」。[61]在方宗誠眼中，蘇氏乃「毅然卓然一宗朱子而上溯乎二程者」，蘇氏也確實付諸行動提倡朱子學，如刊行薛瑄（1389-1464）遺書，復興文清書院，並於書院建朱子祠。[62]從此看來，蘇源生無疑爲一「朱子學者」。然而，吳廷棟卻於蘇源生的編著中看到「心性不明」導致義理「似是而非」之處。如吳氏特別強調虛靈皆是氣，都是指心而言；心要具了理後方能統性情並應萬事。因此，他批評蘇源生在《大學臆說》中，以虛爲理，靈爲氣，則是將虛靈不昧之心，直接視爲已具備了理，如此便犯「認虛爲理」之弊。[63]

吳廷棟注意到中州學者以良知之說暗地牴牾程朱，他不滿蘇源生《中州文徵》「兼宗姚江」的選材。吳氏向蘇源生明言良知學其實是「禪宗」，其之於程朱，乃紫之奪朱、鄭聲之亂雅樂；吳氏又舉倭仁爲例，表示倭仁正因爲「其本體無少夾雜，其用處必能破除功利之

59 方宗誠，《柏堂師友言行記》，收入《續修四庫全書》編纂委員會編（後略編者），《續修四庫全書》第514冊（上海：上海古籍出版社，1995），卷2，頁15a-b。
60 吳廷棟，〈答方存之學博書・壬戌〉，《拙修集》，卷9，頁27a。
61 〈蘇源生〉，收入李時燦等編，《中州先哲傳》，卷21，頁33a。
62 方宗誠，〈鄢陵劾建朱子祠堂碑記〉，《柏堂集續編》，卷18，頁4a-5b。
63 吳廷棟，〈書蘇菊邨學博《大學臆說》明德條後〉，《拙修集》，卷6，頁20a-20b。

見」，故能識破後人以姚江爲「有用道學」之誤解。[64]對比時人視倭仁爲「迂」，[65]吳氏反倒認爲倭仁由於有正確的本體認識，故能看破功利。吳廷棟正是欲以河南同鄉前輩倭仁爲楷模，暗示蘇源生要「迷途知返」。爾後，吳廷棟在寫給倭仁的信中，又指出蘇源生「似是而非」之大關節，即在於不能夠明晰心性之辨。吳氏的信中，不僅透露出他對於蘇氏的不滿，更是批判河南地區的學風，及其和同程朱陸王的態度。

倭仁在道光二十年代，參與李棠階領導下的北京日課活動。在同治中興時期，兩人又同仕於朝中，[66]兩人除了時常論學外，更是一同擔負著培植君心的「根本」責任。吳廷棟與倭仁的信中不但重申自身對程朱陸王心性之別的看法，更要倭仁轉達李棠階「一決是非」。[67]吳氏在這封寫於同治元年（1862）的信中說道：

> 陸王之學，儒者直斥之爲禪，世或疑爲太過，不知此正由
> 不明於心性之辨也。禪宗認心爲性，乃其本原差處，而陸
> 王謂心即理，其誤亦實根於此。朱子謂其從初即錯，蓋自
> 天命之謂性一句，已不識得，此探本之論也。[68]

吳氏對於禪的警惕與李棠階有著截然不同的態度。李棠階反對將陽明視爲禪，[69]甚至也不以入禪爲病。[70]然而吳廷棟認爲心、性根本有異，陸王之「心即理」即禪宗認心爲性，兩者皆誤。吳氏指出禪宗與陸王

---

64 吳廷棟，〈與蘇菊邨學博書・辛酉〉，《拙修集》，卷9，頁11a-b。
65 吳廷棟，〈答宋雪帆閣部書・戊午〉，《拙修集》，卷8，頁26b。
66 〈李棠階〉，收入李時燦等編，《中州先哲傳》，卷7，頁9a。
67 吳廷棟，〈寄倭艮峯中堂・壬戌〉，《拙修集》，卷9，頁20b，。
68 吳廷棟，〈寄倭艮峯中堂・壬戌〉，《拙修集》，卷9，頁19b-19a。
69 李棠階，〈復祝習齋書〉，《李文清公遺書》，卷2，頁12a。
70 李棠階，〈《白沙語錄》敍〉，《李文清公遺書》，卷3，頁3b。

錯誤的關鍵在於他們不識「天命之謂性」，接著又批判陸王「認心爲性」之誤：

> 惟從初認心爲性，窺測得一箇陰陽不測之神，遂以爲獨得之秘，直趨捷徑，而厭朱子爲支離，正由所見之誤使然耳。《大學》所以必先格致也，但觀兩家解〈盡心章〉可得其源委矣。朱子謂必知性方能盡心以知天，陸王謂但盡心則自能知性知天，此明證也。[71]

吳氏由「盡心知性」解釋程朱、陸王之別。他認爲陸王「認心爲性」，故主張盡心而後能知性、知天，此不同於朱子認爲知性後方能盡心知天，也與朱子《大學》格致的解釋不同（關於此，見下文討論）。

　　吳廷棟強調知性的重要性，實踐之前需要正其根本，若不明心性本體之細微差別，經世活動終將導致千里之謬：

> 學問不外知行兩字，而知必以知性爲至；行必以復性爲歸。不由格致何能知性？不能知性而言復性，雖躬行實踐，其本原必不能無毫釐之差，而終致千里之謬。[72]

吳廷棟的說法主要針對嘉道咸時期講求實踐的儒者而發，這些學者多在實踐的大旗下，同情甚至喜好陸王學說，因此忽略程朱、陸王本體之別。其中，吳廷棟視爲學術「未能純一」的李棠階更是代表性人物。[73]

　　總而言之，1870年前後出版之《《理學宗傳》辨正》，包含了原作者劉廷詔、附錄作者羅澤南以及校訂者吳廷棟三人對於政教失序的

---

71 吳廷棟，〈寄倭艮峯中堂書・壬戌〉，《拙修集》，卷9，頁20a。
72 吳廷棟，〈寄倭艮峯中堂書・壬戌〉，《拙修集》，卷9，頁20a-b。
73 方宗誠，《年譜》，收入吳廷棟，《拙修集續編》，卷4，頁58b。

反思。同時，吳廷棟校訂《《理學宗傳》辨正》之舉，更是他與十九世紀兼容程朱陸王之風氣「一決是非」的實際行動。

三、心性之辨與義利之辨

　　吳廷棟認為，儘管儒者以經世為己任，但正確的義理認識才是一切經世活動的根本。正如前述，吳廷棟批評陸王學者因為不能體會「天命之謂性」的本體，又誤解「盡心知性」的真正含意。他們從「心」出發的權變經世態度，必會有所流弊。吳廷棟因此看重《《理學宗傳》辨正》開宗明義高舉程子「本天」與「本心」之別，作為判定程朱陸王之是非的標準。[74] 本節將呈現吳廷棟校訂《《理學宗傳》辨正》所展現的義理之辨，指出吳廷棟在按語中，較劉廷詔更清楚地連結義理與經世的關係，更嚴格地防範諸儒涉及「心」之論，以及警惕「盡心知性」的可能誤解。

（一）以心性辨義利

　　以本天、本心區別儒釋之說出自程頤（1033-1107），程子曰：
　　　《書》言天敘、天秩。天有是理，聖人循而行之，所謂道
　　　也。聖人本天，釋氏本心。[75]

74　儘管孫奇逢在《理學宗傳》中也以「本天」、「本心」分判「聖學」與「禪學」，但仍為陽明「無善無惡」之說辯解，而未如劉廷詔與吳廷棟般，直接把陽明劃為「本心」之異端。見孫奇逢，〈敘〉、〈義例〉，《理學宗傳》，收入《續修四庫全書》第514冊，頁2a、1b-2a。

75　程頤，〈伊川先生語七〉，《河南程氏遺書》，收入程顥、程頤著，王孝魚點校，《二程集》冊上（北京：中華書局，2004），卷21下，頁274。

劉廷詔認同「循天理」爲本天的原則，但他進一步解釋這段文字時，卻更著重在「心具眾理」的層次。他說：

> 程子曰：「聖學本天、釋氏本心」。夫天則者，理也；心者，載是理者也。學者全此理於心者也。理原於天，則性分之所固有也。學由於人，則職分之所當然也。盡其職分當然之功，以全其性分固有之理，斯爲本天而非本心之學。76

理源於天，性則爲人所固有，人應當盡其職分之所當然以全其性分之天理。劉廷詔強調陸王直接以心爲本體，而不能正確認識心中之理方爲本體。他批判陸王學者：

> 不格物，不窮理，廢其慮、學之職，而自謂能致其知，則吾恐其所致者，亦只此心之昭昭靈靈而已，而豈能盡心以知性耶？不知性而學又於何本耶？77

劉廷詔認爲陸王之學認心作性，不能正確知性，故其學無本。

吳廷棟一向以「性即理」與「心即理」作爲學術正邪分途的判準，78他在劉氏這段文字後附加按語凸顯程朱與陸王本天、本心的差別，以及對陸王學的批評。吳氏指出，由於陽儒陰釋之徒將佛說依附於孔孟，使得儒釋之辨較以前更爲困難，不過若能以「本天」與「性即理」爲標準，則能辨清：

---

76 劉廷詔，〈《《理學宗傳》辨正》前論〉，《《理學宗傳》辨正》，收入《叢書人物傳記資料類編·學林卷》第4冊，頁1a。

77 劉廷詔，〈《《理學宗傳》辨正》前論〉，《《理學宗傳》辨正》，收入《叢書人物傳記資料類編·學林卷》第4冊，頁1b。

78 吳廷棟，〈與方存之大令論楊仲乾明經〈讀《傳習錄》拙語〉書·癸亥〉，《拙修集》，卷9，頁33b。

> 程子曰：「聖學本天，釋氏本心」。程朱曰：「性即理
> 也」，陸王曰：「心即理也」。此學術邪正異同之辨也。惟
> 以性爲理，故篤信孟子之性善，以溯源於皇降之衷，而始
> 於知性，終於復性，由窮理盡性以至命，誠本天之學也。
> 惟以心爲理，故力主告子之外義，而視善爲外鑠之緣，必
> 始除事障，終除理障，由明心見性以求悟，誠本心之學
> 也。此毫釐之差，而千里之謬也。79

吳廷棟這段文字不僅爲《《理學宗傳》辨正》全書之綱領，80也是吳氏
一生思想的關鍵所在。吳廷棟將「性即理」與「心即理」，視爲本天
與本心的差異，亦即儒、釋之別，而不僅是儒學內部尊德性與道問學
的取向之別。81

　　吳廷棟與劉廷詔以朱子學立場批判陸王「心即理」學說，他們完
全無視陸王以心爲先驗的純粹道德主體，是源於天而至善的本體，而
直批心即理爲禪學。82劉廷詔反駁《理學宗傳》時，特別選擇批評陽

---

79 吳廷棟，〈書《辨正》前論後〉，收入劉廷詔，《《理學宗傳》辨正》，收入
　《叢書人物傳記資料類編・學林卷》第4冊，頁3b。吳廷棟在《《理學宗
　傳》辨正》之按語，並無標題，本文使用的標題乃根據方宗誠編輯《拙修
　集》時，收錄吳氏按語時所標。
80 方宗誠，《年譜》，吳廷棟，《拙修集續編》，卷4，頁67b-68a。
81 吳廷棟，〈書程子養觀說後〉，收入劉廷詔，《《理學宗傳》辨正》，見《叢
　書人物傳記資料類編・學林卷》第4冊，卷5，頁23a-23b。此外，吳氏早
　年之〈筍記〉也已表示反對以「尊德性」、「道問學」分判朱陸。參吳廷
　棟，〈筍記〉，《拙修集》，卷2，頁11b-12a。
82 吳廷棟完全無視陽明的心其實含有形上的意義，心即是性、即是理，而不
　僅僅爲血肉之氣。事實上，陽明有鑑於朱子學使理與心產生疏離，因此提
　出心即理之說，強調心之本體即是天理，以此肯定道德主體與道德法則的
　同一性。陽明並非如吳廷棟等人的批評般，僅從知覺意義上的心來談心即
　理。陽明所謂心是指心體或本心，而心即理的內涵則是指心之條理即爲人

明「無善無惡」之論，認爲此論以無爲本體、以理爲障，與告子、禪
宗一般，無視作爲人心本體的性善。吳廷棟以按語加強劉廷詔對陸王
學的批評。吳氏堅持心爲形下之物，形下之心不等於形上天理，批評
陸九淵（1139-1193）有見於心而無見於性，又批評陽明「無善無惡」
之說，皆錯認心性。[83]他認爲陸王之學就如告子義外之說，以善爲外
鑠，心學終將掃除一切外在事理，以求明心見性。[84]

　　吳、劉二人之本天皆著重於天理之爲本體的意義。吳廷棟更進一
步強調倫常秩序爲「性分」的一面，將倫常秩序視爲由天所賦予之
理，具之於人而爲本體的性，以保證其當然與應然。在此，吳廷棟明
白承繼朱子的想法，由辨明理氣、心性來分判義利。

　　對程朱一系的理學家而言，義利之辨必須扣緊心性之辨而來，儒
者盡「性分」的作爲自然便是義。[85]吳廷棟承繼朱子的思想，堅持義

的道德行爲準則與根源。在此之下，心便爲道德主體，而不僅是血肉之氣
質。見陳來，《有無之境：王陽明哲學的精神》（北京：生活・讀書・新
知三聯書店，2009），頁36-37、84-85。

83 吳廷棟，〈書陸子靜辨正註末〉，收入劉廷詔，《《理學宗傳》辨正》，見
《叢書人物傳記資料類編・學林卷》第5冊，卷16，頁5b-6b。

84 劉廷詔，〈《《理學宗傳》辨正》前論〉，《《理學宗傳》辨正》，收入《叢
書人物傳記資料類編・學林卷》第4冊，頁1b-3a。陽明之「無善無惡」
並不同於禪學，如孫奇逢便強調陽明之無善無惡是指「至善」，而非流入
告子與禪宗。陳來則細緻剖析無善無惡之說，指出陽明所謂「無」是指心
體「無滯」於喜怒愛樂，也不執著於善念與惡念。因此，陽明並沒有否定
倫理。參孫奇逢，〈義例〉，《理學宗傳》，頁2a；陳來，《有無之境：王
陽明哲學的精神》，頁230-240。

85 如朱子指出，人心所固有的仁義爲天理之公，依循仁義而行自然不求利而
無不利；反之，追求物我相形之利，則往往帶來流弊。依循朱子的邏輯，
陳淳（1159-1223）解釋得更爲直截：「義者，天理之所宜；利者，人情之
所欲。……天理所宜者，即是當然而然，無所爲而然也。」朱熹，〈梁惠
王章句上〉，《孟子集注》，收入氏著，《四書章句集註》（北京：中華書

利之辨應深入到第一義層次，將義理之辨與經世思考緊密結合。朱子從本體的角度辨析義利，陸子則專就儒者的表現而論，因此朱陸在義利之辨表面的共識上，仍存在層次的差別。[86]陸九淵說：

> 某嘗以義利二字判儒釋，又曰公私，其實即義利也。……
> 惟義惟公，故經世。惟利惟私，故出世。[87]

象山以「經世」與「出世」分判儒釋、義利與公私，但朱子認為此僅為「第二義」，儒釋之別應推至源頭處，即實理、空理之不同。[88]朱子批評象山曰：

> 看他意只說儒者絕斷得許多利欲，便是千了百當，一向任意做出都不妨。不知初自受得這氣稟不好，今才任意發出許多不好底，也只都做好商量了。只道這是胸中流出，自然天理。不知氣有不好底夾雜在裏，一齊衮將去，道害事不害事？……只我胸中流出底是天理，全不著得些工夫，看來這錯處只在不知有氣稟之性。[89]

朱子批評象山不能認識氣稟之雜，故他的義利之辨便只是在踐履層次上區分。

　　吳廷棟早在嘉慶十一年（1806），便因讀《五子近思錄》而以

局，2012），卷1，頁202；陳淳，〈義利〉，收入氏著，熊國禎、高流水點校，《北溪字義》（北京：中華書局，2011），卷下，頁53。

86 關於朱陸對於義利之辨的差異，可見束景南，《朱子大傳──「性」的救贖之路（增訂版）》（上海：復旦大學出版社，2016），頁363。

87 陸九淵，〈與王順伯〉，收入氏著，鍾哲點校，《陸九淵集》（北京：中華書局，1980），卷2，頁17。

88 朱熹著，黎靖德編，《朱子語類》第8冊（北京：中華書局，2007），卷124，頁2976。

89 朱熹著，黎靖德編，《朱子語類》第8冊，卷124，頁2977。

「明夫性分之所固有，職分之所當爲」爲志。[90]咸豐十一年（1861）他
對方宗誠言：

> 惟幼讀程朱之書，知君臣朋友之倫皆關吾性分，故不敢寄
> 情物外，且深知性分至實，故信性之爲體不容參以虛無，
> 而辨之極嚴。[91]

吳廷棟指出君臣朋友之倫是內在於性分之本體。在咸豐二年（1852）
召對時，他也向皇帝強調程朱學者之節義只是「自盡其性分之常」，
不同於迫於忠愛之氣而發的「激烈」行爲。[92]從此可見，吳廷棟服膺
朱子「性分之所固有，職分之所當爲」，[93]認爲儒者應盡之職責爲性所
本有，是理之所當然，非僅是外在的要求。

　　吳廷棟強調倫常秩序爲人之性份，進而以儒者是否以此爲原則，
來評判其實踐屬於義或僅爲利，而反對僅從儒者之表現來評斷。相對
而言，儘管劉廷詔在《《理學宗傳》辨正》已觸及學術與現實作用的
關係，[94]如他劃清事功與學問的界線，批評明儒何塘（1474-1543）與
崔銑（1478-1541）之事功不但與學術無關，其學術更有近禪之
弊。[95]然而，劉廷詔並未如吳廷棟般直接將義利建立在性即理與心即

---

90 方宗誠，《年譜》，收入吳廷棟，《拙修集續編》，卷4，頁2b。
91 吳廷棟，〈與方存之學博書・辛酉〉，《拙修集》，卷9，頁15b-16a。
92 吳廷棟，〈召見恭紀〉，《拙修集》，卷1，頁4a。
93 朱熹，〈《大學章句》序〉，《大學章句》，收入氏著，《四書章句集註》，
　　頁1。
94 劉廷詔，〈《《理學宗傳》辨正》後論〉，《理學宗傳》辨正》，收入《叢
　　書人物傳記資料類編・學林卷》第4冊，頁5a-b。
95 劉氏言：「二子事功固卓然可紀，要亦天分之異，人資之近者爲之耳。必
　　以此爲驚天動地事業，則漢唐以來固有能爲之者矣。至其立教之弊，學術
　　之偏，究歸於禪，則斷斷乎其不易也。」劉廷詔，〈崔子鍾〉，《《理學宗
　　傳》辨正》，收入《叢書人物傳記資料類編・學林卷》第5冊，卷15，頁

理的本體分判上。從此可見，吳廷棟對經世活動之本體依據，有更強烈的堅持。

事實上，陸寶千已指出程朱、陸王雙方在性即理、心即理的分別，導致在學問與事功的連結上有強弱之分。但陸寶千著重於朱子格物與陽明致良知之別，認爲陸王的心即理認爲「道德心」之活動即是「道德律則」，僅爲個人的活動，無法約束他人，故不能保證必然有效；相反地，程朱性即理則以性爲靜止的存有，故活動之起點在「認識心」，活動之起步在「格物致知」。由於程朱之格物爲格「凡天下之物」，將家國天下都包含在內，故陸寶千認爲此種知識可以用於家國天下，因而程朱之事功未嘗外於理學。[96]

誠如陸寶千所言，陸王在心即理的前提下，個人道德法則無法約束他人，僅能藉由道德感化、教育、風俗來間接影響，因此陸王之學問與事功乃間接關係。但對吳廷棟來說，程朱陸王經世思維之差異，乃根植於雙方對心性的認識，絕非僅在於是否將「知識」納入其理論之中。吳廷棟堅持心性的形上、形下層次，無視陽明強調心同樣源自於天，進而提出良知即爲心體，也就是性的主張；反之，吳氏武斷地將陽明之「心」等同於氣，直接斥心學爲禪學，終將如告子般掃除一切天理，否定倫常秩序爲人之性分。因此，吳廷棟堅信性即理之本體與事功發用緊密聯繫，定要以性即理爲前提，才能保證天下人皆以「皇天降衷」之「善」爲本體。此性分所固有的三綱五常，即人人所應爲、當爲之義，亦即是士人進行道德感化、教育、改良風俗等經世活動時，成效的保證。

8a。

96 陸寶千，〈論羅澤南的經世思想〉，《中央研究院近代史研究所集刊》，15下，頁75-77。

（二）吳廷棟對「盡心知性」的警惕

　　吳廷棟對「盡心知性」的謹慎態度，更清楚地展現了他對心性層次的嚴格區分。由於堅持唯有以「皇天降衷」之「性」為本體，所進行的經世活動方為義。吳廷棟宣稱陸王以心為本體是將理、事視為外在之障礙，因而他將辨明程朱、陸王於性即理、心即理上之分別視為經世活動的關鍵。吳廷棟除了在校訂《《理學宗傳》辨正》的過程中，凸顯劉廷詔的本體之辨外，也在解釋孟子「盡心知性」時，將本體之辨推得更為嚴格，防範程朱學者論心的可能偏差。

　　《孟子・盡心》涉及儒學「心、性、命」諸多重要概念，歷代儒者多有發揮。[97]朱子之解強調心、性、理的層次，並歸結在「格物致知」的工夫論上。在朱子的解釋中，由天而理、而性、而心，一以貫之，人之心具眾理以應萬事，真正重要的本體依據是來自於天的理，因此人必須窮理，方能盡心之量。而「盡心」之所以重要，便是因為心中之性，而非靈覺不昧之心本身。[98]不同於朱子認為「知性」先於「盡心」，陽明則以《孟子・盡心》章中言心、性、天之連貫，作為心即理的理論依據，提出「心也、性也、天也，一也」。[99]對陽明而

---

97 歷來的重要詮釋，可參見黃俊傑，〈孟子盡心上第一章集釋新銓〉，《漢學研究》，10:2（臺北，1992），頁99-122。

98 朱子言：「心者，人之神明，所以具眾理而應萬事者也。性則心之所具之理，而天又理之所從以出者也。人有是心，莫非全體，然不窮理，則有所蔽而無以盡乎此心之量。故能極其心之全體而無不盡者，必其能窮夫理而無不知者也。既知其理，則其所從出。亦不外是矣。以《大學》之序言之，知性則物格之謂，盡心則知至之謂也。」朱熹，〈〈盡心〉章句上〉，《孟子集注》，收入氏著，《四書章句集註》，卷13，頁356。

99 陳榮捷，《王陽明《傳習錄》詳註集評》（臺北：臺灣學生書局，1992），頁273。

言，心就是本體，就是性，心具天理，心性同質且同步無須離心而向外求理，因此盡心即為盡性。100

　　吳廷棟早在道光二十年（1840）前後便曾辯駁楊時（龜山，1053-1135）在《龜山語錄》中「未言盡心，須先理會心是何物」、「能盡其心，自然知性」等說法。吳廷棟反駁道：

> 能盡其心自然知性，此象山之說，後來陽明亦作如此解，與朱子說皆不合。且孟子只曰「盡心」，此卻重在「知心」，亦可疑。⋯⋯能盡其心，自然知性，味句中者也語氣似說倒了。朱子曰：「知性則物格之謂，盡心則知至之謂」，其解自是精當。⋯⋯一倒轉說則是知至而後物格，便成語病。101

吳氏直斥龜山「能盡其心，自然知性」之說不合於朱子，反而接近陸王。他又強調若言「盡心知性」，不就成了「致知格物」？吳廷棟擔憂如此格物窮理就不再是學者之首要工夫，將不可避免傾向陸王心學，逕以靈覺之「心」即「理」，而忽略了「皇天降衷」之「性」即「理」。吳廷棟相當看重以天所賦予的性理為應事之權度，而極度防範心即理，因此當咸豐七年（1857）他與方潛辯論時，也集中於此。方潛批評程朱學者不懂心，吳廷棟反駁曰：

> 夫儒者何嘗不言心？特儒者即性言心，由知性以盡心。102

吳氏直接將孟子盡心知性之語倒轉，強調「性」的優先。

100黃俊傑，〈王陽明思想中的孟子學〉，《中國文化研究所學報》，1997:6（臺北，1997），頁439-455，特別是頁441-442、444、454。
101吳廷棟，〈箚記〉，《拙修集》，卷2，頁14a-b。
102吳廷棟，〈復書（二）〉，收入方潛，《辨心性書》，見氏著，《毋不敬齋全書》冊上，卷1，頁20b。

　　同治年間，吳廷棟在校訂《《理學宗傳》辨正》時，便展現了較劉廷詔更為嚴格與謹慎的態度。劉廷詔在《《理學宗傳》辨正》〈前論〉曾批評陽明不格物窮理，不知性而學無所本，故其所致之良知，僅為心之「昭昭靈靈」，不能夠盡心而知性。[103] 劉氏在涉及盡心知性處時，儘管以按語提醒知性與盡性的重要性，[104] 但劉氏並沒有直接否定以盡心為知性的方式。相對地，吳廷棟校訂時加上的按語特別突出「性」的地位，他說：

> 惟以性為理，故篤信孟子之性善，以溯源於皇降之衷，而始於知性，終於復性，由窮理盡性以至命，誠本天之學也。[105]

吳廷棟不言「盡心知性」，而言「知性」與「復性」方為本天。他在〈書仲素問盡心者知其性條後〉，更挑戰諸儒對盡心知性的詮釋：

> 諸儒解盡心知性，皆說成盡心然後知性。似不然。若不知性，便要盡心，則懸空無下手處，惟就知性上積累將去，自然盡心。大抵盡其心，只是窮盡其在心之理耳。……若說未盡心先要知心，未知心又先要知仁，則愈無可依據。何如《集註》之字字精確，當下即有可用功之處也。[106]

吳氏不滿意諸儒將「盡心知性」理解為先盡心而後知性的工夫步驟。

---

103 劉廷詔，〈《《理學宗傳》辨正》前論〉，《《理學宗傳》辨正》，收入《叢書人物傳記資料類編・學林卷》第4冊，頁1b。

104 劉廷詔，〈羅仲素〉，《《理學宗傳》辨正》，收入《叢書人物傳記資料類編・學林卷》第4冊，卷10，頁7b。

105 吳廷棟，〈書《辨正》前論後〉，收入劉廷詔，《《理學宗傳》辨正》，見《叢書人物傳記資料類編・學林卷》第4冊，頁3b。

106 吳廷棟，〈書仲素問盡心者知其性條後〉，收入劉廷詔，《《理學宗傳》辨正》，見《叢書人物傳記資料類編・學林卷》第4冊，卷9，頁8b-9a。

吳氏遵從朱子的解讀，認為應當先從格物窮理入手，物格則知性、知至則盡心。

　　值得注意的是，吳廷棟甚至將批判的對象延伸到程顥（1032-1085）盡心知性的解釋。不同於劉廷詔僅是指出，《理學宗傳》以及明代儒者錯誤地發揮程子近禪之語，吳廷棟則是在編輯校訂《《理學宗傳》辨正》時，先是將劉廷詔抄錄《理學宗傳》程顥傳中，程顥言心以及解釋盡心知性之處移至卷末，並且附上朱子的辯駁。[107] 接著，吳廷棟也在此卷之卷末按語提及程顥曾言：

　　盡心知性知之至也，知之至，則心即性，性即天，天即性，性即心。[108]

程子的說法與陽明「心也、性也、天也，一也」[109]相近。吳氏意識到此語可能會誤導後學，故又抄錄朱子之語以表反對：

　　朱子曰：「心即性，性即天，天即性，性即心。此語亦無倫理。且天地乃本有之物，非心所能生也。若曰心能生天之形體，是乃釋氏想澄國土之餘論。張子嘗力排之矣。」[110]

其實在《《理學宗傳》辨正》已有不具名的批註提醒程顥文字易為陽明學者比附，但批註重點在於強調陽明與程子之別，並斥孫奇逢比附

107 吳廷棟，〈書明道先生傳末〉，收入劉廷詔，《《理學宗傳》辨正》，見《叢書人物傳記資料類編·學林卷》第4冊，卷2，頁24a-25a。
108 原文見孫奇逢，〈大程子〉，《理學宗傳》，卷2，頁9a-b。吳廷棟的抄錄及辯駁，見吳廷棟，〈書明道先生傳末〉，收入劉廷詔，《《理學宗傳》辨正》，見《叢書人物傳記資料類編·學林卷》第4冊，卷2，頁24b-25a。
109 陳榮捷，《王陽明《傳習錄》詳註集評》，頁273。
110 吳廷棟，〈書明道先生傳末〉，收入劉廷詔，《《理學宗傳》辨正》，見《叢書人物傳記資料類編·學林卷》第4冊，卷2，頁25a。

不當。111吳廷棟則更進一步，直接批評程子之語「可疑」，並引朱子
之說佐證，以免貽誤後學，可見吳廷棟嚴防範心學的態度，吳氏這種
態度從1840年代到1870年校訂《《理學宗傳》辨正》時都沒有改
變。此外，在《《理學宗傳》辨正》這段文字上，也有編者留下的天
頭批註，112其言：

> 盡心知至也，知性物格也，盡心由於知性。如此說未免倒
> 了，於孟子本義似別。113

此論與吳廷棟的看法相當契合，皆是以朱子格物致知的角度理解盡心
知性，反映吳氏學圈的共識。

　　最後，吳廷棟校訂《《理學宗傳》辨正》時，除了對程顥傳進行
較多的編輯處理外，他另有數條較劉廷詔更嚴格防範「心」的按語。
例如被黃宗羲（1610-1695）歸在「恪守宋人矩矱」的薛敬之（1435-
1508），吳廷棟批評薛氏學者「須先識得此心是何物」、「仁只是心」
二語有病；吳廷棟也批評高攀龍（1562-1626）「心明即天理」之說乃
「認靈明爲性」。114相較之下，劉廷詔並未批評薛敬之，對於高攀龍雖

---

111 如批註云：「程子所言致知與致良知之說異，而《宗傳》乃云開陽明宗旨
　　乎？」見劉廷詔，〈程明道〉，《《理學宗傳》辨正》，收入《叢書人物傳記
　　資料類編‧學林卷》第4冊，卷2，頁71a。
112《理學宗傳》辨正》大量的天頭批註沒有註明爲何人所留下，極少數註明
　　爲倭仁、吳廷棟。見劉廷詔，《《理學宗傳》辨正》，收入《叢書人物傳記
　　資料類編‧學林卷》第4冊，卷7，頁10b；《叢書人物傳記資料類編‧學
　　林卷》第5冊，卷7，頁26b。
113 劉廷詔，〈楊中立〉，《《理學宗傳》辨正》，收入《叢書人物傳記資料類
　　編‧學林卷》第4冊，卷9，頁8b。
114 吳廷棟，〈書薛思菴語錄學者始學條〉、〈書薛思菴語錄仁只是心條〉、〈書
　　高忠憲語錄問知覺之心條後〉，皆收入劉廷詔，《《理學宗傳》辨正》，見
　　《叢書人物傳記資料類編‧學林卷》第5冊，卷15，頁12a、13a、28b。

頗有微詞，但仍強調「忠憲之學，恪守程朱矩矱」，或引高攀龍批評陸王的說法，不如吳廷棟直言高氏「靜坐說、復七規，皆禪宗也」。[115]吳廷棟對於程顥所言「非傳聖人之道，傳聖人之心也；非傳聖人之心，傳己之心也」也不滿意，同樣引用朱子語加以警示。[116]以上例證均顯示吳廷棟防弊之嚴格、謹慎程度更甚劉廷詔，使得校訂後的《《理學宗傳》辨正》呈現更堅決的程朱性即理立場，無怪乎倭仁認為該書從此方為「完書」。[117]

四、經世的合法性與保證

　　吳廷棟為了強調形上之理、性為現實秩序以及經世活動的依據與標準，於劉廷詔原著附加按語後，又抄錄羅澤南《姚江學辨》作為附錄。吳廷棟以往閱讀程朱理學家書籍時，往往會嚴厲地釐正可疑之處。[118]然而，吳廷棟對羅澤南極為重視，認為其無論是在論述，抑或是立身處世上體用兼備的表現，皆能突顯本體之辨與現實秩序之間的正面聯繫。因此，吳氏毫無批判地以《姚江學辨》「發明己意」，附錄《姚江學辨》說明性即理與事功之間的連結，以此補足《《理學宗

115劉廷詔，〈薛思菴〉、〈高忠憲〉，《《理學宗傳》辨正》，收入《叢書人物傳記資料類編‧學林卷》第5冊，卷15，頁11a-15a、26b-27b、30a、33b。
116吳廷棟，〈書明道先生傳末〉，收入劉廷詔，《《理學宗傳》辨正》，見《叢書人物傳記資料類編‧學林卷》第4冊，卷2，頁24a-b。
117倭仁，〈校訂《《理學宗傳》辨正》敘〉，收入劉廷詔，《《理學宗傳》辨正》，見《叢書人物傳記資料類編‧學林卷》第4冊，頁1a。
118吳廷棟以一絲不苟的態度，在閱讀一般被視為純正程朱學者薛瑄、李光地（1642-1718）、陸世儀與劉源淥（1619-1700）等人的著作時，都摘出諸多不符合他心目中朱子學說的部分。見吳廷棟，〈讀書記疑〉，《拙修集》，卷3-4。

傳》辨正》本身較少直接討論本體與事功表現之聯繫，以及義利分判
的標準。

（一）性理為現實的標準

　　朱子雖言理氣不離不雜，但相對於陸王而言，其更強調形上、形
下之不雜。[119]自明中葉以降儒學有修正理氣過於二分的風氣，氣論學
者強調理在氣（器）之中，即使是朱子學者也著重心以及理氣不離的
一面。[120]正如錢穆（1895-1990）所言，羅澤南對朱子學最大貢獻，便
是他在明儒以降多不辨理氣之分異的情況下，重申朱子天地之性、氣
質之性的分別。[121]羅澤南的堅持正與吳廷棟強調理氣層次的立場相當
合拍。

　　吳廷棟早在1840年代便已指出「論性不論氣」僅爲「不備」，但
若不區分理氣之層次，而導致「認心爲性」的後果更危險。[122]1860年

119吳展良，〈朱子理氣論新詮〉，《中國儒學》第6輯（北京：商務印書館，
　　2011），頁1-46。

120錢穆，《中國近三百年學術史》（北京：商務印書館，1997），冊上，頁
　　7-16；王汎森，〈清初思想中形上玄遠之學的沒落〉，收入氏著，《權力的
　　毛細管作用：清代的思想、學術與心態》（臺北：聯經出版，2013），頁
　　1-40；鄭宗義，《明清儒學轉型探析：從劉蕺山到戴東原》（香港：香港中
　　文大學出版社，2000），頁7、26；古清美，〈明代朱子學的演變：從薛敬
　　軒、羅整菴到高景逸〉，收入氏著，《慧菴論學集》（臺北：大安出版社，
　　2004），頁41-94；鍾彩鈞，《明代程朱理學的演變》（臺北：中央研究院
　　中國文哲研究所，2018），頁1、26、64。

121錢穆，〈羅羅山學述〉，收入氏著，《中國學術思想史論叢》第8冊，頁
　　445-448。

122吳廷棟，〈讀書記疑‧讀陸桴亭《思辨錄》記疑〉，《拙修集》，卷3，頁
　　14b。

代，他批評蘇源生「理氣心性之辨猶覺含混」時，也明言「蓋理氣雖不相離，而實不容混」。[123]對吳廷棟、羅澤南二人而言，理氣心性合一的弊病遠甚於理氣二分，他們的思考實是為了修正明清儒學的傾向。[124]

　　吳廷棟抄錄《姚江學辨》以「發明己意」的文字中，即包括羅澤南反對陽明「性即氣，氣即性」與「氣者理之運用，理者氣之條理」的說法。羅澤南主張「理自理，氣自氣，實有不相蒙者」，[125]並指出孔孟以來理氣「早已判然」：

> 且夫理至一者也，氣不一者也。氣運有古今，道不以古今而殊也。風氣有南北，理不以南北而異也。氣數有壽殀窮通，理不以壽殀窮通而增減也。氣稟有智愚賢否，理不以智愚賢否而加損也。[126]

羅氏認為理不會因時因地而有改變，但氣運、風氣、氣數卻會有古今南北之差異。若將理氣混為一談，將氣等同於理，將會導致：

> 凡天下之人有躁氣，有暴氣，有乖氣，有戾氣，有惰慢之

123 吳廷棟，〈書蘇菊邨學博《大學臆說》明德條後〉，《拙修集》，卷6，頁20b、21a。
124 錢穆，〈羅羅山學述〉，收入氏著，《中國學術思想史論叢》第8冊，頁448。
125 吳廷棟，〈書王陽明傳錢德洪、王畿論為學條辨正註後〉，收入劉廷詔，《《理學宗傳》辨正》，見《叢書人物傳記資料類編・學林卷》第5冊，卷16，頁19a。筆者比對吳廷棟所抄錄的羅澤南文字，與原出處《姚江學辨》雖有少量文字出入，但義理內容並沒有太大差異。為凸顯吳廷棟抄入羅氏之語「發明己意」，使《《理學宗傳》辨正》成為一完備的文本，筆者在此引用文字皆採用《《理學宗傳》辨正》所錄。
126 吳廷棟，〈書王陽明傳錢德洪、王畿論為學條辨正註後〉，收入劉廷詔，《《理學宗傳》辨正》，見《叢書人物傳記資料類編・學林卷》第5冊，卷16，頁19b。

氣，囂張之氣，邪靡之氣，忿毅之氣，皆不得謂之非理
矣。127

羅澤南擔心理氣不分不僅會合理化一切氣質之性，將可能含有惡的氣
提升至理的地位。他也擔心在動盪不安的局勢下承認凡存在、發生的
事情皆合理，更嚴重的後果將會是：

匪特主持風氣，挽回氣運，與自立乎氣數之學，可以不
必。即變化氣質之功，亦可以不用矣。尚得成其為人乎
哉？128

羅澤南認為既然現實無非是理，儒者挽回氣運之舉措便失去合法性；
甚至理學家最重要的變化氣質工夫也徒然無謂。

　　羅澤南與吳廷棟嚴格區分理氣層次，落在本體上的討論，即是嚴
格的心性之辨。吳廷棟藉由羅澤南的文字，表達以理作為義利判準的
想法。誠如錢穆所言，羅氏是從心性的區別切入，而非從朱子格物致
知之功夫分判程朱陸王之差異。129附錄中羅澤南的文字強調仁義理智
之「實理具於心」，若將理視為心以外的事物，便會使「求理於心」
為「理障」，「留心事物」為「事障」。130羅澤南誤解陽明學心即理即

---

127 吳廷棟，〈書王陽明傳錢德洪、王畿論為學條辨正註後〉，收入劉廷詔，
　　《《理學宗傳》辨正》，見《叢書人物傳記資料類編・學林卷》第5冊，卷
　　16，頁20a。
128 吳廷棟，〈書王陽明傳錢德洪、王畿論為學條辨正註後〉，收入劉廷詔，
　　《《理學宗傳》辨正》，見《叢書人物傳記資料類編・學林卷》第5冊，卷
　　16，頁20a。
129 錢穆，〈羅羅山學述〉，收入氏著，《中國學術思想史論叢》第8冊，頁
　　450。
130 吳廷棟，〈書王陽明傳錢德洪、王畿論為學條辨正註後〉，收入劉廷詔，
　　《《理學宗傳》辨正》，見《叢書人物傳記資料類編・學林卷》第5冊，卷
　　16，頁18a。

是指心具眾理的學說，他認為心即理是將理視為外鑠。因此，羅澤南強調應以具於心中本然之理為應事權度，又以「本然之權度」作為王道是否可行的關鍵。[131]

　　吳廷棟抄錄羅澤南強調若不以理為秤之星、尺之寸，將會導致極大弊病的說法：

> 儱儱侗侗任天下之輕重、長短、低昂、進退於秤尺之上，將以何者為準乎？且夫感應之理，既非理之所本有，則天下之是者，亦不必指以為是，天下之非者不必別其為非，……安得不至於大決藩籬，猖狂自恣哉？[132]

此論正呼應吳廷棟此前告誡蘇源生之語：

> 本心……尤必存其固有之理，而後可以應萬事。非僅不雜人偽，而本心之知便是明德，如釋氏之本覺也。[133]

可見，吳、羅二人由於認心僅為靈覺，因此不能同意將應事之責交付於心，而一再強調心中所具有的本然之理，方為應事之權度。

　　羅澤南與吳廷棟均反對陽明學「無善無惡」之說，認為若性無善惡，「仁義理智忠孝信悌」便皆非本體所固有。他們又擔心陽明將綱常倫理視為「與本體無干」，那麼儒家本來視為「率性之自然」的父

---

131 羅氏言：「本然之權度，吾心本然之理也。具於中者，渾然一理。應乎事者，又各有長短、輕重之宜。度之者，以其本然之理，稱量事之長短、輕重也。……又隨其事物之來，稱量以施之，庶本然之權度不失，而王道可行於天下矣。」羅澤南，《讀孟子札記》，收入氏著，符靜校點，《羅澤南集》（長沙：嶽麓書院，2010），頁280。
132 吳廷棟，〈書王陽明傳錢德洪、王畿論為學條辨正註後〉，收入劉廷詔，《理學宗傳》辨正，見《叢書人物傳記資料類編‧學林卷》第5冊，卷16，頁18b。
133 吳廷棟，〈書蘇菊邨學博《大學臆說》明德條後〉，《拙修集》，卷6，頁21a。

子有親、君臣有義、夫婦有別，都將成爲「非吾性之所固有」，天下
必將失去秩序而相食不止。羅澤南對於陽明學「無善無惡」說的批
評，以及擔心陽明致良知學無法保證道德行爲，均出於對陽明學的誤
解與不契，他一再強調倫理秩序唯有奠基在「性即理」的基礎上，才
能獲得保證。羅澤南又說聖賢之學之所以稱爲理學或道學，正是聖賢
奉道、理而行，而非如明儒之心學，以理爲障礙。[134]

　　陽明正是有懲於世人將心與理分爲二，徒爲滿足外在標準與他人
眼光，但卻與己心無涉，擔心如此將如同「五伯尊周攘夷」流於「霸
道之僞」而不自知。[135]羅澤南則認爲：

> 不知分心與理爲二，猶可執理以誅五伯之心也。以心與理
> 爲一，則公心是理，私心亦是理，烏得謂行仁者得乎理之
> 自然，假仁者非其性之固有乎？彼謂分心與理爲二，其流
> 至於伯道之僞而不自知，吾恐以心與理爲一，其流至於伯
> 道之僞而不可謂之非矣。[136]

陽明批判若心、理爲二，則霸道者可持外在之理僞裝以欺世盜名。羅
澤南面對著社會秩序紛擾，則認爲儘管心、理爲二有僞的弊病，人猶
可持理作爲是非之判準；反之，若以心、理爲一，則可能失去是非的
客觀標準。此正是羅澤南在詮釋《西銘》與《孟子》時，特別強調人

134吳廷棟，〈書王陽明傳錢德洪、王畿論爲學條辨正註後〉，收入劉廷詔，
　《《理學宗傳》辨正》，見《叢書人物傳記資料類編・學林卷》第5冊，卷
　16，頁15b-17a、21b、33b-34b。
135陳榮捷，《王陽明《傳習錄》詳註集評》，頁372-373。
136吳廷棟，〈書王陽明傳錢德洪、王畿論爲學條辨正註後〉，收入劉廷詔，
　《《理學宗傳》辨正》，見《叢書人物傳記資料類編・學林卷》第5冊，卷
　16，頁21a-b。

需要共同的道德行為標準。137

　　總而言之，吳廷棟與羅澤南堅持理氣不雜的一面，他們重新強調程朱學理、氣二元的論點，認為以形上天理為本才是正學，也才能挽救世道。

（二）經世的本體依據

　　陽明晚年提出四句教「無善無惡心之體」，即使在王學內也有許多爭議，138程朱學者更批評其近禪。羅澤南對此有嚴厲批評，他認為陽明學最大的問題便是以心體為「無善無惡」，此將導致經世活動失去意義與成功的保證。《姚江學辨》嚴厲駁斥陽明學的四句教，139吳廷棟在〈書王陽明傳錢德洪、王畿論為學條辨正註後〉即大量抄錄該段內容。

　　如同吳廷棟與劉廷詔，羅澤南同樣將程朱、陸王之辨視為儒釋之別，指出陽明之《傳習錄》與《大學問》等書即有無善無惡之義。陽明本人雖不常論及無善無惡，只是為了避免異端之斥而假託於儒。他引天泉證道中，陽明教導王畿（1498-1583）與錢德洪（1496-1574）之語說明：

> 既以心之體為無善無惡矣，則意、知、物之有善有惡，皆足為本體之累。必如王畿之說盡舉而歸之無，而後心之本體可復。140

137張晨怡，《羅澤南理學思想研究》，頁58、61-65。

138關於四句教的介紹與討論，可參錢穆，《陽明學述要》（臺北：蘭臺出版社，2001），頁83-95。

139張晨怡，《羅澤南理學思想研究》，頁105。

140吳廷棟，〈書王陽明傳錢德洪、王畿論為學條辨正註後〉，劉廷詔，《《理

羅澤南指出以心之體爲無善無惡，將會視善爲本體之累，而欲一掃而
盡。他又批評陽明將王畿與錢德洪所言，分爲接「利根人」與「其次
立法」之說。羅氏認爲若如陽明所言，「利根人」可以直悟本體，其
次者要在本體以外的意念上作「爲善去惡」的工夫，那麼豈不是：

> 今暫使爲善，他日始教以無善乎？他日復其無善之本體，
> 始舉今日所爲之善而棄之乎？且棄善易也，爲善難也。其
> 次不免有習心在，雖以性善示之，猶難遽望其善，況以善
> 爲本體之所無，使之勉強以從事。彼將甘爲其所難，勉強
> 爲善，以有礙於本體乎？亦將樂爲其易，盡去其善，以還
> 其本體乎？[141]

羅澤南認爲陽明以心體爲無善無惡，不但無法說服人們從事爲善去惡
的工夫，反倒成爲人們避難就易的藉口。

對羅澤南而言，儒家之學有本體方有工夫，正所謂「維皇降衷，
厥有恆性」，儒家以本體爲至善，便保障本體與工夫間的一致。他擔
心若以無善爲本體，則工夫反倒成了本體之累贅，將導致嚴重的後
果：

> 掃除學問，捐棄實修，使天下之士盡不知蕩檢踰閑之爲
> 非，其爲世道人心之憂可勝言哉？[142]

學宗傳》辨正〉，見《叢書人物傳記資料類編‧學林卷》第5冊，卷16，
頁13b。

141 吳廷棟，〈書王陽明傳錢德洪、王畿論爲學條辨正註後〉，收入劉廷詔，
《《理學宗傳》辨正》，見《叢書人物傳記資料類編‧學林卷》第5冊，卷
16，頁14a。

142 吳廷棟，〈書王陽明傳錢德洪、王畿論爲學條辨正註後〉，收入劉廷詔，
《《理學宗傳》辨正》，見《叢書人物傳記資料類編‧學林卷》第5冊，卷
16，頁14b。

羅澤南批評陽明「無善無惡」之說近禪，接著說明本體與工夫不能有落差，爲善去惡的工夫無法立足於無善之本體。最後，他指出以無善爲本體終將導致世道人心之騷亂到無以復加的地步。

　　羅澤南對陽明學的批評，呼應吳廷棟之見。故吳廷棟大量抄錄羅氏《姚江學辨》批評王學無善無惡、否定陽明學爲善去惡工夫之論述。吳廷棟延續羅澤南的說法，指出陽明的問題不僅是本體與工夫間的矛盾，而是陽明所謂的爲善去惡已非儒家本意。吳廷棟言：

> 陽明之所謂爲善去惡，非吾儒之所謂爲善去惡也。亦非其言自相矛盾也。……蓋無善無惡之妙諦，尤在無著。其所爲爲善者，亦保任其靈明耳；所爲去惡者，亦去夫理障、事障耳。惟爲善而不著於爲善，去惡而不著於去惡，斯能從有以歸於無，復還本體矣。[143]

吳廷棟認爲陽明學無善無惡之說同於釋氏之「無著」，所謂工夫是爲了要復還本來即是「無」的本體。他又批評陸王學爲善只爲了保任靈明，而不能認識天理善性，故不能眞正盡人性分之固有。簡言之，吳廷棟在羅澤南的基礎上，更加強陽明無論本體與功夫皆爲禪的一面。

　　吳廷棟一向認爲從德性所發用的事功、氣節與文章，方是「體立用行」；若不顧根本，而直接著力於事功、氣節與文章則多有弊病。[144]他堅信義、利關係的最根本判準在於天賦本性之天理。吳廷棟

---

[143] 吳廷棟，〈書王陽明傳錢德洪、王畿論爲學條辨正註後〉，收入劉廷詔，《《理學宗傳》辨正》，見《叢書人物傳記資料類編・學林卷》第5冊，卷16，頁15a-b。

[144] 方宗誠：「竹如先生曰：『凡人從德性上用功，發到事功、氣節、文章，方是體立用行。自然事功不矜張，氣節不矯激，文章不浮蔓。若專從氣節、事功、文章致力，而回顧大本，終不免於務外爲人。則氣節、事功、文章，皆多病痛。若直不顧根本者，更不足道矣。』」方宗誠，《柏堂師友

稱讚羅澤南「體立用行」，正是因為羅氏除了有世人眼中功烈、氣節
之「用」，他的學問更是建立在性即理正確的本體論之上。[145]

　　吳廷棟大段抄錄《姚江學辨》論證本體與發用間的關係，抒發他
以性善為體，方能有真正發用的經世觀點。羅澤南不認為陽明與朱子
之異僅在於「格物致知」的解釋，而是在於本體的根本差異，導致發
用也大為不同。[146]羅氏和劉廷詔、吳廷棟一樣，他們都堅信人之本體
之為善，乃天命本然，即程朱所謂的「性即理」。他同樣認為陽明學
無善無惡之說，是將仁義禮智視為外鑠，與程朱有根本的本體之別。
在羅澤南眼中，陽明以靈覺之心為天理，而不能承認仁義理智為性之
本然，因此將事事物物之「定理」視為「揣摩測度於外」。[147]對羅澤
南而言，既然事事物物沒有當然之則與定理，就如同前述理氣混一的
弊病一樣，經世活動將失去意義與合法性。

　　然而，吳廷棟在體用一致的前提下，也必須解釋陽明顯赫之事
功，避免世人推崇陽明之事功，由陽明之「有用」肯定心即理的說
法。因此，吳廷棟抄錄羅澤南駁斥陽明事功之文字，並補充劉廷詔已

　　言行記》，收入《續修四庫全書》第514冊，卷2，頁2a。

145方氏轉述吳廷棟稱讚羅澤南：「體立用行，蓋有然矣。世人但見其功烈、
　　氣節。又烏知其所本哉？」方宗誠，《柏堂師友言行記》，收入《續修四
　　庫全書》第514冊，卷2，頁17b。

146吳廷棟抄錄羅澤南的原文：「其本體異也，其大用異也。……朱子以性為
　　有善無惡；陽明以性為無善無惡也。朱子以性為理，心不可謂之性；陽明
　　以心為性，吾心之靈覺即天理也。朱子以仁義禮智為性之本然；陽明以仁
　　義禮智為心之表德也。此本體之所以異也。」吳廷棟，〈書王陽明傳錢德
　　洪、王畿論為學條辨正註後〉，收入劉廷詔，《《理學宗傳》辨正》，見
　　《叢書人物傳記資料類編・學林卷》第5冊，卷16，頁49a。

147吳廷棟，〈書王陽明傳錢德洪、王畿論為學條辨正註後〉，收入劉廷詔，
　　《《理學宗傳》辨正》，見《叢書人物傳記資料類編・學林卷》第5冊，卷
　　16，頁49a。

經言及陽明以其「事業」驚飾世人耳目的看法。[148]羅澤南指出陽明以
綱常倫理爲外鑠，善非性之所固有，因此其事功實爲權謀：

> 陽明雖有家國天下之施，究難掩其虛罔空寂。則其所以施
> 於家國天下者，恐終不免於權謀術數矣。[149]

羅澤南除了視陽明的事功爲「權謀術數」外，更斥陽明之戰功爲「僥
倖」。他認爲凡處事機械變詐，不循乎理之當然者，僅爲蘇秦、張儀
之道，他批評陽明正是依靠「反間之計」而成大功：

> 陽明以虛爲性，不肯講求義理，惟憑此心良知矜爲妙
> 用，……是以於儀、秦之故智，不禁津津樂道之。……宸
> 濠之變陽明之功鉅矣，……此固忠勇之舉無可議者，而其
> 作用則儀、秦之故智也。嗚呼！陽明其亦善用權術者
> 與？[150]

羅澤南指出，陽明不以來自於天的實理爲性，光憑藉著良知之妙用而
有一番忠勇事業。他批評陽明的表現僅爲掃去「心所具之理」，以事
爲「外來之應迹」的「權術」。[151]

　　綜言之，吳廷棟與羅澤南堅持理氣心性不雜的一面，他們反對理

148劉廷詔，《《理學宗傳》辨正》，收入《叢書人物傳記資料類編・學林卷》
　　第4冊，〈《《理學宗傳》辨正》附錄後論〉，頁11a。
149吳廷棟，〈書王陽明傳錢德洪、王畿論爲學條辨正後〉，收入劉廷詔，
　　《《理學宗傳》辨正》，見《叢書人物傳記資料類編・學林卷》第5冊，卷
　　16，頁42a-b。
150吳廷棟，〈書王陽明傳錢德洪、王畿論爲學條辨正註後〉，收入劉廷詔，
　　《《理學宗傳》辨正》，見《叢書人物傳記資料類編・學林卷》第5冊，卷
　　16，頁47a-b。
151吳廷棟，〈書王陽明傳錢德洪、王畿論爲學條辨正註後〉，收入劉廷詔，
　　《《理學宗傳》辨正》，見《叢書人物傳記資料類編・學林卷》第5冊，卷
　　16，頁42a-42b。

氣一元的論述,重新強調程朱理、氣二元的觀點。他們堅信唯有清楚
認知性即理,才是儒學正學,方有爲善去惡的依據,也只有在此前提
下,才能建立道德與政治秩序的確定性,眞正達到紀綱世界的目標。

五、結論

　　十九世紀的社會問題讓士人普遍想要重建政教秩序。吳廷棟在一
片講求實際事功成就、不辨門戶與心性義理的風氣下,卻極力辨明程
朱、陸王本體之差異,並以此作爲挽救政教失序的具體方案。本文主
要說明吳廷棟的心性本體之辨具有經世意涵,他強調心性不明會導致
義利不清,又排抵陸王心學權變經世的態度,認爲陸王強調心在經驗
世界踐履時的主動性與彈性,無視於「理」與「性」的規範,將導致
社會混亂。他堅信唯有性即理,才能作爲經世的規範與依據。

　　本文以吳廷棟晚年領導學友校訂、刊行《《理學宗傳》辨正》一
書,並以《姚江學辨》爲附錄的辨學活動爲主,根據該書的論述,說
明吳廷棟等人判別程朱與陸王,以及心、性、理、氣之義,都是指向
當時經世風氣下的功利流弊,而非純然的門戶之見。吳廷棟由心性本
體分判經世實踐的義利之別,他強調以性即理爲本的實踐方爲義,如
此才能保證經世活動與修身工夫具有形上依據、合法性與意義;反
之,若不以性爲本,儘管僥倖而有事功,也不過是如同陽明般的「權
謀詭計」。

　　在吳廷棟整合於河南、湖南兩地均屬特異的劉廷詔與羅澤南的思
想後,《《理學宗傳》辨正》方爲一個完備的文本,表現更嚴格的程
朱理學立場;也正是透過吳廷棟領導的嚴格程朱學群體,校訂後的
《《理學宗傳》辨正》才公諸於世,爲人所見。《《理學宗傳》辨正》

從加工到成品的過程，不但可以視為吳廷棟本體之辨與經世思考的
「晚年定論」，也反映十九世紀的嚴格程朱理學群體，是一個跨越地
方、由理學之認同所形成的群體。同時，由劉廷詔創作與吳廷棟校訂
《《理學宗傳》辨正》批判河南學風可見，儘管吳廷棟等人與李棠階
都被歸類於「理學主敬」一派，且被視為同治中興理學代表人物，但
雙方對《《理學宗傳》辨正》以及經世的態度有極大的差異。擔心整
體政教之失序的吳廷棟，反對李棠階所持的權變經世態度，進而批評
伴隨這種經世態度而來對陽明事功成就的推崇，以及認為良知心體在
踐履上之能動性的主張。

　　吳廷棟的經世思想也有助於理解十九世紀士人經世思考的另一面
貌。吳廷棟追求的是道德與政治之秩序與確定性，強調經驗世界之事
務與踐履必須以性理為本。吳廷棟的經世特色，正是以性理為本體，
因此其「經世」思想不等同於「治法」，而更多展現「入世精神」與
「治體」的一面。1980年代以降，學者們關注中國近代的經世之學，
然仍多著力於治法一端。[152]劉勇指出，在以現代化視角為主導的經世
研究下，學者多忽略張灝強調要將經世放在宋明儒學脈絡中思
考。[153]解揚也指出，在張灝指出的經世三層次中，學者多關注治法而

[152]黃克武，〈經世文編與中國近代經世思想研究〉，《近代中國史研究通
　　訊》，2，頁83-96；丘為君、張運宗，〈戰後臺灣學界對經世問題的探討
　　與反〉，《新史學》，7:2（臺北，1996），頁181-231；解揚，〈近三十年有
　　關中國近世「經世思想」研究述評〉，《新史學》，19:4（臺北，2008），頁
　　121-151；韓承樺，〈評介兩岸學界近十年有關《經世文編》的研究概
　　況〉，《史原》，23（臺北，2011），頁205-238。
[153]劉勇，〈評解揚，《治政與事君──呂坤《實政錄》及其經世思想研
　　究》〉，《新史學》，24:1（臺北，2013），頁242-244。

忽略儒學傳統對經世的理解層面。[154]誠如劉、解二人所言，儘管余英時、劉廣京與黃克武等學者皆指出經世與理學之間有密切的關係，但學者多注意宋明理學的經世精神對清代經世思想的影響，譬如學者們注意《皇朝經世文編》編者注重「治體」與「學術」，[155]卻沒深究其經世之「體」的內部差異，而忽視《文編》所收錄的文章並不專主程朱性即理。相對而言，以吳廷棟爲代表的理學家們雖然實務經世的色彩淡薄，且所論不冠以經世之名；但是他們卻有著張灝指出的強烈入世精神，建立和諧政治秩序社會的治體思考，以及余英時指出的紀綱世界的用心。

　　本文透過對吳廷棟之思想與活動的研究，發現十九世紀一群嚴格化程朱理學家對於經世與紀綱世界的不同思考。這群理學家致力於義理之辨，認爲形上本體深刻關係著入世精神，是建立和諧社會與政治秩序的依據與標準；同時，他們對於事功與經濟也保有高度的警醒，強調以「性即理」爲本的重要性。關注這樣的主張將可擴展我們對於十九世紀經世之學的理解。

154解揚，〈近三十年有關中國近世「經世思想」研究述評〉，《新史學》，19:4，頁131。

155　廣京、周啓榮，〈皇朝經世文編關於「經世之學」的理論〉，《中央研究院近代史研究所集刊》，15上，頁33-99；黃克武，〈《皇朝經世文編》學術、治體部分思想之分析〉（臺北：國立臺灣師範大學歷史研究所碩士論文，1985）。

徵引書目

一、傳統文獻

（宋）朱熹，《四書章句集註》，北京：中華書局，2012。

（宋）朱熹著，黎靖德編，《朱子語類》，北京：中華書局，2007。

（宋）陳淳著，熊國禎、高流水點校，《北溪字義》，北京：中華書局，2011。

（宋）陸九淵著，鍾哲點校，《陸九淵集》，北京：中華書局，1980。

（宋）程顥、程頤著，王孝魚點校，《二程集》，北京：中華書局，2004。

（清）方宗誠，《志學錄》，臺北：藝文印書館，1971。

（清）方宗誠，《柏堂師友言行記》，收入《續修四庫全書》編纂委員會編
　　（後略編者），《續修四庫全書》，上海：上海古籍出版社，1995，第514
　　冊。

（清）方宗誠，《柏堂集外編》，收入《清代詩文集彙編》編纂委員會編，《清
　　代詩文集彙編》，上海：上海古籍出版社，2010，第672冊。

（清）方宗誠，《柏堂集後編》，收入《清代詩文集彙編》編纂委員會編，《清
　　代詩文集彙編》，上海：上海古籍出版社，2010，第672冊。

（清）方宗誠，《柏堂集續編》，收入《清代詩文集彙編》編纂委員會編，《清
　　代詩文集彙編》，上海：上海古籍出版社，2010，第672冊。

（清）方潛，《毋不敬齋全書》，光緒十五年己丑開雕於濟南、光緒丁酉年重
　　校續印本，北京清華大學圖書館藏。

（清）吳廷棟，《拙修集》，收入《清代詩文集彙編》編纂委員會編，《清代詩
　　文集彙編》，上海：上海古籍出版社，2010，第583冊。

（清）吳廷棟，《拙修集續編》，收入《清代詩文集彙編》編纂委員會編，《清
　　代詩文集彙編》，上海：上海古籍出版社，2010，第583冊。

（清）李時燦等編，《中州先哲傳》，收入江慶柏主編，《清代地方人物傳記叢
　　刊》，揚州：廣陵書社，2007，第2冊。

（清）李棠階著，穆易校點，《李文清公日記》，長沙：嶽麓書社，2010。

（清）李棠階，《李文清公遺書》，收入《清代詩文集彙編》編纂委員會編，
　　《清代詩文集彙編》，上海：上海古籍出版社，2010，第598冊。

（清）孫奇逢，《理學宗傳》，收入《續修四庫全書》編纂委員會編，《續修四
　　庫全書》，上海：上海古籍出版社，1995，第514冊。

（清）郭嵩燾編，《羅忠節公年譜》，收入北京圖書館出版社影印室輯，《晚清
　　名儒年譜》，北京：北京圖書館出版社，2006，第3冊。

（清）楊德亨，《尚志居集》，收入《清代詩文集彙編》編纂委員會編，《清代
　　詩文集彙編》，上海：上海古籍出版社，2010，第620冊。
（清）劉廷詔，《《理學宗傳》辨正》，收入北京圖書館出版社古籍影印室編，
　　《叢書人物傳記資料類編・學林卷》，北京：北京圖書館出版社，2006，
　　第4-5冊。
（清）羅澤南著，符靜校點，《羅澤南集》，長沙：嶽麓書院，2010。
（清）龐鍾璐，《文廟祀典考》，收入耿素麗，陳其泰選編，《歷代文廟研究資
　　料彙編》，北京：國家圖書館出版社，2012，第10-11冊。

二、近人論著

王汎森，《中國近代思想與學術的系譜》，長春：吉林出版集團有限責任公
　　司，2010。
王汎森，《權力的毛細管作用：清代的思想、學術與心態》，臺北：聯經出
　　版，2013。
丘為君、張運宗，〈戰後臺灣學界對經世問題的探討與反 〉，《新史學》，7:2
　　（臺北，1996），頁181-231。
古清美，《慧菴論學集》，臺北：大安出版社，2004。
史革新，《晚清理學研究》，北京：商務印書館，2007。
田富美，《清代中晚期理學研究——思想轉化、群體建構與實踐》，臺北：萬
　　卷樓圖書公司，2018。
余英時，《現代儒學的回顧與展望》，北京：生活・讀書・新知三聯書店，
　　2012。
吳展良，〈朱子理氣論新詮〉，《中國儒學》，第6輯，北京：商務印書館，
　　2011，頁1-46。
束景南，《朱子大傳——「性」的救贖之路（增訂版）》，上海：復旦大學出
　　版社，2016。
胡適，《戴東原的哲學》，臺北：臺灣商務印書館，1963。
范廣欣，〈劉蓉的「門戶之見」與理學家的經世觀念〉，《學術月刊》，2016:8
　　（上海，2016），頁141-151。
范廣欣，《以經術為治術：晚清湖南理學家的經世思想》，南京：南京大學出
　　版社，2016。
韋政通主編，《中國哲學辭典大全》，北京：世界圖書出版公司，1989。
張晨怡，《羅澤南理學思想研究》，西安：三秦出版社，2007。
張灝，〈宋明以來儒家經世思想試釋〉，收入中央研究院近代史研究所編，
　　《近世中國經世思想研討會論文集》，臺北：中央研究院近代史研究所，

1984，頁 3-19。

梁啟超，《中國近三百年學術史（附《清代學術概論》)》，臺北：里仁出版社，1995。

陳來，《有無之境：王陽明哲學的精神》，北京：生活・讀書・新知三聯書店，2009。

陳祖武，《清儒學案拾零》，長沙：湖南人民出版社，2002。

陳榮捷，《王陽明《傳習錄》詳註集評》，臺北：臺灣學生書局，1992。

陸寶千，〈論羅澤南的經世思想〉，《中央研究院近代史研究所集刊》，15 下（1986），頁 67-79。

陸寶千，《清代思想史》，臺北：廣文書局，1983。

黃克武，〈《皇朝經世文編》學術、治體部分思想之分析〉，臺北：國立臺灣師範大學歷史研究所碩士論文，1985。

黃克武，〈理學與經世——清初「切問齋文鈔」學術立場之分析〉，《中央研究院近代史研究所集刊》，16（1987），頁 37-65。

黃克武，〈經世文編與中國近代經世思想研究〉，《近代中國史研究通訊》，2（臺北，1986），頁 83-96。

黃俊傑，〈王陽明思想中的孟子學〉，《中國文化研究所學報》，1997：6（臺北，1997），頁 439-455。

黃俊傑，〈孟子盡心上第一章集釋新銓〉，《漢學研究》，10:2（臺北，1992），頁 99-122。

黃進興，《李紱與清代陸王學派》，南京：江蘇教育出版社，2010。

解揚，〈近三十年有關中國近世「經世思想」研究述評〉，《新史學》，19:4（臺北，2008），頁 121-151。

劉勇，〈評解揚，《治政與事君——呂坤《實政錄》及其經世思想研究》〉，《新史學》，24:1（臺北，2013），頁 242-244。

廣京、周啓榮，〈皇朝經世文編關於「經世之學」的理論〉，《中央研究院近代史研究所集刊》，15 上（臺北，1986），頁 33-99。

嵇文甫，鄭州大學嵇文甫文集編輯組編，《嵇文甫文集》，河南：河南人民出版社，1985-1990。

鄭宗義，《明清儒學轉型探析：從劉蕺山到戴東原》，香港：香港中文大學出版社，2000。

錢穆，《中國學術思想史論叢》，北京：九州出版社，2011。

錢穆，《中國近三百年學術史》，北京：商務印書館，1997。

錢穆，《陽明學述要》，台北：蘭台出版社，2001。

鍾彩鈞，《明代程朱理學的演變》，臺北：中央研究院中國文哲研究所，2018。

韓承樺，〈評介兩岸學界近十年有關《經世文編》的研究概況〉，《史原》，
　　23（臺北，2011），頁205-238。
龔書鐸主編，《清代理學史》，廣州：廣東教育出版社，2007。
Chiu, Wei-Chun（丘為君）. "Morality as Politics: The Restoration of Ch'eng-Chu
　　Neo-Confucianism in Late Imperial China." Ph.D. Dissertation, Ohio
　　University, 1992.
Lin, Man-houng（林滿紅）. *China Upside Down: Currency, Society, and
　　Ideologies, 1808-1856*. Cambridge, Mass.: Harvard University Asia Center,
　　2006.
Meyer-Fong, Tobie. *What Remains: Coming to Terms with Civil War in 19th
　　Century China*. Stanford, California: Stanford University Press, 2013.
Nedostup, Rebecca. *Superstitious Regimes: Religion and the Politics of Chinese
　　Modernity*. Cambridge, Mass.: Harvard University Asia Center, 2009.

The Political Implications of Wu Tingdong's Recension of the "Lixue zhongzhuan" Bianzheng

Chiu Wen-hao

Abstract

In the climate of nineteenth-century statecraft concerns, intellectuals again advocated Neo-Confucianism with certain accommodations and inclusions. As a leading Cheng-Zhu Neo-Confucian after Tang Jian (1778-1861), Wu Tingdong (1793-1873) strictly distinguished the philosophical differences between the Cheng-Zhu School and the Lu-Wang School. In the 1860s, Wu Tingdong with his followers edited and published Liu Tingzhao's (?-1856) *"Lixue zhongzhuan" bianzheng (A Correction of Errors in "Transmission of the Lineage of Neo-Confucianism")*. to which they added Luo Zenan's (1807-1856) *Yaojiang xuebian (Debate against Wang Yangming)* as an addendum. In this activity, Wu Tingdong denounced the ideas of Lu Jiuyuan and Wang Yangming as Buddhism, and was cautious about the intermingling of diverging ontologies. Wu insisted that the correct understanding of philosophical theories was the basis for statecraft. Wu attracted a group of scholars from different provinces to study with him. This group of scholars observed Zhu Xi's idea that "human nature is Principle" (*xing ji li* 性即理) and embarked on activities on the basis of this belief. This article examines the thought of Wu and his followers, and points out how their ideas differed from those of the Henan scholars.

Keywords: Wu Tingdong, Cheng-Zhu and Lu-Wang schools, Mind and Nature, statecraft, *"Lixue zhongzhuan" bianzheng*

「學問斷不能有真是非」：陳澧的儒家多元思想

馬瑞彬（Magnus Ribbing Gren）

先後在英國、臺灣及美國接受歷史教育，於2019年獲得普林斯頓大學博士學位，本文撰寫於2019–2021年中研院歷史語言研究所從事博士後研究期間。他的主要研究興趣是明清時期的思想史和文化史。目前延續博士論文的研究撰寫《陳澧與十九世紀廣州的儒學多元論》。

「學問斷不能有真是非」：陳澧的儒家多元思想

馬瑞彬

摘要

　　本文探討晚清廣州學者陳澧（1810-1882）對不同類型學問的態度，並認爲其在經學實踐上帶動了一種多元主義的形式。陳澧認爲程朱思想與乾嘉樸學之間的差異不在方法論上差異，也無關乎其倡導者所仰賴的文本，而是反映出不同學者所生活的歷史環境、所擁有的不同的價值觀與世界觀，因而形成不同類型的治學方式。此外，藉由關注漢代及其他朝代學者關於「兼存」觀念的討論，陳澧既支持對於治學的多元主義態度，並拒絕將尋求經典本義視爲儒學終極目的。

關鍵詞：清代、儒學、漢宋、陳澧、多元主義

1. Introduction

The nineteenth-century Cantonese scholar Chen Li (1810-1882) is known for his work on historical phonology, geography, and music. In this regard, he may be considered one of the great Qing dynasty polymaths, building on the legacy of Qian-Jia philology. But Chen Li wrote most of these works early in his career, during the 1830s and 1840s, and his mature scholarly output moved in a different direction. By his own account, Chen Li's attitude to learning changed dramatically in 1844,[1] and from the mid-1850s he wrote two books on the history of Confucian classicism: the *Hanru tongyi* 漢儒通義 (Comprehensive Thought of Han Scholars) and the *Xuesilu* 學思錄 (Record of Study and Reflection).[2]

The *Hanru tongyi* consisted of some one thousand passages culled from Han dynasty works and organized to give readers a sense of Han scholars' views on philosophical topics. A first edition was printed in 1858 and included a preface that Chen Li had written two years earlier. He began writing the *Xuesilu* in earnest around the same time, in 1858-59, when the occupation of Guangzhou by foreign forces relieved him of the

---

1　Chen Li, *Xuesi ziji* (Personal Notes on Composing the *Xuesilu*), in Huang Guosheng, ed., *Chen Li ji* (Chen Li's Collected Works) (Shanghai: Shanghai guji chubanshe, 2008), vol. 2, p. 756:2.

2　Chen Li later changed the title of the latter work to *Dongshu dushu ji* (Reading Notes from Dongshu). For convenience, I refer to the larger body of Chen Li's unfinished manuscripts (mainly the *Dongshu dushu ji* and the *Dongshu zazu*) as the *Xuesilu*.

usual academic duties.[3] For the most part, Chen Li's pluralism as
discussed in this article dates from that period of his life.

This article treats Chen Li's views on the relationship between
different forms of learning. Since the late Qing period and throughout the
twentieth century, Chinese intellectual historians have viewed Chen Li's
approach to the Han-Song debate as an attempt at "reconciliation" (*tiaohe*
調和).[4] But while it is true that Chen Li opposed academic partisanship,
his view on the problem was more nuanced than generally recognized.
This article addresses a few common misconceptions about Chen Li's
approach to the Han-Song debate and argues that his thought should be
considered a form of pluralism, in contrast to other approaches to
divergent truth claims, such as eclecticism or syncretism.

This article follows Isaiah Berlin's definition of pluralism as a
worldview that opposed a set of assumptions commonly held by adherents
of the European Enlightenment, namely that (1) to all genuine questions
there can only be one correct answer, all the other answers being incorrect,

---

3 Therefore, Cao Meixiu says that he started to write the *Xuesilu* in 1858, see Cao
   Meixiu, "Chen Li de weixue yu zhushu licheng" (The Trajectory of Chen Li's
   Scholarship and Writing), *Donghua renwen xuebao*, 15 (2009.7), pp. 129-163,
   at p. 141. However, Chen Li told Yang Rongxu in 1862 that he had already been
   thinking about the *Xuesilu* for about ten years, see Chen Li, "Yu Yang Puxiang
   shu" (Letter to Yang Rongxu), in *Dongshu ji* (Collected Works from the Eastern
   Hall), in *Chen Li ji*, vol. 1, pp. 163-64.
4 On the reception and different evaluations of Chen Li's scholarship, see Yu
   Meifang, "Chen Li zhi xue de liang qi fanying ji bu tong liyi" (Two
   Conceptions of and Reactions to Chen Li's Scholarship), *Xueshu yanjiu*,
   3(2014), pp. 100-108.

(2) a method exists for the discovery of these correct answers, and (3) all the correct answers must, at the very least, be compatible with one another.[5] Berlin's notion of pluralism stands in contrast to those assumptions and holds that two or more incompatible and incommensurable truth claims can nevertheless be equally valid.

In Chinese intellectual history, Chen Li's thought must be viewed against the backdrop of Qian-Jia philology and the evidential research movement, which flourished in Jiangnan during the eighteenth century and made inroads in Guangzhou during the early decades of the nineteenth century. The goal of that movement was to "elicit the original meanings hidden beneath the literal significance of the words of the sages." [6] Chinese philologists who pursued the original meaning of the Confucian Classics subscribed to all three of the above-mentioned assumptions that Berlin used to define the Enlightenment.[7] When Chen Li adopted a pluralist position that accepted the possibility of incompatible truth claims being equally valid, he therefore also criticized and departed from a central aspect of Qian-Jia philology and the Jiangnan evidential research

5　Isaiah Berlin, *The Crooked Timber of Humanity: Chapters in the History of Ideas* (New York: Alfred A. Knopf, 1991 [1959]), pp. 34-35.

6　Yü Ying-shih, "Some Preliminary Observations on the Rise of Ch'ing Confucian Intellectualism," *Tsing Hua Journal of Chinese Studies*, New Series, 11:1-2 (1975), pp. 105-146.

7　As Berlin's work demonstrates, these three assumptions are not universal, yet they should be general enough to be applied to Chinese intellectual history without having to argue either for or against the existence in China of movements comparable to the Enlightenment or a Counter-Enlightenment.

movement.

2. Pluralism and Han-Song Reconciliation

Chen Li's attitude to the Han-Song debate has been frequently discussed and mostly contextualized as part of the movement toward Han-Song reconciliation that flourished alongside a revival of Cheng-Zhu thought in the mid-nineteenth century. From that perspective, calling for a balanced stand in the debate was neither new nor especially radical.[8]

What many scholars have failed to recognize is that Chen Li in fact questioned and discarded some of the basic premises on which the Han-Song debate as such rested. Some have seen his approach as predominantly eclectic, while others have considered him to be more of a syncretic thinker. Some have also hinted at a pluralism in Chen Li's thought, which cannot be reduced to the regular position of Han-Song reconciliation. Each of these positions is discussed briefly below to help illustrate the originality of the pluralist position.

(1) *The first approach: eclecticism*

Qian Mu 錢穆 (1895-1990) interpreted Chen Li's thought as predominantly eclectic. He argued that Chen Li "made selections from both Han and Song Learning to pursue the subtle words and great meaning

---

8　Steven B. Miles, *The Sea of Learning: Mobility and Identity in Nineteenth-Century Guangzhou* (Cambridge, Mass: Harvard University Asia Center, 2006), p. 219.

[of the Classics]" (*jiancai Han-Song yi qiu weiyan dayi* 兼采漢、宋以求 微言大義).[9] In this view, Chen Li supposedly held that representatives of different schools — Zheng Xuan 鄭玄 (127-200) and Zhu Xi 朱熹 (1130-1200), for example — were each partly right and partly wrong. It was due to personal biases and historical trends that scholars had failed to recover the original meaning of the Classics.

This was a common approach to the Han-Song debate in the nineteenth century. Huang Yizhou 黃以周 (1828-1890), for example, argued that one should strive to "use the strengths of each to make up for the weaknesses of the other" (*ge qu qi suo chang hu bu qi suo duan* 各取 其所長，互補其所短).[10] The eclectic view can be traced at least as far back as to Hui Shiqi 惠士奇 (1671-1741), who allegedly followed Song scholars in action but Han scholars in textual matters.[11]

However, Chen Li never defined the work of Han scholars as reflecting a pre-Qin textual transmission, nor did he contrast it to Neo-Confucian moral principles as more or less in line with Confucius' original

9　Qian Mu, "Chen Lanfu," in *Zhongguo jin sanbainian xueshu shi* (Chinese Intellectual History of the Past Three Hundred Years), vol. 1 (Beijing: Shangwu yinshuguan, 1997), pp. 661-690, at p. 680.

10　Huang Yizhou, "Nanjing shuyuan lizhu yi" (Suggestion on Establishing a Patron for Nanjing Academy), in *Jingji zazhu* (Miscellaneous Works by Huang Yizhou), in Zhan Yayuan and Zhang Nie, eds., *Huang Shisan Huang Yizhou heji* (Combined Works of Huang Shisan and Huang Yizhou), vol. 15 (Shanghai: Shanghai guji chubanshe, 2014), pp. 660-62, at p. 661.

11　Hui Dong, "Quting lu" (Record on Learning from My Elders), in *Jiuyaozhai biji* (Notes from the Jiuyao Studio), in *Congshu jicheng xubian*, vol. 92 (Shanghai: Shanghai shudian, 1994), p. 525, 2:38a.

intentions. In his view, "neither [of those statements] can be entirely trusted" (*jie bu ke jin xin* 皆不可盡信).[12] Part of the reason Chen Li thus distanced himself from the eclectic approach was probably that it still assumed the goal of classicism to be retrieving the original meaning of the Classics and the intentions of the sages. As this article argues, Chen Li's pluralist approach to learning in fact rejected that premise.

(2) *The second approach: syncretism*

The term syncretism has been used in English-language research on Chinese history to describe the religious landscape of late sixteenth-century China, denoting the view that Confucianism, Buddhism, and Daoism could "coalesce into one creed." [13] While eclecticism focused on identifying strengths and eliminating weaknesses, the syncretic approach strove toward amalgamation. It was thought that superficial differences between moral systems could be transcended to show that they were essentially one and the same.

The word syncretism has also been used to describe Chen Li's attitude to the Han-Song debate.[14] A strictly syncretic take on the Han-

12 Chen Li, *Dongshu dushu lunxue zhaji*, p. 361:23.
13 Matteo Ricci, trans. Louis J. Gallagher, *China in the Sixteenth Century: The Journals of Matthew Ricci: 1583-1610* (New York: Random House, 1953), p. 105. See also Timothy Brook, "Rethinking Syncretism: The Unity of the Three Teachings and Their Joint Worship in Late-Imperial China," *Journal of Chinese Religions,* 21:1 (1993), pp. 13-44.
14 For example, Miles, *The Sea of Learning*, pp. 201-36.

Song debate would involve the assumption that Zheng Xuan and Zhu Xi, for example, ultimately agreed on all essential matters, be they textual or moral. Zhang Binglin 章炳麟 (1869-1936) was probably the first to claim that Chen Li's thought represented such a position. Zhang said:

> 陳澧……始勾合漢、宋，爲諸《通義》及《讀書記》，以鄭玄、朱熹遺說最多，故棄其大體絕異者，獨取小小翕盍，以爲比類。此猶揃豪於千馬，必有其分刌色理同者。
>
> Chen Li [. . .] was the first to combine Han and Song Learning, which is why his [*Hanru*] *tongyi* and [*Dongshu*] *dushuji* mostly cite fragments from Zheng Xuan's and Zhu Xi's writings. To prove that they were the same he ignored all the big issues that those two scholars disagreed on and collected every tiny example where they seemed to agree. This is like clipping one hair from a thousand horses and then finding one more that is like it in color and texture.[15]

Zhang Binglin was evidently not sympathetic either to Chen Li's work or to the syncretic approach, and this statement was probably colored by his personal falling out with Liang Dingfen 梁鼎芬 (1859-1919), one of Chen Li's students.[16] Nevertheless, some scholars still maintain that Chen Li

---

15 Zhang Binglin, "Qingru" (Qing Scholars), in Xu Fu, ed., *Qiushu xiangzhu* (*Qiushu* with Detailed Commentary) (Shanghai: Shanghai guji chubanshe, 2000), pp. 132-75, at pp. 162-63.
16 Li Xubai, "Dongshu xuepai yu Han-Song tiaohe" (The Dongshu School and Han-Song Reconciliation), in Guan Xiaohong and Sang Bing, eds., *Xian yin hou chuang yu bu po bu li: Jindai Zhongguo xueshu liupai yanjiu* (Creating Based on Tradition, or Rejecting Tradition to Create: Research on Schools of

viewed Zhu Xi's thought as being entirely compatible with that of Zheng Xuan.[17]

While it is true that Chen Li pointed out certain similarities between Han scholars and Song dynasty thinkers, he never made such a blanket statement about their compatibility. In fact, Chen Li was more sensitive than most of his contemporaries to individual and historical difference and his pluralist approach to learning has no similarity with the kind of syncretism that Zhang Binglin described.

(3) *The third approach: pluralism*

The pluralist attitude to the Han-Song debate differed from the syncretic and eclectic positions by allowing for the coexistence of independent and incompatible truth claims, each potentially as valid as the other. Liu Shipei 劉師培 (1884-1919) was perhaps the first to suggest a pluralist interpretation of Chen Li's ideas. In an essay entitled "Qingru deshi lun" 清儒得失論 (On the Achievements and Mistakes of Qing Scholars), Liu Shipei used language that suggested such a reading.[18] He

---

Scholarship in Early Modern China) (Beijing: Shenghuo · Dushu · Xinzhi sanlian shudian, 2007), pp. 75-194, at p. 157.

[17] E.g., Zhang Xun , *Daoshu jiang wei tianxia lie: Qing zhongye "Han-Song zhi zheng" de yi ge sixiangshi yanjiu* (The World Will Rip This Way Apart: Research on the Han-Song Debate in Mid-Qing Intellectual History) (Guilin: Guangxi shifan daxue chubanshe, 2017), p. 183.

[18] It should also be noted that Liu often adopted essentially the same view of Chen Li and his students as Zhang Binglin, arguing for example that Chen Li "praised both Zheng Xuan's and Zhu Xi's teachings, but failed to identify the differences

wrote:

朱、陳稍近名，各以其學授鄉里，然束身自好，不愧一鄉
之善士。惟學術既近於模稜，故從其學者，大抵以執中爲
媚世。

Zhu [Ciqi] and Chen [Li] were somewhat hungry for fame and each taught in his own local area, but they deported themselves well and may be taken as good local models. However, since their teachings were somewhat ambiguous, their followers mostly adopted a neutral stance to ingratiate themselves with others.[19]

While not elaborated in any detail, Liu Shipei's characterization of Chen Li's thought as "ambiguous" and "neutral" hints at a recognition of its pluralist nature, but in negative and critical terms. More recent scholarship has reinforced this reading. Huang Zhan, for example, noted that Chen Li's view of Han and Song Learning as distinctive but equally comprehensive philosophical systems engendered a new question: "Can two measures of truth exist simultaneously for one and the same

---

between them" (*chong Zhengxue er bing chong Zhuxue wei bu neng cha qi yitong zhi suo zai*). See Liu Shipei, "Han-Song xueshu yitong lun" (On the Differences Between Han and Song Learning), in Wan Shiguo, ed., *Yizheng Liu Shenshu yishu* (Liu Shipei's Posthumous Works) (Yangzhou: Guangling shushe, 2014), pp. 1583-1607, at p. 1586; see also Liu, "Nan bei xuepai butong lun" (On the Differences Between Southern and Northern Learning), in *Yizheng Liu Shenshu yishu*, pp. 1609-1653, at p. 1644.

19 Liu Shipei, "Qingru deshi lun" (On the Achievements and Mistakes of Qing Scholars), in *Yizheng Liu Shenshu yishu*, pp. 4639-53, at p. 4649.

question?" [20]

Chen Li answered that question in the affirmative and with none of the negative connotations that Liu Shipei later attached to it. It was conceivable and seemed rational for Chen Li to think that even though Zheng Xuan and Zhu Xi had produced two entirely different Confucian visions, both visions could be equally true and valid. Even when they were incompatible beyond any hope of syncretism, the validity of one did not necessarily question the validity of the other. The remainder of this article describes this holistic sense of pluralism in Chen Li's mature writings and suggests how it connected to his rejection of original meaning as the ultimate goal of Confucian classicism.

3. Chen Li on the Difference between Han and Song Learning

To characterize Chen Li's approach to the Han-Song debate as pluralist in the sense described above, it is necessary to first address and refute the view, introduced by Zhang Binglin, that Chen Li failed to grasp the fundamental differences between Han and Song Learning. For that purpose, this article follows Zhang Lizhu's division of the Han-Song debate into three levels: methodological comparisons, commentarial

---

[20] Huang Zhan, "Puxi chongjian yu lunxue kunjing — Chen Li de tiaohe lun jiqi yili sixiang zai tantao" (Reconstructed Genealogies and Scholarly Predicaments: A Re-examination of Chen Li's Reconciliation Theory and Philosophical Thought), *Rao Zongyi guoxueyuan yuankan*, 5 (2018), pp. 315-43, at pp. 332-33.

preferences, and differences in terms of values or worldviews.[21] By looking at Chen Li's attitude on each of those levels, it is possible to see exactly where he identified similarities and differences between the two approaches to Confucian learning.

(1) *The first level: methodological comparisons*

During the Qian-Jia reigns, a segment of Chinese literati with roots in Jiangnan promoted a reliance on philological and sometimes observational evidence in classical studies as a methodological breakthrough.[22] In its broadest sense, the term Han Learning has been used to denote that movement.[23] Qian Mu argued that Chen Li's scholarship was a

21 Zhang Lizhu, *Qingdai de yili xue zhuanxing* (A Philosophical Turn in the Qing Dynasty) (Taipei: Liren shuju, 2006), pp. 127-128.

22 The most influential account of this movement in English is Benjamin A. Elman, *From Philosophy to Philology: Intellectual and Social Aspects of Change in Late Imperial China* (Cambridge, Mass: Council on East Asian Studies, Harvard University, 1984).

23 Han Learning may also refer to an exclusive focus on Han dynasty sources, as promoted by Hui Dong (1697-1758). A clear distinction between that narrow definition of Han Learning and evidential research more generally was introduced in Jiang Fan's (1761-1831) *Hanxue shicheng ji* (Record of the Transmission of Han Learning) and is acknowledged in Chen Li, *Dongshu zazu*, in *Chen Li ji*, vol. 2, p. 651 and 661. The strict division into Wu and Wan "schools" of scholarship, however, was a later invention by Zhang Binglin and Liang Qichao (1873-1929), see Sang Bing, "Zhongguo sixiang xueshushi shang de daotong yu paifen" (Daotong and Lineages in the Chinese History of Thought and Scholarship), in *Xian yin hou chuang yu bu po bu li: Jindai Zhongguo xueshu liupai yanjiu*, pp. 1-42, at pp. 9-11.

continuation of this Qian-Jia philology following the maxim that "only when the ancient glosses are understood can moral principles be grasped (*guxun ming er hou yili ming* 古訓明而後義理明).24

While Chen Li excelled in several philological fields, however, his mature writings show him clearly distancing himself from the heritage of Qian-Jia philology. For one thing, he disputed the claim that a reliance on hard facts and evidence was a defining feature of Qing classicism that set it apart from earlier scholarship or other forms of learning. Already the *Mencius*, he noted, relied extensively on citation and evidence-based reasoning:

> 其引〈蒸民〉之詩，以證性善，性理之學也；引「雨我公田」，以證周用助法，考據之學也。

> When [Mencius] cites "Zhengmin" from the *Shijing* as evidence to support his doctrine that human nature is inherently good, he is philosophizing about human nature and universal coherence. When he cites ["Datian" from the *Shijing* as saying] "may it rain first on our public fields" as evidence to show that the Zhou dynasty relied on public fields for taxation, he is engaged in evidential research.25

The realization that argument must be supported by evidence was thus no recent invention. Moreover, while Chen Li wrote the *Hanru tongyi* to demonstrate that Han scholars thought deeply about philosophical topics,

---

24 Qian Mu, *Zhongguo jin sanbainian xueshushi*, p. 681.
25 Chen Li, *Dongshu dushu ji*, in *Chen Li ji*, vol. 2, p. 54.

this was not to deny that they also excelled in philology and the preservation of textual glosses.[26] Like Mencius before them, Han scholars relied on evidence to draw general conclusions about history and their own society.

Scholars less favored by the Qian-Jia philologists had also accumulated considerable evidence to support their ideas. Chen Li pointed out that the Tang writer Han Yu 韓愈 (768-824), for example, frequently used evidential research techniques in his essays,[27] and Zhu Xi (1130-1200) relied heavily on textual glosses preserved in Han-Tang commentaries, especially when compiling the *Yili jingzhuan tongjie* 儀禮經傳通解 (Comprehensive Analysis of the Canonical Text and Commentaries to the *Yili*). Chen Li noted that:

> 此諸條，有補疏者，有駁疏者，有校勘者，有似繪圖者，與近儒經學考訂之書無異。近儒之經學考訂，正是朱子家法也。

Among these passages are examples of improving or criticizing the sub-commentaries, as well as of collation and even the drawing of diagrams. This is all the same sort of evidential research that today's scholars engage in. The evidential research promoted by modern scholars is therefore

---

26 See Chen Li's preface to the *Hanru tongyi*, in *Chen Li ji*, vol. 5, p. 115.
27 Li Fubiao, "*Changli xiansheng wenji* Chen Li fuzi pidian de xueshu jiazhi" (The Scholarly Value of Chen Li's and His Son's Notes on Han Yu's Collected Works), *Wenxian*, 4(2010), pp. 69-74, at pp. 71-72.

exactly the same method as was promoted by Zhu Xi.[28]
Other Song scholars showed a similar interest in evidential research, and
even Cheng Yi 程頤 (1033-1107) based his readings on a careful
examination of words and phrases. Chen Li cited the Northern Song
scholar, saying:

> 伊川先生曰：「凡看文字，須先曉其文義，然後可以求其
> 意。未有文義不曉而見意者也。」此與近儒講訓詁者正
> 同。

> Master Cheng Yi said: "Whenever one reads something, it is
> necessary to first grasp the literal meaning and only then
> pursue its significance. No one can grasp the significance of a
> text before first understanding it on a literal level." This is
> exactly what modern day scholars say about the importance of
> philology.[29]

A reliance on textual evidence had thus been commonplace in the
Confucian tradition and was not an exclusive characteristic of Han
Learning during the Qian-Jia reigns. The particulars of what counted as
reliable evidence and how to evaluate it may have changed, but Chen Li
unambiguously rejected the notion that methodology as such set Qing
philology or Han Learning apart from the Neo-Confucian tradition and
Song Learning.

---

28 Chen Li, *Dongshu dushu ji*, p. 152.
29 Chen Li, *Dongshu zazu*, p. 588.

(2) *The second level: commentarial preferences*

Another popular view on the difference between Han and Song Learning was that their arguments relied on dissimilar sources. For example, Hui Dong had claimed to rely on Eastern Han scholarship because its roots could allegedly be traced directly to Confucius' disciples.[30] By contrast, defenders of Zhu Xi's work claimed that their master had built a bridge across the misconceptions introduced by Han-Tang scholars to gain more direct access to the Classics.

To test such assertions, Chen Li analyzed citations and influences in both the Cheng-Zhu and Han Learning corpora, paying special attention to passages where a predecessor could be readily identified but remained unacknowledged. He demonstrated that Zhu Xi's commentaries in fact often followed the glosses and interpretations of Han scholars.[31] Even as the *Zhuzi yulei* 朱子語類 (Categorized Sayings of Zhu Xi) stated that no reliable sources existed for the study of ancient ritual, for example, the *Yili*

---

30 Hui Dong, "Jiujing guyi shushou" (Prelude to *Jiujing guyi*) in Hui Zhouti, Hui Shiqi and Hui Dong auth., Qi Yongxiang, ed., *Dong Wu san Hui shiwenji* (Collected Poetry and Prose of the Three Hui in Suzhou) (Taipei: Zhongguo wenzhe yanjiusuo, 2006), p. 300.

31 Chen Li, *Xuesilu xumu* (On the Structure of the *Xuesilu*), in *Chen Li ji*, vol. 2, pp. 773-774:3; and Chen Li, *Dongshu dushu ji*, pp. 38-39. One of Chen Li's students also noted that Zhu Xi's commentaries were based on Han-Tang sources, see Chen Changyuan, "Du *Lunyu jijie*" (Reading the *Lunyu jijie*), in *Jupo jingshe ji* (Collected Essays from the Jupo Jingshe Academy), in *Guangzhou dadian,* vol. 514 (Guangzhou: Guangzhou chubanshe, 2015), pp. 629-30, 6:7a-9a.

jingzhuan tongjie was largely based on Han-Tang commentaries.[32] Research that Chen Li completed for the *Hanru tongyi*, moreover, confirmed that many terms and concepts in Song dynasty philosophy could be traced to the imperially sanctioned Tang commentaries.[33] All the available evidence thus showed that Song thinkers, and Zhu Xi in particular, had been highly perceptive and meticulous consumers of the post-Qin commentarial tradition.

Over the course of the eighteenth and nineteenth centuries, a detailed set of quotation practices became a formal requirement in presenting research results, something that allowed a community of scholars to critically scrutinize evidence in its original context. If Song dynasty commentaries often contained the writer's own reflections, the double rows of in-line annotations in Qian-Jia writings were usually packed with source references. One could therefore expect Qing scholars to be more transparent than their predecessors in this regard.[34]

When Chen Li extended his citation analysis to the works of Qing

---

32 Chen Li, *Dongshu dushu ji*, pp. 38-39 and 151. Modern scholars also note that this work was based on the commentaries of Jia Yi (200-169 BC) and Zheng Xuan, see Wang Zhiyang, *Yili jingzhuan tongjie yanjiu* (Research on the *Yili jingzhuan tongjie*) (Beijing: Shehui kexue wenxian chubanshe, 2018), p. 224.
33 Chen Li, *Dongshu dushu ji*, pp. 179-80; and *Xuesilu xumu*, pp. 773-74:3.
34 Chen Li acknowledged that Song dynasty writings should not be evaluated against the academic standards of Qing scholarship, as when he tempered Zhao Qiying's criticism of Zhu Xi by saying that one could not expect a Song dynasty writer to cite every instance where he followed earlier works, see Chen Li, *Dongshu zazu*, p. 532. The same went for the Tang dynasty compilations, see *Dongshu zazu*, p. 721.

philologists, however, he found that new formal requirements were often more aesthetic than real. Under the surface, Qian-Jia scholars were just as prone to downplaying their debts to predecessors as Song scholars had been. One example were critiques of the Old Text chapters of the *Shangshu* by Yan Ruoqu 閻若璩 (1636-1704) and Hui Dong.[35] Chen Li did not disagree with the conclusion that these chapters were latter-day forgeries, but a careful reading of earlier commentaries showed that readers long before the Song dynasty had already noted that the Old Text chapters copied passages from other texts.[36] The failure of Yan Ruoqu and Hui Dong to recognize those precedents, Chen Li held, either demonstrated their ignorance of earlier commentaries or represented deliberate plagiarism. Either way, it showed how selective Qing scholars were in choosing what parts of tradition to embrace or distance themselves from.

Another example was Jiang Sheng's 江聲 (1721-1799) *Shangshu jizhu yinshu* 尙書集注音疏 (The *Shangshu* with Commentaries, Pronunciations and Subcommentary), which hardly ever cited the commentary by Cai Shen 蔡沈 (1167-1230) that was being used in the civil service examinations. In fact, however, Jiang Sheng frequently followed the innovations of that Song dynasty work and its departures from the pseudo-Kong Anguo commentary.[37]

---

35 Cf. Elman, "Philosophy (I-li) versus Philology (k'ao-cheng): The Jen-hsin Tao-hsin Debate," *T'oung Pao* 69, 4-5 (1983), pp. 175-222.

36 Chen Li, *Dongshu dushu ji*, p. 98.

37 Chen Li, *Dongshu dushu ji*, pp. 99-100. Perhaps influenced by Chen Li, Qian Mu also mentioned Cai Shen's commentary when noting the imperfection of

Despite developments in academic formatting requirements, Chen Li thus concluded that the fundamental attitude to sources and citation had not changed much from the Song dynasty to the Qian-Jia reigns. Just like Zhu Xi failed to recognize his reliance on Han-Tang commentaries, so the pretense among Qing philologists at building a bridge over a prolonged period of "empty speculation" often merely amounted to ignoring and burying the contributions of predecessors on whom they consciously or not relied.[38]

(3) *The third level: changing values and worldviews*

As described above, Chen Li did not agree with the claim, as common today as it was in the nineteenth century, that methodology or the selection of sources marked a significant difference between Han and Song Learning. However, this did not mean that he saw *no* difference between the two forms of Confucian learning. Notwithstanding Zhang Binglin's spiteful remarks, Chen Li was well aware of the differences between Zheng Xuan's and Zhu Xi's thought. But if those differences were not methodological or based on commentarial preferences, what did they consist in and what accounted for them?

Chen Li held that variations in learning and knowledge depended primarily on historical context: A given attitude to learning was the

---

Qing scholars' citation practices, see Qian Mu, *Zhuzi xin xue'an* (Zhu Xi: A New Intellectual History) (Taipei: Sanmin shuju, 1971), p. 187.

[38] Chen Li, *Dongshu dushu ji*, pp. 76-77 and 152.

expression of a particular worldview. In other words, Han and Song Learning should not be understood as "schools" or "intellectual lineages" so much as the classicist expression of values in specific times and places.

For example, Han dynasty commentaries to the *Yijing* had been a hot topic in Guangzhou when Chen Li was a budding scholar in the 1830s. Yu Fan's 虞翻 (164-233) work in particular became a litmus test for those who wished to pass the Xuehaitang examinations.[39] Chen Li took little interest in these numerical and calendrical readings of the *Yijing*, and student essays written under his direction at the Jupo Jingshe Academy during the 1860s and 70s were often critical of Yu Fan's commentaries.[40] Yet Chen Li did not categorically reject Yu Fan's approach to the *Yijing*. Instead, he wrote:

> 孟、京、虞之說自爲漢《易》，邵氏之《易》自爲宋《易》，可也。以爲周《易》，以爲伏義之《易》，則不可耳。

> The interpretations by Meng [Xi], Jing [Fang], and Yu [Fan] are the *Yijing* of the Han dynasty. Shao [Yong's] interpretation is the *Yijing* of the Song dynasty. This is unproblematic. However, it would be incorrect to say that any of those interpretations represent the *Yijing* of the Zhou dynasty or of

---

39 Cf. Miles, "Celebrating the Yu Fan Shrine: Literati Networks and Local Identity in Early Nineteenth-Century Guangzhou," *Late Imperial China,* 25:2 (2004), pp. 33-73.

40 For example, Lin Guozan, "Yu Fan Lu Ji lun er" (Second Essay on Yu Fan and Lu Ji), *Jupo jingshe ji*, pp. 682-683, 9:18a-20a.

Fuxi.[41]

This could conceivably be read as a rejection of both Han and Song dynasty interpretations of the *Yijing*, but considered in the wider context of Chen Li's mature writings he most likely meant that commentaries naturally looked different depending on the historical period during which they had been written. It was therefore beside the point to debate which reading lay closer to the original meaning of the *Yijing*.

Chen Li's contemporaries often misunderstood or failed to grasp this point, that commentaries from different historical periods were equally important and potentially equally valid. For example, when he proposed that students should focus on a single Classic, Chen Li's colleagues thought that he meant to encourage more specialization to get at the real meaning of the early Confucian texts. The actual reason Chen Li wanted students to focus on one Classic only, however, was to let them expand their readings to commentaries from all historical periods. A wide exposure to different interpretations was for him more important than mastering the pre-Qin canon, and students who tried to study all the Classics had no time to read widely in the commentarial tradition.[42]

Every historical period produced distinct types of thinkers, and each important thinker gave expression to his individual worldview. Chen Li emphasized and wanted his students to see this immense variety of values and worldviews among thinkers in separate times and places. He wrote:

---

[41] Chen Li, *Dongshu zazu*, p. 580.
[42] Chen Li, *Dongshu zazu*, pp. 644-45.

一朝有一朝學術，漢經學、南北朝唐人義疏、宋道學、明
忠義、本朝經學。古今大儒，一人有一人學術之善。

Each dynasty had its own form of learning. There was the
classicism of the Han, the sub-commentaries of the Northern
and Southern dynasties and of Tang scholars, the *daoxue* of
the Song, the righteousness of the Ming, and there is the
classicism of the present Qing dynasty. The works of great
scholars past and present are all attractive in their own way.[43]

For Chen Li, Han and Song Learning each consisted of the works
produced by great thinkers in different historical contexts. They were
classicist expressions of the values that had permeated a time, a place, and
an individual. Therein lay the reason for differences between the
commentarial or philosophical writings of scholars in the Han or Song
dynasties, or any other period of Chinese history.

Chen Li's standpoint in this regard also implicitly prescribed how
Han and Song Learning should *not* be understood. They should not,
according to Chen Li, be viewed as two separate schools of thought with
competing claims to truth, the Way, or the original meaning of the
Classics. All attempts to cast them as such and define their differences in
terms of methodology served only partisan purposes and muddied the
waters of historical inquiry. When seen in this light, Chen Li's refusal to
pick a side in the Han-Song debate or to adjudicate between Zheng Xuan
and Zhu Xi appears less enigmatic, and Zhang Binglin's misrepresentation

---

43　Chen Li, *Xuesilu xumu*, p. 772:21.

of Chen Li's position may also be laid to rest as the partisan jab that it undoubtedly was.

4. Consensus versus Coexistence: The Notion of Jiancun

Since Chen Li did recognize the existence of significant differences between Han Learning and Song Learning, in the manner discussed above, the question remained what attitude one should adopt toward such differences. This article has already suggested that Chen Li's attitude was one of pluralism, which differed from the eclectic and syncretic approaches that many Qing scholars adopted. By sidestepping the pursuit of original meaning that lay at the core of Qian-Jia philology, Chen Li was free to appreciate both Han and Song Learning in their entirety, without having to either pick a side, mediate between, or otherwise seek to combine them. Chen Li understood the radical implications of his position and proceeded to identify historical precedents to show that the search for ultimate consensus that permeated classicist scholarship in his own time had not always been such an ingrained part of Confucian learning.

When planning the main themes of his *Xuesilu*, Chen Li suggested the existence of an epistemological framework of "coexistence" (*jiancun* 兼存), which he placed on the same level as and contrasted with the maxim of "searching for truth in actual facts" (*shishi qiushi* 實事求是) that guided the Qian-Jia philologists. He also compared these two frameworks with other approaches, which had competed for official approval during the Han dynasty. There was He Xiu's 何休 (129-182) method of eliminating textual and interpretive variants by bringing them in line with a single commentarial tradition (*moshou* 墨守), Xu Shen's 許慎 (ca. 58-148) eclectic approach of relying on his own judgment when combining elements from various traditions (*yiyi* 異義), and Zheng Xuan's attitude of staying true to one tradition while clearly noting his own opinions when they differed from the main commentary (*jian* 箋).[44]

Throughout his published and unpublished writings, Chen Li expressed a particular interest in this notion of coexistence as an antipode to the common ideal of consensus in classical scholarship. This section will discuss some of those passages to further demonstrate Chen Li's deep concern with a pluralist way of thinking as opposed to the pursuit of original meaning.

(1) *Han dynasty debates*

In 1858, when foreign forces occupied Guangzhou and Chen Li fled with his family to Hengsha village, his student Hu Xiyan 胡錫燕 (1825-1872) composed a preface to the first printed edition of the *Hanru tongyi*. In this preface, he emphasized that Chen Li never meant to present Han dynasty thought as a monolithic philosophy. On the contrary, the

---

[44] Chen Li, *Xuesilu xumu*, pp. 769:8. On the hermeneutical approaches of Han scholars, see also Chen Li, "Zishu" (Autobiography), in *Chen Li ji*, vol. 2, p. 10; "Zhengshi quanshu xu" (Preface to the Collected Works of Zheng Xuan), in *Dongshu ji*, p. 113; and *Dongshu dushu ji*, p. 211.

compilation went to some length to preserve the variety of opinions among Han scholars and "allow them to coexist" (*jian er cun zhi* 兼而存之).[45] One question that Han scholars disagreed on was whether to adopt a pluralist approach to the Confucian Classics or aim to establish a single orthodoxy. The *Baihutong* 白虎通 (Comprehensive Discussions in the White Tiger Hall), for example, recorded a concern that "if alternative readings are allowed to coexist, students will be confused" (*yishuo bingxing ze dizi yi yan* 異說並行，則弟子疑焉).[46]

Ban Gu 班固 (32-92), the purported editor of the *Baihutong* discussions, appeared to favor coexistence over consensus. In a letter that Chen Li wrote to Gui Wencan 桂文燦 (1823-1884) not long before the occupation of Guangzhou, he referred to a passage in the *Hanshu* 漢書 (History of the Han Dynasty) that discussed emperor Liu Che's (r. 141-87 BC) decision to establish erudites for various interpretive traditions of the Five Classics. Ban Gu evaluated that event, saying: "Within this practice [of establishing erudites] is the way of preserving those [traditions] that are at risk of being lost, and allowing them to coexist" (*suo yi wangluo yishi, jian er cun zhi, shi zai qi zhong yi* 所以罔羅遺失，兼而存之，是在其中

---

[45] Hu Xiyan, *Hanru tongyi ba* (Postface to the *Hanru tongyi*), in *Chen Li ji*, vol. 5, p. 246. This also meant that Chen Li in no way presented Han philosophy as identical to or compatible with Cheng-Zhu thought, as Cao Meixiu has perceptively pointed out. See Cao Meixiu, "Hanru tongyi xilun" (Analysis and Discussion of the *Hanru tongyi*), *Zhongguo wenzhe yanjiu jikan*, 30 (2007), pp. 267-306, at pp. 297-98.

[46] Chen Li, *Hanru tongyi*, p. 146.

矣).[47]

During the late 1850s, Chen Li was thus intrigued by this notion of coexistence and his letter to Gui Wencan went on to discuss the impossibility of attaining perfection in classical studies. In a different context, he also connected the same *Hanshu* passage to a section from the *Jinshu* 晉書 (History of the Jin Dynasty), which made a case for preserving alternative interpretations of texts and events. Oftentimes, it argued, more than one reasonable conclusion can be reached even about phenomena that are directly observable, and the prudent course of action in such cases is to allow different viewpoints to coexist (*cun qi liang shuo* 存其兩說).[48]

The fact that Chen Li not only extracted passages like these, but also strung them together and allowed them to illuminate one another indicates that he viewed interpretive pluralism as a larger issue with broad implications, an impression further substantiated by other passages that he extracted from texts written in later dynasties.

---

47 Chen Li, "Yu Gui Haoting shu" (Letters to Gui Wencan), *Dongshu ji waiwen*, pp. 440-42. Ban Gu's words are somewhat enigmatic and my translation is meant to reflect Chen Li's reading. Another possible translation would be "this is the way of preserving all that are at risk of getting lost, and [even though incorrect passages are also allowed to exist,] the correct one will surely be among them." For the latter reading, see Ban Gu, trans. Otake Takeo, Kanjo (History of the Former Han Dynasty), vol. 2 (Tokyo: Chikuma shobō, 1977-1981), p. 234.

48 Chen Li, *Dongshu zazu*, pp. 703-704.

(2) *Song-Ming voices against consensus*

The preference for coexistence in Confucian classicism was almost
entirely lost in Cheng-Zhu thought and the Qian-Jia philological
movement, which both were used as foundations for intellectual
orthodoxy. While reflecting on a passage in the *Hou Hanshu* 後漢書
(History of the Eastern Han Dynasty) that encouraged "widening the range
of alternative readings" (*guang yiyi* 廣異義), Chen Li lamented those later
developments, saying:

> 前明尊宋儒而盡棄漢唐注疏，近儒尊漢學而盡棄程、朱之
> 書，皆非所以求道眞、廣異義也。
>
> During the Ming dynasty, the writings of Song scholars were
> elevated at the cost of Han-Tang commentaries, which were
> abandoned. Today's scholars elevate Han Learning at the cost
> of Cheng-Zhu writings, which they all abandon. This is not a
> good method of pursuing the true way or "widening the range
> of alternative readings." [49]

The rejection of alternatives (*yiduan* 異端) in Cheng-Zhu thought, along
with the early Ming popularization of *daoxue* in a rapidly expanding civil
examination system, and the rise of Han Learning during the Qian-Jia
reigns had all been assaults on ambiguity and intellectual pluralism,
leaving behind a universalizing and profoundly monist understanding of
Confucianism. Willingness to preserve conflicting readings had become a

---

[49] Chen Li, *Dongshu zazu*, p. 446.

minority position and Chen Li saw his contemporaries vie to produce final answers, reach a new consensus, and ultimately contribute to establishing an orthodox Confucianism.

Even so, there had always been scholars who felt uneasy about such universalizing tendencies. Chen Li made a habit of recording passages that referenced this tension between monist and pluralist approaches to learning, passages which, when taken together, trace the outlines of something like a pluralist tradition in the history of Chinese thought. For example, Chen Li cited Wang Xiang's 王庠 (b. 1074) biography in the *Songshi* 宋史 (History of the Song Dynasty), saying:

> 「……嘗以經説寄蘇軾，謂二帝三王之臣皆志於道，惟其自得之難，故守之至堅。自孔、孟作六經，斯道有一定論，士之所養，反不逮古，乃知後世見六經之易，忽之不行也。軾復曰：『經説一篇，誠哉是言。』」澧謂：此正可移以論朱子四書注矣。朱子以前儒者自得之難，故守之至堅，自朱子注四書，斯道有一定之論，士之所養，反不逮古，亦後世讀四書之易故也。安得有東坡其人者，以吾言質之。

"[Wang Xiang] once sent to Su Shi an essay, which argued that when officials serving the Two Emperors and Three Kings [of antiquity] aligned their ambitions with the Way, they were able to hold onto it with such strength only because they had worked so hard to understand it in the first place. Once Confucius and Mencius produced the Six Classics as an authoritative statement on the Way, however, self-cultivation among officials surprisingly declined. The reason was that later scholars had too easy access to the Six Classics, and thus no longer treasured their teachings or put them into practice. Su Shi responded, saying: 'This essay is right on the mark'." Chen Li notes: This argument can be transposed to a discussion of Zhu Xi's commentaries on the Four Books. Before Zhu Xi, scholars had to work so hard to understand those teachings that, once they did, they held onto them with all their strength. Once Zhu Xi's commentaries appeared as an authoritative statement on the Way, however, self-cultivation among officials surprisingly declined. The reason was simply that it had become too easy to read the Four Books. If only there was a way to meet Su Shi and ask his opinion on this.[50]

The point was not to criticize Zhu Xi's readings of the Four Books. Even if Zhu Xi's commentaries had been perfectly consistent with the intentions of the sages, Chen Li held, they still could not be a final interpretation. The process of understanding involved more than finding the correct lexical definitions and philosophical arguments; it had to be experienced anew by each person through reading and application.[51] Ultimate consensus about

---

[50] Chen Li, *Dongshu dushu ji gao bu fen juan* (Draft of the *Dongshu dushu ji*, No Chapter Divisions), in *Guangzhou dadian,* vol. 150, p. 37:3.

[51] This viewpoint was well expressed by Fang Dongshu (1772-1851), who compared reading and writing about the Classics to the fitting of hats and shoes, see his preface to *Jinxiu pulu* (Treatise on Self-cultivation), in Zheng Fuzhao, *Yiwei Fang xiansheng nianpu* (Chronological Biography of Fang Dongshu), in *Fang Dongshu ji,* in Yan Yunshou, Shi Liye and Jiang Xiaojiao, eds., *Tongcheng*

the meaning of the Classics, if achievable, would only spell the end of Confucian tradition.

In a similar vein, Chen Li showed his appreciation for the scholarship of Sima Guang 司馬光 (1019-1086), who had opposed Wang Anshi's 王安石 (1021-1086) push for an orthodox educational curriculum with the argument that a variety of opinions ought to be allowed to coexist (jiancun).[52]

Ming scholar Gui Youguang 歸有光 (1507-1571) also praised the Han dynasty establishment of erudites and lamented the homogenizing trend that had begun with the imperial compilation of commentaries under emperor Taizong (r. 627-649). Chen Li was reading Gui Youguang's work in the fall of 1860,[53] and cited him saying:

> 至貞觀《正義》之行，則前代諸家不復兼存，而其説始歸
> 於一。學者徒誦習之以希世，而唐之儒林衰矣。宋之大
> 儒，始著書明孔、孟之絶學，以輔翼遺經。至於今，頒之
> 學官，定爲取士之格，可謂道德一而風俗同矣。然自太學
> 以至郡縣學，學者徒攻爲應試之文。夫古今取士之塗，未

---

　　pai mingjia wenji, vol. 1 (Hefei: Anhui jiaoyu chubanshe, 2014), pp. 620-21.

52　James T. C. Liu, *China Turning Inward: Intellectual-political Changes in the Early Twelfth Century* (Cambridge, Mass: Council on East Asian Studies, Harvard University, 1988), p. 51. For Chen Li's praise of Sima Guang, see his *Dongshu dushu lunxue zhaji* (Dongshu Notes from Reading and Discussion), p. 394:186; and "Xian fujun suo du Zizhi tongjian shu hou" (Note on the Copy of *Zizhi tongjian* that My Late Father Used to Read), in *Dongshu ji*, pp. 93-95.

53　Chen Li, "Wanger qinian jiwen" (Commemorative Essay Written One Year after Losing My Son), in *Dongshu ji*, pp. 256-258, at p. 257.

有如今之世專爲一科者也。

Following the compilation of the *Correct Meanings* in the
Zhen'guan reign (627-649), the various teachings of previous
generations were reduced to one and no longer coexisted.
Scholars only studied [the *Correct Meanings*] to be in line
with expectations and thus Tang scholarship declined. Not
until the Song dynasty did great scholars again write about the
lost teachings of Confucius and Mencius, so as to revive
interest in the Classics. Their books have now been
disseminated to educational officials and established as the
measure by which to award examination degrees. This is
certainly a streamlining of ideology and social mores.
However, from the imperial academy down to the prefectural
and district schools, students now only regard them as
material for examination essays. Never before has there like
now been but a single path to becoming a degree-holder.[54]

Again, attempts to achieve consensus only weakened the Confucian
tradition. Counter-intuitively, it seemed that removing ambiguity and
alternative viewpoints was not conducive to unity so much as it diluted the
passions of the educated classes and impeded the development of
individual talent. The policy of "streamlining ideology and social mores"
(*yi dao tong feng zhi zhi* 一道同風之治) was reinforced again by the

---

54 Chen Li, *Dongshu zazu*, p. 633.

Manchu emperors of the Qing dynasty,[55] perhaps at the cost of suppressing the variety of talents that could have flourished if they had been encouraged to pursue and excel at different forms of learning.

(3) *The aim of Confucian classicism*

The concern with developing individual talent and allowing students to follow whatever path suited them best became a pronounced theme in Chen Li's educational thought at the Jupo Jingshe Academy during the 1860s and 70s. He seldom discussed with his students whether it was Zhu Xi's commentaries or the investigations by Qian-Jia philologists that best approximated the earliest meaning of the Classics. Instead, Chen Li encouraged them to study the vicissitudes of history and the vast variety of Confucian writings, and to figure out for themselves which type of learning resonated with their passions and personality.[56]

This focus on historical change and concomitant deprecation of recovering original meaning as the primary goal of classical studies seemed to create a problem, however. If students did not first make up their mind as to the correct meaning of the Classics, or at least tentatively adopted a hypothesis based on one or other interpretive school, how could they even begin to evaluate the strengths and weaknesses of historical

---

55 Kangxi, "Preface" to *Rijiang sishu jieyi* (Daily Expositions on the Meaning of the Four Books), in *Wenyuange siku quanshu,* vol. 172 (Taipei: Taiwan shangwu yinshuguan, 1983).

56 Chen Li, *Dongshu zazu*, p. 504; and "Jupo jingshe jianggao" (Jupo Jingshe Lecture Notes), in *Dongshu ji waiwen*, p. 321.

commentators?[57]

Chen Li's response was quite radical. He simply did not find it important to determine who had been right or wrong. "There can be no ultimate right or wrong in learning," he asserted, "and so writing books to correct others is just a pointless exercise" (*xuewen duan bu neng you zhen shifei, zhushu zheng zhi yi wangran er* 學問斷不能有眞是非，著書正之，亦枉然耳).[58] He commended Zheng Xuan's manner of noting his own opinions alongside those of his predecessors, which he contrasted with Cheng Yi's claim to be correcting the "mistakes" (*cuohuichu* 錯會處) of others.[59] Unlike Cheng Yi, the Eastern Han scholar had known the value of pluralism in scholarship.

Following the long-lasting dominance of monist values in both Cheng-Zhu orthodoxy and Qian-Jia scholarship, however, the pursuit of consensus had become so ingrained that intellectual arguments instinctively devolved into partisan debate. Chen Li's work showed that even this search for final answers and original intentions, be they moral or textual, was itself historically conditioned and that Confucian tradition carried within it the seeds for a more open-ended form of learning.

---

[57] This question was still debated in Republican China, see Gu Jiegang, "Zi xu" (Editor's Preface), in Gu Jiegang, ed., *Gushibian* (Debates on Ancient History), vol. 1 (Shanghai: Shanghai guji chubanshe, 1982), pp. 81-82.

[58] Chen Li, *Dongshu dushu lunxue zhaji*, in *Chen Li ji*, vol. 2, p. 357:4.

[59] Chen Li, *Dongshu zazu*, p. 588; see also *Dongshu dushu ji*, p. 110.

5. The Significance of Chen Li's Pluralism

Many of Chen Li's students from the Jupo Jingshe Academy had successful scholarly and official careers and formed the Dongshu school, which grew and flourished well into the 1920s and 30s.[60] Other important late Qing thinkers, such as Zhang Zhidong 張之洞 (1837-1909), were more or less influenced by Chen Li's ideas.[61] Nevertheless, his writings have not found as clear a place in late Qing intellectual history as those of fellow Cantonese scholar Kang Youwei 康有為 (1858-1927), for example.

There could be several reasons for this. Firstly, as Chen Li well knew, his notion that Chinese society could only be saved by altering the minds of men seemed slow and impractical at a time of war and social upheaval.[62] Secondly, his firm grounding in Confucian classicism became outdated after the fall of the examination system and in the new era of the Doubting Antiquity movement. Thirdly, substantial parts of Chen Li's

---

60　Sang Bing, *Wan Qing Min'guo de guoxue yanjiu* (A Study of National Learning in Late Qing and Republican China) (Shanghai: Shanghai guji chubanshe, 2001), pp. 28-33.

61　Yu Meifang, "Chen Li zhi xue de liang qi fanying ji butong liyi", *Xueshu yanjiu,* 3(2014), pp. 100-108.

62　Chen Li, *Dongshu dushu lunxue zhaji*, pp. 366-367:55. Mou Runsun (1909-1988) held that Chen Li's ideas were too far-fetched in a time that required the revolutionary zeal of someone like Gong Zizhen, see Mou, "Gong Ding'an yu Chen Lanfu—Wan Qing sixiang zhuanbian zhi guanjian" (Gong Zizhen and Chen Li: The Turning Point of Late Qing Thought), in Yu Yingshi et al. eds., *Zhongguo zhexue sixiang lunji* (Taipei: Shuiniu chubanshe, 1988), vol. 5, pp. 293-299, at pp. 298-299.

manuscripts, including many of his bolder and more personal writings,[63] remained unpublished until the early 1930s when a selection of passages appeared in *Lingnan xuebao*.[64] Considering these factors, it is hardly surprising that Chen Li's pluralism did not have a more visible impact during the late Qing and Republican periods.

Nevertheless, his redefinition of the aims of Confucian classicism arguably went further even than the Doubting Antiquity movement. As Lin Qingzhang has argued, even as that movement thoroughly historicized the Confucian Classics and abandoned the notion of sagehood, it remained within the discursive bounds of a "return to original sources" (*huigui yuandian yundong* 回歸原典運動) that lay at the core of both Cheng-Zhu thought and Qian-Jia philology.[65] The contribution of Chen Li's pluralism was precisely to extricate Confucian classicism from the constraints of that

---

63 Chen Li was very circumspect about what ideas could be shared with a wider readership, see Wang Fan-sen, "Wang Huiweng yu Yibing riji — jianlun Qing ji lishi de qianliu" (Wang Huiweng and the *Yibing riji*: With a Discussion of the Undercurrents in Qing History), in his *Zhongguo jindai sixiang yu xueshu de xipu (zengding ban)* (The Genealogy of Early Modern Chinese Thought and Scholarship, Expanded Version) (Shanghai: Shanghai sanlian shudian, 2017), p. 78.

64 Chen Li, "Chen Lanfu xiansheng Li yigao" (Chen Li's Posthumous Manuscripts), *Lingnan xuebao* 2:2-3 (1931-32), pp. 149-182 and pp. 174-214.

65 Lin Qingzhang, "Zhongguo jingxueshi shang de huigui yuandian yundong" (The Movement of Returning to Original Sources in Chinese Classicism), *Zhongguo wenhua*, 30 (2009), pp. 1-9. Lin's argument has been questioned but hardly refuted, cf. Yang Jinlong, " 'Zhongguo jingxueshi shang de huigui yuandian yundong' jianping" (Evaluation of the "Movement of Returning to Original Sources in Chinese Classicism"), *Zhongguo wenzhe yanjiu tongxun*, 16:3 (2006), pp. 145-151.

pursuit of original sources and original meanings. That being so, it is possible that the significance of Chen Li's thought should finally be recognized as part of current revivals of interest in Confucianism, where it could contribute to a more open-ended and less fundamentalist form of Confucian learning.

6. Conclusion

This article has argued that among various approaches to the nineteenth-century Han-Song debate, the position that best describes Chen Li's mature thought is one of pluralism. He did not aim to create a more perfect whole by choosing eclectically between different approaches to learning, nor did he adopt a syncretic stance to argue that no real differences existed. Instead, Chen Li accepted the incompatibility of Han and Song Learning, but maintained that both could nevertheless be equally valid.

According to Chen Li, the dissimilarity between Han and Song Learning did not consist either in methodology or commentarial preferences, as was often claimed. Great scholars in both the Han, Song, and Qing dynasties had relied on textual and observational evidence to draw conclusions about life, politics, and the world at large. Moreover, they had all relied heavily on scholarship from dynasties immediately preceding their own, even when they gave the inaccurate impression of "building a bridge" to antiquity. The real difference between Cheng-Zhu thought and Qian-Jia philology was thus neither methodological nor related to sources, Chen Li held, but consisted rather in the historically conditioned values and worldviews that their respective practitioners expressed.

Chen Li's ideas in this regard went beyond the Han-Song debate to address the general relationship between different forms of learning.[66] He took particular interest in a notion of coexistence and the Han dynasty practice of preserving various interpretations of the Classics without necessarily pursuing a single correct reading. Through the later influence of Cheng-Zhu thought and Qian-Jia philology, Chen Li claimed, Confucian classicism had been regrettably transformed into a monist pursuit of consensus and orthodoxy.

As Chen Li taught at the Jupo Jingshe Academy, the primary purpose of classicism was not to solve philological puzzles or to recover the original meaning of the Classics. Instead, students should focus on broadening their minds by stepping into the shoes of thinkers from all times and places, learning to empathize with their differing value systems and experiencing the wide variety of possible worldviews. It was a brand of Confucian classicism that recognized how national and cultural unity could no longer be achieved based on universal agreement about fundamental principles. Instead, Chen Li's response to the declining fortunes of traditional Chinese society was to pursue solidarity through pluralism, empathic understanding, and the acceptance of difference.

---

[66] Cf. Huang Zhan, "Puxi chongjian yu lunxue kunjing—Chen Li de tiaohe lun jiqi yili sixiang zai tantao," p. 320.

Bibliography

Ban Gu 班固. *Kanjo* 漢書 (History of the Former Han Dynasty), trans. Otake Takeo 小竹武夫, vol. 2. Tokyo: Chikuma shobō, 1977-1981.

Berlin, Isaiah. *The Crooked Timber of Humanity: Chapters in the History of Ideas.* New York: Alfred A. Knopf, 1991 [1959].

Brook, Timothy. "Rethinking Syncretism: The Unity of the Three Teachings and Their Joint Worship in Late-Imperial China." *Journal of Chinese Religions* 21:1 (1993): 13-44.

Cao Meixiu 曹美秀. "Chen Li de weixue yu zhushu licheng" 陳澧的爲學與著述歷程 (The Trajectory of Chen Li's Scholarship and Writing). *Donghua renwen xuebao* 15 (2009.7): 129-163.

_____. "Hanru tongyi xilun" 漢儒通義析論 (Analysis and Discussion of the *Hanru tongyi*). *Zhongguo wenzhe yanjiu jikan* 30 (2007): 267-306.

Chen Changyuan 陳昌源. "Du *Lunyu jijie*" 讀論語集解 (Reading the *Lunyu jijie*). In *Jupo jingshe ji* 菊坡精舍集 (Collected Essays from the Jupo Jingshe Academy), ed. Chen Li 陳澧. In *Guangzhou dadian* 廣州大典 (Guangzhou Encyclopedia), vol. 514. Guangzhou: Guangzhou chubanshe, 2015.

Chen Li 陳澧. "Chen Lanfu xiansheng Li yigao" 陳蘭甫先生澧遺稿 (Chen Li's Posthumous Manuscripts). *Lingnan xuebao* 2:2-3 (1931-32): 149-182 and 174-214.

_____. *Dongshu dushu ji* 東塾讀書記 (Reading Notes from Dongshu). In *Chen Li ji* 陳澧集 (Chen Li's Collected Works), ed. Huang Guosheng 黃國聲, vol. 2. Shanghai: Shanghai guji chubanshe, 2008.

_____. *Dongshu dushu ji gao bu fen juan* 東塾讀書記稿不分卷 (Draft of the *Dongshu dushu ji,* No Chapter Divisions). In *Guangzhou dadian* 廣州大典 (Guangzhou Encyclopedia), vol. 150. Guangzhou: Guangzhou chubanshe, 2015.

_____. *Dongshu dushu lunxue zhaji* 東塾讀書論學札記 (Dongshu Notes from Reading and Discussion). In *Chen Li ji* 陳澧集 (Chen Li's Collected Works), ed. Huang Guosheng 黃國聲, vol. 2. Shanghai: Shanghai guji chubanshe, 2008.

_____. *Dongshu ji* 東塾集 (Collected Works from the Eastern Hall). In *Chen Li ji*

陳澧集 (Chen Li's Collected Works), ed. Huang Guosheng 黃國聲, vol. 1. Shanghai: Shanghai guji chubanshe, 2008.

_____. *Xuesilu xumu* 學思錄序目 (On the Structure of the *Xuesilu*). In *Chen Li ji* 陳澧集 (Chen Li's Collected Works), ed. Huang Guosheng 黃國聲, vol. 2. Shanghai: Shanghai guji chubanshe, 2008.

_____. *Xuesi ziji* 學思自記 (Personal Notes on Composing the *Xuesilu*). In *Chen Li ji* 陳澧集 (Chen Li's Collected Works), ed. Huang Guosheng 黃國聲, vol. 2. Shanghai: Shanghai guji chubanshe, 2008.

_____. "Zishu" 自述 (Autobiography). In *Chen Li ji* 陳澧集 (Chen Li's Collected Works), ed. Huang Guosheng 黃國聲, vol. 2. Shanghai: Shanghai guji chubanshe, 2008.

Elman, Benjamin A. *From Philosophy to Philology: Intellectual and Social Aspects of Change in Late Imperial China*. Cambridge, Mass: Council on East Asian Studies, Harvard University, 1984.

_____. "Philosophy (I-li) versus Philology (k'ao-cheng): The Jen-hsin Tao-hsin Debate." *T'oung Pao* 69, 4-5 (1983): 175-222.

Fang Dongshu 方東樹. *Jinxiu pulu* 進修譜錄 (Treatise on Self-cultivation). In *Yiwei Fang xiansheng nianpu* 儀衛方先生年譜 (Chronological Biography of Fang Dongshu), ed. Zheng Fuzhao 鄭福照. In *Tongcheng pai mingjia wenji* 桐城派名家文集 (Collected Works by Famous Tongcheng Scholars), eds. Yan Yunshou 嚴雲綬, Shi Liye 施立業 and Jiang Xiaojiao 江小角, vol. 1. Hefei: Anhui jiaoyu chubanshe, 2014.

Gu Jiegang 顧頡剛. "Zi xu" 自序 (Editor's Preface). In *Gushibian* 古史辨 (Debates on Ancient History), ed. Gu Jiegang, vol. 1. Shanghai: Shanghai guji chubanshe, 1982.

Hu Xiyan 胡錫燕. *Hanru tongyi ba* 漢儒通義跋 (Postface to the *Hanru tongyi*). In *Chen Li ji* 陳澧集 (Chen Li's Collected Works), ed. Huang Guosheng 黃國聲, vol. 5. Shanghai: Shanghai guji chubanshe, 2008.

Huang Yizhou 黃以周. *Jingji zazhu* 儆季雜著 (Miscellaneous Works by Huang Yizhou). In *Huang Shisan Huang Yizhou heji* 黃式三黃以周合集 (Combined Works of Huang Shisan and Huang Yizhou), eds. Zhan Yayuan 詹亞園 and Zhang Nie 張涅, vol. 15. Shanghai: Shanghai guji chubanshe, 2014.

Huang Zhan 黃湛. "Puxi chongjian yu lunxue kunjing — Chen Li de tiaohe lun jiqi yili sixiang zai tantao" 譜系重建與論學困境——陳澧的調和論及其義理思想再探討 (Reconstructed Genealogies and Scholarly Predicaments: A Re-examination of Chen Li's Reconciliation Theory and Philosophical

Thought). *Rao Zongyi guoxueyuan yuankan* 5 (2018): 315-43.

Hui Dong 惠棟. "Quting lu" 趙庭錄 (Record on Learning from My Elders). In *Jiuyaozhai biji* 九曜齋筆記 (Notes from the Jiuyao Studio). In *Congshu jicheng xubian* 叢書集成續編, vol. 92. Shanghai: Shanghai shudian, 1994.

_____. "Jiujing guyi shushou" 九經古義述首 (Prelude to *Jiujing guyi*). In *Dong Wu san Hui shiwenji* 東吳三惠詩文集 (Collected Poetry and Prose of the Three Hui in Suzhou), ed. Qi Yongxiang 漆永祥. Taipei: Zhongguo wenzhe yanjiusuo, 2006.

Kangxi 康熙. Preface to *Rijiang sishu jieyi* 日講四書解義 (Daily Expositions on the Meaning of the Four Books). In *Wenyuange siku quanshu* 文淵閣四庫全書 (Siku quanshu, Wenyuange ed.), vol. 172. Taipei: Taiwan shangwu yinshuguan, 1983.

Li Fubiao 李福標. "Changli xiansheng wenji Chen Li fuzi pidian de xueshu jiazhi"《昌黎先生文集》陳澧父子批點的學術價值 (The Scholarly Value of Chen Li's and His Son's Notes on Han Yu's Collected Works). *Wenxian* 4 (2010): 69-74.

Li Xubai 李緒柏. "Dongshu xuepai yu Han-Song tiaohe" 東塾學派與漢宋調和 (The Dongshu School and Han-Song Reconciliation). In *Xian yin hou chuang yu bu po bu li: Jindai Zhongguo xueshu liupai yanjiu* 先因後創與不破不立：近代中國學術流研究 (Creating Based on Tradition, or Rejecting Tradition to Create: Research on Schools of Scholarship in Early Modern China), eds. Guan Xiaohong 關曉紅 and Sang Bing 桑兵. Beijing: Shenghuo · Dushu · Xinzhi sanlian shudian, 2007.

Lin Guozan 林國贊. "Yu Fan Lu Ji lun er" 虞翻陸績論二 (Second Essay on Yu Fan and Lu Ji). In *Jupo jingshe ji* 菊坡精舍集 (Collected Essays from the Jupo Jingshe cademy), ed. Chen Li 陳澧. In *Guangzhou dadian* 廣州大典 (Guangzhou Encyclopedia), vol. 514. Guangzhou: Guangzhou chubanshe, 2015.

Lin Qingzhang 林慶彰. "Zhongguo jingxueshi shang de huigui yuandian yundong" 中國經學史上的回歸原典運動 (The Movement of Returning to Original Sources in Chinese Classicism). *Zhongguo wenhua* 30 (2009): 1-9.

Liu, James T. C. *China Turning Inward: Intellectual-political Changes in the Early Twelfth Century*. Cambridge, Mass: Council on East Asian Studies, Harvard University, 1988.

Liu Shipei 劉師培. "Han-Song xueshu yitong lun" 漢宋學術異同論 (On the Differences Between Han and Song Learning). In *Yizheng Liu Shenshu yishu*

儀徵劉申叔遺書 (Liu Shipei's Posthumous Works), ed. Wan Shiguo 萬仕國.
Yangzhou: Guangling shushe, 2014.

_____. "Nan bei xuepai butong lun" 南北學派不同論 (On the Differences
Between Southern and Northern Learning). In *Yizheng Liu Shenshu yishu* 儀
徵劉申叔遺書 (Liu Shipei's Posthumous Works), ed. Wan Shiguo 萬仕國.
Yangzhou: Guangling shushe, 2014.

_____. "Qingru deshi lun" 清儒得失論 (On the Achievements and Mistakes of
Qing Scholars). In *Yizheng Liu Shenshu yishu* 儀徵劉申叔遺書 (Liu Shipei's
Posthumous Works), ed. Wan Shiguo 萬仕國. Yangzhou: Guangling shushe,
2014.

Miles, Steven B. "Celebrating the Yu Fan Shrine: Literati Networks and Local
Identity in Early Nineteenth-Century Guangzhou." *Late Imperial China* 25:2
(2004): 33-73.

_____. *The Sea of Learning: Mobility and Identity in Nineteenth-Century
Guangzhou*. Cambridge, Mass: Harvard University Asia Center, 2006.

Mou Runsun 牟潤孫. "Gong Ding'an yu Chen Lanfu — Wan Qing sixiang
zhuanbian zhi guanjian" 龔定庵與陳蘭甫—晚清思想轉變之關鍵 (Gong
Zizhen and Chen Li: The Turning Point of Late Qing Thought). In *Zhongguo
zhexue sixiang lunji*, eds. Yu Yingshi 余英時 et al., vol. 5. Taipei: Shuiniu
chubanshe, 1988.

Qian Mu 錢穆. *Zhongguo jin sanbainian xueshu shi* 中國近三百年學術史
(Chinese Intellectual History of the Past Three Hundred Years), vol. 1.
Beijing: Shangwu yinshuguan, 1997.

_____. *Zhuzi xin xue'an* 朱子新學案 (Zhu Xi: A New Intellectual History).
Taipei: Sanmin shuju, 1971.

Ricci, Matteo. *China in the Sixteenth Century: The Journals of Matthew Ricci:
1583-1610*, trans. Louis J. Gallagher. New York: Random House, 1953.

Sang Bing 桑兵. "Zhongguo sixiang xueshushi shang de daotong yu paifen" 中國
思想學術史上的道統與派分 (Daotong and Lineages in the Chinese History
of Thought and Scholarship). In *Xian yin hou chuang yu bu po bu li: Jindai
Zhongguo xueshu liupai yanjiu* 先因後創與不破不立：近代中國學術流派
研究 (Creating Based on Tradition, or Rejecting Tradition to Create: Research
on Schools of Scholarship in Early Modern China), eds. Guan Xiaohong 關曉
紅 and Sang Bing 桑兵. Beijing: Shenghuo · Dushu · Xinzhi sanlian shudian,
2007.

_____. *Wan Qing Min'guo de guoxue yanjiu* 晚清民國的國學研究 (A Study of

National Learning in Late Qing and Republican China). Shanghai: Shanghai guji chubanshe, 2001.

Wang Fan-sen 王汎森. *Zhongguo jindai sixiang yu xueshu de xipu (zengding ban)* 中國近代思想與學術的系譜（增訂版）(The Genealogy of Early Modern Chinese Thought and Scholarship, Expanded Version). Shanghai: Shanghai sanlian shudian, 2017.

Wang Zhiyang 王志陽. *Yili jingzhuan tongjie yanjiu* 儀禮經傳通解研究 (Research on the *Yili jingzhuan tongjie*). Beijing: Shehui kexue wenxian chubanshe, 2018.

Yang Jinlong 楊晉龍. "'Zhongguo jingxueshi shang de huigui yuandian yundong' jianping" 中國經學史上的回歸原典運動簡評 (Evaluation of the "Movement of Returning to Original Sources in Chinese Classicism"). *Zhongguo wenzhe yanjiu tongxun* 16:3 (2006): 145-151.

Yu Meifang 於梅舫. "Chen Li zhi xue de liang qi fanying ji bu tong liyi" 陳澧之學的兩歧反應及不同立意 (Two Conceptions of and Reactions to Chen Li's Scholarship). *Xueshu yanjiu* 3 (2014): 100-108.

Yü Ying-shih 余英時. "Some Preliminary Observations on the Rise of Ch'ing Confucian Intellectualism." *Tsing Hua Journal of Chinese Studies*, New Series 11:1-2 (1975): 105-146.

Zhang Binglin 章炳麟. "Qingru" 清儒 (Qing Scholars). In *Qiushu xiangzhu* 訄書詳注 (*Qiushu* with Detailed Commentary), ed. Xu Fu 徐復. Shanghai: Shanghai guji chubanshe, 2000.

Zhang Lizhu 張麗珠. *Qingdai de yili xue zhuanxing* 清代的義理學轉型 (A Philosophical Turn in the Qing Dynasty). Taipei: Liren shuju, 2006.

Zhang Xun 張循. *Daoshu jiang wei tianxia lie: Qing zhongye "Han-Song zhi zheng" de yi ge sixiangshi yanjiu* 道術將爲天下裂：清中葉「漢宋之爭」的一個思想史研究 (The World Will Rip This Way Apart: Research on the Han-Song Debate in Mid-Qing Intellectual History). Guilin: Guangxi shifan daxue chubanshe, 2017.

Learning Has No Right or Wrong: Pluralism in Chen Li's (1810-1882) Confucian Thought

Magnus Ribbing Gren

Abstract

This article explores the attitude held by late Qing Cantonese scholar Chen Li (1810-1882) to different forms of learning, arguing that he promoted a form of pluralism in the practice of Chinese classicism. According to Chen Li, the difference between Cheng-Zhu thought and Qian-Jia philology was not methodological, nor was it about what sources their adherents relied on. Instead, different approaches to learning reflected distinct historical circumstances, value systems, and changing worldviews. Paying particular attention to a Han dynasty notion of "coexistence" (jiancun 兼存), Chen Li encouraged a pluralist attitude to learning and rejected the pursuit of original meaning as the ultimate aim of Confucian classicism.

Keywords: Qing dynasty, Confucianism, Han-Song, Chen Li, Pluralism

《思想史》稿約

1. 舉凡歷史上有關思想、概念、價值、理念、文化創造及其反思、甚至對制度設計、音樂、藝術作品、工藝器具等之歷史理解與詮釋，都在歡迎之列。

2. 發表園地全面公開，竭誠歡迎海內外學者賜稿。

3. 本學報為年刊，每年出版，歡迎隨時賜稿。來稿將由本學報編輯委員會初審後，再送交至少二位專家學者評審。評審人寫出審稿意見書後，再由編委會逐一討論是否採用。審查採雙匿名方式，作者與評審人之姓名互不透露。

4. 本學報兼收中（繁或簡體）英文稿，來稿請務必按照本刊〈撰稿格式〉寫作。中文論文以二萬至四萬字為原則，英文論文以十五頁至四十頁打字稿為原則，格式請參考 *Modern Intellectual History*。其他各類文稿，中文請勿超過一萬字，英文請勿超過十五頁。特約稿件則不在此限。

5. 請勿一稿兩投。來稿以未曾發表者為限，會議論文請查明該會議無出版論文集計畫。本學報當儘速通知作者審查結果，然恕不退還來稿。

6. 論文中牽涉版權部分（如圖片及較長之引文），請事先取得原作者或出版者書面同意，本學報不負版權責任。

7. 來稿刊出之後，不付稿酬，一律贈送作者抽印本30本、當期學報2本。

8. 來稿請務必包含中英文篇名、投稿者之中英文姓名。論著稿請附中、英文提要各約五百字、中英文關鍵詞至多五個；中文書評請加附該書作者及書名之英譯。

9. 來稿請用眞實姓名，並附工作單位、職稱、通訊地址、電話、電子郵件信箱地址與傳眞號碼。

10. 投稿及聯絡電子郵件帳號：intellectual.history2013@gmail.com。

《思想史》撰稿格式

（2013/08 修訂）

1. 橫式（由左至右）寫作。
2. 請用新式標點符號。「 」用於平常引號，『 』用於引號內之引號；
   《 》用於書名，〈 〉用於論文及篇名；英文書名用 Italic；論文篇
   名用 " "；古籍之書名與篇名連用時，可省略篇名符號，如《史
   記・刺客列傳》。
3. 獨立引文每行低三格（楷書）；不必加引號。
4. 年代、計數，請使用阿拉伯數字。
5. 圖表照片請注明資料來源，並以阿拉伯數字編號，引用時請注明
   編號，勿使用 "如前圖"、"見右表" 等表示方法。
6. 請勿使用："同上"、"同前引書"、"同前書"、"同前揭書"、
   "同注幾引書"，"ibid.," "Op. cit.," "loc. cit.," "idem" 等。
7. 引用專書或論文，請依序注明作者、書名（或篇名）、出版項。
   A. 中日文專書：作者，《書名》（出版地：出版者，年份），頁碼。
      如：余英時，《中國文化史通釋》（香港：牛津大學出版社，
      2010），頁 1-12。
      如：林毓生，〈史華慈思想史學的意義〉，收入許紀霖等編，
      《史華慈論中國》（北京：新星出版社，2006），頁 237-246。
   B. 引用原版或影印版古籍，請注明版本與卷頁。

如：王鳴盛，《十七史商榷》（台北：樂天出版社，1972），卷12，頁1。

如：王道，《王文定公遺書》（明萬曆己酉朱延禧南京刊本，臺北國家圖書館藏），卷1，頁2a。

C. 引用叢書古籍：作者，《書名》，收入《叢書名》冊數（出版地：出版者，年份），卷數，〈篇名〉，頁碼。

如：袁甫，《蒙齋集》，收入《景印文淵閣四庫全書》第1175冊（台北：臺灣商務印書館，1983），卷5，〈論史宅之奏〉，頁11a。

D. 中日韓文論文：作者，〈篇名〉，《期刊名稱》，卷：期（出版地，年份），頁碼。

如：王德權，〈「核心集團與核心區」理論的檢討〉，《政治大學歷史學報》，25（台北，2006），頁147-176，引自頁147-151。

如：桑兵，〈民國學界的老輩〉，《歷史研究》，2005：6（北京，2005），頁3-24，引自頁3-4。

E. 西文專書：作者─書名─出版地點─出版公司─出版年分。

如：Samuel P. Huntington, *Political Order in Changing Societies* (New Haven: Yale University Press, 1968), pp. 102-103.

F. 西文論文：作者─篇名─期刊卷期─年月─頁碼。

如：Hoyt Tillman, "A New Direction in Confucian Scholarship: Approaches to Examining the Differences between Neo-Confucianism and Tao-hsüeh," *Philosophy East and West*, 42:3（July 1992）, pp. 455-474.

G. 報紙：〈標題〉─《報紙名稱》（出版地）─年月日─版頁。

〈要聞：副總統嚴禁祕密結社之條件〉，《時報》（上海），2922號，1912年8月4日，3版。

"Auditorium to Present Special Holiday Program," *The China Press* (Shanghai), 4 Jul. 1930, p. 7.

H. 網路資源：作者─《網頁標題》─《網站發行機構／網站名》
─發行日期／最後更新日期─網址（查詢日期）。

倪孟安等，〈學人專訪：司徒琳教授訪談錄〉，《明清研究通訊》第5期，發行日期2010/03/15，http://mingching.sinica.edu.tw/newsletter/005/interview-lynn.htm（檢閱日期：2013/07/30）。

8. 本刊之漢字拼音方式，以尊重作者所使用者為原則。
9. 本刊為雙匿名審稿制，故來稿不可有「拙作」一類可使審查者得知作者身分的敘述。

思想史

思想史 11 專號：清中晚期學術思想

2022年8月初版　　　　　　　　　　　　　定價：新臺幣750元
有著作權・翻印必究
Printed in Taiwan.

編　　著	思想史編委會				
叢書主編	沙		淑		芬
內文排版	菩		薩		蠻
校　　對	吳		美		滿
封面完稿	廖		婉		茹
封面設計	沈		佳		德

出　版　者	聯經出版事業股份有限公司	副總編輯	陳　逸　華
地　　　址	新北市汐止區大同路一段369號1樓	總　編　輯	涂　豐　恩
叢書主編電話	(02)86925588轉5310	總　經　理	陳　芝　宇
台北聯經書房	台北市新生南路三段94號	社　　長	羅　國　俊
電　　　話	(02)23620308	發　行　人	林　載　爵
台中辦事處	(04)22312023		
台中電子信箱	e-mail：linking2@ms42.hinet.net		
郵政劃撥帳戶	第0100559-3號		
郵撥電話	(02)23620308		
印　刷　者	世和印製企業有限公司		
總　經　銷	聯合發行股份有限公司		
發　行　所	新北市新店區寶橋路235巷6弄6號2樓		
電　　　話	(02)29178022		

行政院新聞局出版事業登記證局版臺業字第0130號

本書如有缺頁，破損，倒裝請寄回台北聯經書房更換。　　ISBN　978-957-08-6464-9 (平裝)
聯經網址：www.linkingbooks.com.tw
電子信箱：linking@udngroup.com

國家圖書館出版品預行編目資料

思想史 11/思想史編委會編著．初版．新北市．
聯經．2022年8月．352面．14.8×21公分
（思想史：11）
ISBN　978-957-08-6464-9（平裝）

1.CST：思想史　2.CST：文集

110.7　　　　　　　　　　　　　111011103